第一章

教育强国建设的背景意义

建设教育强国，是一个目标宏伟、内涵丰富、动态发展的过程，涉及面广、复杂性强，不仅同世界百年未有之大变局密切联系，同时也与我国经济社会发展环境高度关联，可谓全面建成社会主义现代化强国总体战略部署的重要组成部分。理解教育强国，必须置身于时代大环境之中；建设教育强国，必须明晰此举之重大意义。唯有明晰了教育强国建设的时代背景和重大意义，才能更为深入地推进教育强国建设，实现对现代化国家建设的有力支撑。

第一节　教育强国建设的时代背景

习近平总书记在党的二十大报告中指出："当前，世界百年未有之大变局加速演进，新一轮科技革命和产业变革深入发展，国际力量对比深刻调整，我国发展面临新的战略机遇。"① 应对挑战的关键正是在于把握发展机遇。在新的历史时期进程中，教育改革发展注定将面临更多的挑战与机遇，从国际上看，世界大变局中教育国际竞争逐渐加剧，政治经济格局不断动荡；从国内看，现代化强国建设加速推进，教育迈向高质量发展新阶段，人民对美好教育的向往更为迫切。建设教育强国，是以习近平同志为核心的党中央立足新发展阶段、贯彻新发展理念、构建新

① 习近平：《高举中国特色社会主义伟大旗帜 为全面建设社会主义现代化国家而团结奋斗——在中国共产党第二十次全国代表大会上的报告（2022 年 10 月 16 日）》，《人民日报》2022 年 10 月 26 日第 1 版。

发展格局，在加快建设世界重要人才中心和创新高地过程中，面对机遇挑战所做出的重大战略决策部署，更是新时代推动我国各项事业高质量发展、加快实现社会主义现代化强国目标的必要引擎。

一　世界百年未有之大变局中的教育

习近平总书记曾深刻指出："放眼世界，我们面对的是百年未有之大变局。新世纪以来一大批新兴市场国家和发展中国家快速发展，世界多极化加速发展，国际格局日趋均衡，国际潮流大势不可逆转。"① 当今世界正经历百年未有之大变局，大国关系、国际秩序、地区安全、社会思潮、全球治理都在急剧地重塑、重构。治理赤字、信任赤字、和平赤字、发展赤字也为教育的改革发展带来一系列挑战。与挑战并存的是机遇，建设教育强国面临着重大战略机遇期。建设中国特色社会主义教育强国，能够充分彰显大国担当精神，为服务全球发展贡献应有力量。

（一）世界政治经济格局变化深刻影响着教育

如今，世界经济版图发生的深刻变化前所未有，新兴经济体和发展中国家在世界经济中占据越来越大的份额，世界经济重心加快"自西向东"位移。政治多极化趋势不断加强，但单边主义、逆全球化等引发的不稳定、不确定现象和倾向日益突出，全球还面临着重新陷入分裂甚至对抗的风险，这一切都在深刻影响着教育的发展走势。

当前政治经济格局变化主要以俄乌冲突和巴以冲突为主要代表。2022 年 2 月 24 日，俄乌冲突以出乎预料的方式爆发，之后迅速演变为一场严重撕裂国际社会的长期冲突，使得不同国家群体之间的隔阂显著加深并与日俱增。美国等西方国家将俄乌冲突及其带来的灾难视为"重大战略机遇"，变本加厉地加速国际政治、经济和安全的集团化，试图借此彻底击垮俄罗斯。同时，美国借势加大介入台海力度，加速推行"印太战略"，蓄意制造台海紧张，试图谋求对华制衡，并制裁我国多所高校，限制高层次人员流动、正常的学术交往和教育合作交流，以不断遏制我国发展。俄乌冲突的持续发酵产生了广泛的负面效应，由安全危机催生

① 李伟红：《习近平接见二〇一七年度驻外使节工作会议与会使节并发表重要讲话》，《人民日报》2017 年 12 月 29 日第 1 版。

出一系列能源危机、粮食危机、债务危机、教育危机，严重冲击了和平与发展的时代主题，深度扰乱了广大发展中国家的内外经济联系。再看巴以冲突方面。哈马斯向以色列发动的火箭弹袭击激怒了以色列，以色列和巴勒斯坦爆发了近20年来的最大规模冲突，美国国内将其称为“第6次中东战争”。事到如今，这场冲突愈演愈烈，早已经脱离了原本的轨道，全球各国基于自身的利益和立场纷纷站队，逐渐演变为了各个利益集团之间的博弈。以伊朗、叙利亚、沙特、卡塔尔、伊拉克等为代表的阿拉伯国家全力支持巴勒斯坦；以美国、英国、法国、德国、意大利等为首的西方国家则是从经济、政治、军事各方面对以色列予以援助；包括中国、俄罗斯在内，以及一些非洲和拉美的发展中国家更多是呼吁双方克制，引导着巴以双方走向和平。不难看出，巴以冲突的背后，实际上是众多国家之间的一场无声的较量，一场关于权力、利益和道义的角逐。

历史向我们证明，在以和平与发展为主题的当今时代，大国之间共同利益远大于互相之间分歧，合作成为大国关系的主轴。由对抗走向合作，是当代大国关系一个新的变化，世界已变成了一个命运共同体，一荣俱荣，一损俱损。面对世界政治经济格局动荡的双重考验，许多危及人类安全和生存的威胁成为全球性议题，这些议题正在逐步深入影响各国之间的文化交往和教育交流，致使不同国家区域的文化交往速度总体加快与结构放缓同在，文化冲突与文化融合并存，教育竞争与教育合作并行。作为国家和民族发展的基石——教育在全面建设社会主义现代化国家进程中的基础性、全局性、战略性的影响作用正在日益凸显。而如何在教育强国建设进程中，使教育避免世界变局的干扰挑战，引导教育把握变局之中的发展先机，早日建成教育强国，是值得每一位教育工作者深入思考的重大命题。

（二）世界创新高地建设愈发需要教育的有力支撑

当今世界，经济、政治、科技、文化、安全等格局发生深刻调整，不同文化之间的冲突与融合并存，基于教育、科技、人才的综合国力竞争更为激烈。习近平总书记在中央人才工作会议上的讲话指出，人类历史上，科技和人才总是向发展势头好、文明程度高、创新最活跃的地方

集聚。[①] 教育是提升科技发展水平、人才培养质量的基础性工程。建设世界重要人才中心和创新高地离不开教育，更离不开教育强国的有力支撑。

当今世界国与国之间的综合国力竞争，实质上是科技创新能力和人力资本的竞争，深度依赖国家的教育发展水平。从宏观层面看，各国教育与经济发展水平之间存在显著的正相关关系，教育为经济发展提供高水平的人力资本和生产技术，而经济发展又为教育经费投入提供保障条件。把高等教育毛入学率和人均 GDP 分别作为相应的代理变量进行简单的回归分析，结果显示，教育对经济增长的影响显著，即高等教育毛入学率越高的国家和地区，其人均 GDP 水平也越高。[②] 此外，劳动年龄人口平均受教育年限事关综合国力提升。作为国际通用指标，劳动年龄人口平均受教育年限长，意味着劳动者整体素质高，更能为一个国家的经济社会发展提供高质量的人才，带来“人口红利”。当前，我国劳动年龄人口平均受教育年限达 10.9 年，虽然超过了国际平均水平 7.4 年，但还远低于加拿大（14.6 年）、澳大利亚（14.4 年）、英国（14 年）、芬兰（13.5 年）、美国（13.4 年）、法国（13.1 年）等西方发达国家水平。为此，我们要通过教育开发人力和知识资源、改善社会基础结构、促进知识和技术创新、推动社会价值观以及整个社会文明的进步等来促进国家竞争力的提高。[③]

面对全球化放缓局势，以教育为主要代表的国际竞争将不断加剧。2023 年 2 月，德国发布了《研究和创新的未来战略》，这一战略为其创新体系创造了框架条件，有助于确保提升德国的国际竞争力。2023 年 5 月，英国政府在 2019 年发布的《国际教育战略：全球潜力，全球增长》基础上，再次发布《2030 国际教育战略》，以不断奠定其在全球教育中的基础、实现“全球英国”的雄心、实现教育覆盖全球的目标。2023 年 6 月，日本内阁审议通过第四期《教育振兴基本计划（2023—2027）》。“教育振兴基本计划”旨在全面、系统地推进与日本教育振兴有关的措施。自

① 习近平：《深入实施新时代人才强国战略　加快建设世界重要人才中心和创新高地（2021 年 9 月 27 日）》，《求是》2021 年第 24 期。

② 岳昌君：《教育助力社会经济快速发展》，《中国教育报》2019 年 10 月 8 日第 2 版。

③ 项贤明：《教育发展与国家竞争力的理论探析》，《比较教育研究》2010 年第 6 期。

2008年以来，日本政府每五年出台一期，该计划成为日本教育改革的"风向标"。2023年7月，加拿大教育部长理事会第111次会议发布了《2023—2027年战略计划》，其中明确提出要通过教育使得加拿大及其人民能够在全球范围内竞争。2023年9月，新加坡教育部召开本学年学校工作计划研讨会，宣布将启动《2030年教育科技总体规划》。2023年11月，芬兰就业和创业部长级工作组批准发布了"2023—2027年人才提升计划"，其目的是为芬兰提供满足其需求的技能，并加强经济增长、就业和创新活动。

习近平总书记在中共中央政治局第五次集体学习时指出，据测算，我国目前的教育强国指数居全球第23位，比2012年上升26位，是进步最快的国家。① 但我国教育的综合水平在世界范围内所处位次，与我国的大国地位并不完全相称，发展质量亟待提升，竞争压力不容小觑。例如，我国研究生教育发展水平与我国综合国力和国际地位基本是同步发展并快速持续提升，但尚需持续加大发展力度。在研究生教育发展指数的10个样本国家中，中国处于第二梯队前列，与位居首位的美国相比，指数得分存在一定差距。② 相比于主要发达国家，我国研究生教育在短时间内取得巨大成就，特别是在贡献度、保障度方面排名靠前，体现出国家对于研究生教育的高度重视和巨大投入。在今后推进教育强国建设进程中，要防止教育上的路径依赖导致发展失向，摆脱西方发展模式的路径依赖，确保扎根中国、融通中外，走自己的教育发展道路。

人才是创新发展最重要的人力资源和人力资本，人才是决定综合国力竞争优势的关键要素。各国诺贝尔奖获奖人数排名统计显示，美国（406人）、英国（138人）、德国（111人）位列前三，法国（73人）、瑞典（33人）、俄罗斯（33人）、日本（29人）等国紧随其后，而中国仅有2人。另各国菲尔茨奖获奖人数排名统计显示，美国（13人）位居榜首，法国（12人）、俄罗斯（9人）分列第二、三名，随后是英国（7人）、日本（3人）、比利时（2人）等，而中国无人获得（仅有

---

① 习近平：《扎实推动教育强国建设》，《求是》2023年第18期。

② 黄宝印等：《世界主要国家研究生教育发展指数：内涵、框架与测度》，《中国高教研究》2021年第11期。

两位华裔得主，丘成桐和陶哲轩）。习近平总书记在2021年召开的中央人才工作会议上强调：“要深入实施新时代人才强国战略，加快建设世界重要人才中心和创新高地。”① 新时代以来，我国人才工作取得突破性进展，2021年，我国研发人员总量为572万人年，是2012年的1.8倍，稳居世界首位；每万名就业人员中研发人员数由2012年的43万人年提高到2021年的77万人年；中国入选世界高被引科学家数量从2014年的111人次，增长到2022年的1169人次，世界顶尖科技人才加速涌现，东方崛起趋势不断显现。但与此同时，我国高水平人才队伍建设还有较大的进步空间。例如，我国每百万人口中研究人员数与教育强国国家差距明显。2020年，我国每百万人口中研究人员数达到1585人，由排名第四十五位提升到排名第四十三位，但与排名前十五位的教育强国国家平均水平相比（平均为5641人，平均排名十三位，最低为俄罗斯2784人，其余均大于4300人）仍有明显差距。再如，我国25岁及以上人口平均受教育年限仍需加快提升。2020年，我国25岁及以上人口平均受教育年限仅有9.5年，排第八十六位，排名偏后，与十五个教育强国12.7年的平均水平相差3.2年。提升人口整体受教育水平，尚需教育作出更大努力。②

面向未来，世界科学中心的更迭、国家经济持续繁荣、人民生活持续向好均离不开科技和人才的支持，更离不开教育的主要支撑。加快教育强国建设，有利于稳固教育之于国家发展的根基，全力提升科学技术水平和人才培养质量。

（三）全球新一轮科技革命加速推动教育变革

党的二十大报告明确要求加快建设数字中国，并强调推进教育数字化，建设全民终身学习的学习型社会、学习型大国。③ 以数字技术为代

① 《深入实施新时代人才强国战略　加快建设世界重要人才中心和创新高地》，《人民日报》2021年9月29日第1版。

② 马晓强、崔吉芳、万歆等：《建设教育强国：世界中的中国》，《教育研究》2023年第2期。

③ 习近平：《高举中国特色社会主义伟大旗帜 为全面建设社会主义现代化国家而团结奋斗——在中国共产党第二十次全国代表大会上的报告（2022年10月16日）》，《人民日报》2022年10月26日第1版。

表的相关前沿科技正在掀起全球新一轮技术革命，同时也正以新理念、新业态、新模式全面融入人类经济、政治、文化、社会、生态文明建设各领域和全过程，给人类生产生活带来广泛而深刻的影响。当前，世界百年变局和民族复兴大局交织叠加，我们迫切需要携起手来，顺应信息化、数字化、网络化、智能化发展趋势，抓住机遇，应对挑战。早在2018年，习近平总书记就曾在亚太经合组织工商领导人峰会上强调，“新科技革命和产业变革的时代浪潮奔腾而至，如果我们不应变、不求变，将错失发展机遇，甚至错失整个时代”①。大数据、云计算、人工智能、航空航天、新材料、新能源等新一轮科技革命孕育兴起，对学习者的能力素养要求发生深刻变化，也在重塑未来教育形态并将加剧教育国际竞争。

教育与人类社会发展历程紧密相关。人类社会自诞生以来，历经原始社会、农业社会和工业社会三个主要发展阶段，当前正身处于第四阶段——信息社会的末端，逐渐迈向属于第五阶段的智能社会。在社会类型的每一次跨越进阶中，依托于教育的国别竞争十分突出。未来智能社会的跨越式发展将超乎人类想象。伴随计算机科学与技术、人工智能等科学技术的进步，人类社会将呈现出非线性的指数级变化，扩容增长十分迅速。人类社会的变化引发了思维模式的变革和教育理念的转变。例如，牛顿力学所引发的经典思维，为科学和工业的发展给予理论支持。但量子力学的发现打破了经典力学的禁锢，以“非直觉”“非惯性”的思维模式，引导人们形成量子思维，助力研发人工智能、物联网、元宇宙等新兴科技，进而影响了经济、政治、文化、教育等多元领域的发展。未来智能社会体现在社会领域的多方面变化，其关键是助力实现人类全面而自由的发展。② 教育作为培养人的前提条件，是实现全面而自由发展的关键。在未来社会不断演进和科学技术优化升级的过程中，教育的多维度变革将持续加剧。

---

① 习近平：《同舟共济创造美好未来——在亚太经合组织工商领导人峰会上的主旨演讲》，《人民日报》2018年11月18日第2版。

② 王振存、张清宇：《教育与未来：未来教育学建构的可能与选择》，《教育研究》2023年第12期。

二 中华民族伟大复兴战略全局中的教育

中华民族伟大复兴战略全局被视为党和国家的重要历史使命，它要求在改革发展稳定、内政外交国防、治党治国治军等多个方面进行坚持贯彻。这一战略全局旨在建设一个不但拥有高度发达的社会主义物质文明，而且富强民主文明和谐美丽的社会主义现代化强国，并在国际层面致力于推动构建新型国际关系和人类命运共同体，以促进世界和平与发展。

党的十八大以来，我国教育事业积极融入并助力推动中华民族伟大复兴战略全局，坚持以习近平新时代中国特色社会主义思想为指导，贯彻落实习近平总书记关于教育的重要论述，全面贯彻党的教育方针，落实立德树人根本任务，培养德智体美劳全面发展的社会主义建设者和接班人，促进教育公平、提升教育质量，加快推进教育现代化、建设教育强国、办好人民满意的教育，教育的中国特色更加鲜明，并取得历史性成就，教育面貌正在发生格局性变化。

（一）党对教育事业的全面领导不断加强

党政军民学，东西南北中，党是领导一切的。加强党的领导对于做好教育工作是具有极端重要意义的，为加快建设教育强国、办好人民满意的教育指明了正确政治方向和提供了根本遵循。党的十八大以来，我国教育事业发展之所以取得显著成就，最根本的原因是，在以习近平同志为核心的党中央坚强领导下，党对教育事业的全面领导得到有力贯彻，党对教育工作的领导得到全面加强。

未来，加强党对教育事业的全面领导仍是实现教育强国建设目标的重大背景和首要任务，这主要体现在以下几个方面。一是完善党对教育工作领导的制度建设，稳固教育强国的制度根基。教育强国建设，需要进一步完善党委统一领导、党政齐抓共管、部门各负其责的教育领导体制。进一步发挥各级党委教育工作领导小组职能，完善各级党委和政府定期研究教育工作机制。坚持党管办学方向、管改革发展、管干部、管人才，把教育改革发展纳入各级党委议事日程，在全国、省级、市级等层面召教育大会。牢牢把握学校意识形态工作领导权、管理权、话语权，落实意识形态工作责任制，强化意识形态阵地管理。二是及时准确领会

党的教育方针，扎实推进教育强国建设的各项任务。各级党委只有深刻把握教育工作的政治属性、宗旨方向、目标任务，将党的教育方针纳入党政领导干部培训内容，列为教育系统党委（党组）理论学习中心组学习研讨的重要内容，融入教育行政管理、办学治校和教育教学全过程，才能推动党的教育方针成为广大教育工作者耳熟能详、自觉运用的日常规范，才能真抓实干做好教育强国建设工作。三是始终坚持把党的政治建设摆在首位，确保教育强国建设稳中求进。持续加强各级各类学校党建工作。推进中小学校党组织全面建设、有效覆盖，公办学校实现“每校必建”，民办学校实现“应建必建”。不断推动建立中小学校党组织领导下的校长负责制，进一步坚持和完善高校党委领导下的校长负责制，推进民办高校党委书记选派全覆盖，切实把党的领导贯穿办学治校、教书育人全过程。贯彻《中国共产党普通高等学校基层组织工作条例》，落实新时代党的组织路线，加强和改进高校党的建设。

（二）深入落实立德树人根本任务的需要

古有“大上有立德，其次有立功，其次有立言，虽久不废，此之谓不朽。”[①] 立德树人作为一项关乎党和国家前途和命运的战略安排，是推进教育强国建设的重要基础。教育是一项培养人的实践活动，这是教育的本质规定性所在，也是教育是其所是的根本区别。在这一项培养人的实践活动中，首要的问题是要厘清教育究竟要培养什么样的人，只有确立这一目标前提，教育才能做好如何培养人的一系列制度设计和实践安排。党的十八大以来，以习近平同志为核心的党中央高度重视教育与人才培养工作，习近平总书记立足新时代的内涵特征与实现中华民族伟大复兴的战略目标，对教育与人才培养工作提出了一系列富有创见的新理念、新思想和新判断，深刻回答了教育培养什么样的人、如何培养人以及为谁培养人这一根本性问题。这为教育强国建设提供重要的理论支持。

落实立德树人的根本任务是新时代我国建设教育强国、科技强国、人才强国的时代需要，是由我国基本的政治、经济、文化等现实情况所决定的。纵观古今中外，任何国家和地区都是根据自身的政治制度需

① 杨伯峻：《春秋左传论》（第3卷），中华书局2009年版，第108页。

要、经济发展水平、文化基本特点等来确立教育的最终目的。资本主义国家有资本主义国家的教育目的，它们的教育最终是服务于维护资本主义政治统治和制度发展的，是服务于功利主义经济利益最大化和资本主义文化传承的。我国是社会主义国家，一切教育要坚持社会主义办学方向自然是应有的题中之义，我们的教育目的由我国的基本政治制度、经济发展、文化特征等所决定也是应有之举，强调培养什么样的人，以及为谁培养人，是我们党和国家回归教育初心，深刻认识教育根本属性的重要体现，是扎根中国大地办教育的根本基础与价值根基。2018年9月10日，习近平总书记在全国教育大会上指出，“培养什么人，是教育的首要问题。我国是中国共产党领导的社会主义国家，这就决定了我们的教育必须把培养社会主义建设者和接班人作为根本任务，培养一代又一代拥护中国共产党领导和我国社会主义制度、立志为中国特色社会主义奋斗终身的有用人才。这是教育工作的根本任务，也是教育现代化的方向目标”。[①] 可见，立德树人的根本任务是由我国社会主义的根本性质决定的，它是为党育人、为国育才的根本体现与内在要求。

（三）人民期盼更高质量更加公平的教育

当前，我国经济已由高速增长阶段转向高质量发展阶段，正处在转变发展方式、优化经济结构、转换增长动力的攻关期。在这样的背景下，建立在经济基础之上的教育该何去何从，如何进一步推进教育强国建设，都成为了教育领域讨论的热点。依据经济基础决定上层建筑这一理论前提，在优先发展教育事业、加快教育现代化、建设教育强国等重大教育战略部署的驱动下，构建高质量的教育体系成为了人们共同的教育愿景。

自党的十八大以来，习近平总书记站在新的战略起点、面对新的社会环境和历史任务，就教育公平和教育质量问题作出了一系列新的重要论述：2012年11月，习近平总书记在十八届中共中央政治局常委同中外记者见面时指出，我们的人民热爱生活，期盼有更好的教育……期盼孩

① 习近平：《培养德智体美劳全面发展的社会主义建设者和接班人》，《求是》2024年第17期。

子们能成长得更好、工作得更好、生活得更好。[①] 2017 年 10 月，习近平总书记在党的十九大报告中强调，“努力让每个孩子都能享有公平而有质量的教育”。[②] 2018 年 9 月，习近平在全国教育大会上进一步强调，“坚持教育公平，推动教育从规模增长向质量提升转变，促进区域、城乡和各级各类教育均衡发展”。[③] 2020 年 9 月，习近平总书记在教育文化卫生体育领域专家代表座谈会上要求，要“发展素质教育，推进教育公平”。[④] 2020 年 10 月，习近平总书记在党的十九届五中全会提出，“建成教育强国”“建设高质量教育体系”。[⑤] 2022 年 10 月 16 日，习近平总书记在党的二十大报告中又一次指出：“办好人民满意的教育。全面贯彻党的教育方针，落实立德树人根本任务，培养德智体美劳全面发展的社会主义建设者和接班人。加快建设高质量教育体系，发展素质教育，促进教育公平。”[⑥] 2025 年，中共中央、国务院印发《教育强国建设规划纲要（2024—2035 年）》，面向到 2035 年建成教育强国目标，对加快建设教育强国作出全面系统部署。这些安排不仅为建设高质量教育体系提供了行动指南，同时也深刻反映了我国进入新时代以来人民群众期盼更高质量更加公平的教育的诉求。因此，追求更高质量更加公平的教育，是办好人民满意的教育的必然举措，是我国建成教育强国和实现民族复兴的必由途径，也是与我国高质量经济发展阶段相适应的教育走向。

（四）教育领域高水平对外开放不断扩大

党的十八大以来，习近平总书记在一系列国际国内重大场合宣示扩

---

① 习近平：《人民对美好生活的向往 就是我们的奋斗目标——在十八届中共中央政治局常委同中外记者见面时的讲话（2012 年 11 月 15 日）》，《人民日报》2012 年 11 月 16 日第 4 版。

② 习近平：《决胜全面建成小康社会　夺取新时代中国特色社会主义伟大胜利——在中国共产党第十九次全国代表大会上的报告（2017 年 10 月 18 日）》，《人民日报》2017 年 10 月 19 日第 2 版。

③ 《坚持中国特色社会主义教育发展道路　培养德智体美劳全面发展的社会主义建设者和接班人》，《人民日报》2018 年 9 月 11 日第 1 版。

④ 习近平：《在教育文化卫生体育领域专家代表座谈会上的讲话（2020 年 9 月 22 日）》，《人民日报》2020 年 9 月 23 日第 2 版。

⑤ 《中共十九届五中全会在京举行》，《人民日报》2020 年 10 月 30 日第 1 版。

⑥ 习近平：《高举中国特色社会主义伟大旗帜 为全面建设社会主义现代化国家而团结奋斗——在中国共产党第二十次全国代表大会上的报告（2022 年 10 月 16 日）》，《人民日报》2022 年 10 月 26 日第 1 版。

大教育对外开放，多次作出重要指示批示，饱含深情给海外学子、留学归国人员、在华外国留学生、外国中小学生回信，为教育对外开放指明了方向，提供了根本遵循。中共中央办公厅、国务院办公厅印发关于教育对外开放、中外人文交流的指导意见，国际合作与交流在我国教育事业中的地位和作用进一步凸显。教育部更加注重开放的系统性、整体性、协同性，召开全国教育外事工作会议，印发《教育部等八部门关于加快和扩大新时代教育对外开放的意见》。面向未来，建设教育强国绝不是闭门造车，而是要顺应高水平对外开放不断扩大的历史形势，建设具有世界水平、引领全球教育的教育强国，使我国成为具有强大影响力的世界重要教育中心，推动中国教育以更加开放自信主动的姿态走向世界舞台。

教育领域高水平对外开放不断扩大是建设教育强国的重要背景，主要体现在以下几个方面。一是建设教育强国是在全面深化改革、扩大高水平对外开放的总体背景下提出的，凸显了教育对外开放在我国推进教育强国建设进程中的地位和作用。二是建设教育强国是在我国开启全面建设社会主义现代化国家新征程、向第二个百年奋斗目标进军的时代背景下出台的，将通过优化整体布局、大力培养人才、破除体制机制障碍、深入参与全球教育治理、有效防范化解风险等措施提升教育对外开放贡献度和影响力，为如期实现教育强国建设的目标任务添砖加瓦。三是建设教育强国是在突发公共卫生事件重塑全球政治经济格局、我国外部发展环境更加错综复杂的特殊背景下出台的，宣示了我国坚持教育对外开放不动摇的坚定决心，以及在危机中育新机、于变局中开新局的坚强信心。中国始终高举合作共赢旗帜，致力于深化拓展与世界各国在教育领域的互利合作和交流互鉴，为推动构建人类命运共同体贡献力量。总之，加快和扩大新时代教育对外开放，是教育自身发展的需要，是国家建设教育强国的需要，既迫在眉睫，又恰逢其时。

第二节　教育强国建设的重大意义

改革开放 40 多年以来，中国各方面都发生了翻天覆地的变化，40 多年前的中国，国内生产总值只有 3600 多亿元；2017 年，中国的 GDP 已

经达到了827122亿元，增长了近230倍。我们无不感叹中国的迅速成长，一时间，中国力量、中国精神、中国效率，这些已经成了中国的代名词，成为了世界瞩目的话题。①

中国发生这些举世瞩目的变化，离不开教育的重要作用。对教育的重视，不仅仅对国家的政治、经济、文化等方面产生推动作用，同时也对我国的国际竞争力和国际形象等产生有利影响。目前，我国正处于中国特色社会主义新时代和“两个一百年”奋斗目标的历史交汇时期，习近平总书记为我国新时代教育事业的发展指明了方向——实施教育强国战略。

一　助力构建人类命运共同体

随着全球化的推进，人类社会正逐渐走向相互联系、相互依存的新阶段。在这样的背景之下，教育强国建设至关重要，不仅能够提升国家综合实力，更是构建人类命运共同体的基石。教育强国建设是推动中国成为社会主义现代化强国的重要力量，同样，人类未来命运息息相关，教育强国的建设与构建人类命运共同体是相辅相成的。一个国家可以通过培养高素质的人才、传承文化、促进国际交流等途径去构建更加紧密的人类命运共同体。

普及教育为构建人类命运共同体奠定基础。教育强国建设的核心之一是普及教育，为更多人提供平等的受教育机会。联合国教科文组织在国际上就承担了这样的责任，在和平精神的指导下，联合国教科文组织致力于确保每个公民和儿童享有接受优质教育的机会，并通过弘扬文化遗产和倡导文化平等等方式来加强各国之间的联系。教育强国建设追求普及优质教育的目标，有助于降低全球教育差距。通过提供平等的教育机会，不同国家间的人才素质差异将逐渐减小，促进了全球社会的平等与公正。普及教育不仅关乎国家内部的公平，也是实现全球发展的基础。

促进全球人才流动与合作。教育强国建设不仅吸引国际学生和学者，

① 朱永新：《当代中国教育：走在教育强国的路上》，中国人民大学出版社2021年版，第1页。

也鼓励本国学子参与国际教育与科研合作。教育强国建设应该积极建设“留学中国”品牌，讲好中国故事、传播中国经验、发出中国声音，增强我国教育的国际影响力和话语权，吸引国际学生和学者的交流与合作。同时，也鼓励本国学子参与国际教育与科研合作，促进全球人才的流动。目前，中国已经成为世界第三、亚洲第一的留学生接受国，中国的教育竞争力日益增强，学生出国留学人数也大幅增加，对外文化传播与交流合作日益增强，部分学科在全球学科排名中不断攀升，中国的教育国际化已经迈出了实质性步伐。[①] 可见，建设教育强国加强了不同国家之间的文化、科技、经济等领域的交流与合作，有助于构建更加紧密的人类命运共同体。

塑造共同的价值观和文化认同。教育不仅仅是一种知识的传递，还涉及价值观和文化的传承。教育强国建设有助于弘扬本国文化，培养具有全球视野和跨文化意识的人才，这样的人才更容易理解和尊重不同文化、不同国家之间的差异。共同的价值观和文化认同是构建人类命运共同体的基础，这有助于在国际社会中建立共同的文化认同，促进人类命运共同体的形成。

推动全球可持续发展目标的实现。2015 年，联合国大会通过了《变革我们的世界：2030 年可持续发展议程》，其中确立了全球 17 个可持续发展目标，而教育又是实现联合国制定的可持续发展目标的关键因素之一。[②] 中国教育强国的建设有助于形成中国特色教育理论实践体系，为实现全球教育可持续发展目标提供中国经验。同时，教育强国建设有助于培养具有可持续发展意识和实践能力的人才，推动全球可持续发展目标的实现，与构建人类命运共同体目标保持一致。

推动科技创新和知识分享。教育强国的建设促进了科技创新和知识的生成。培养具有创新思维和实践能力的人才，有助于推动科技进步。同时，高水平的教育体系也为知识的分享和传播创造了有利条件，推动

① 朱永新：《当代中国教育：走在教育强国的路上》，中国人民大学出版社 2021 年版，第 12 页。

② 朱益明、王瑞德：《中国教育现代化 2035：从规划到实践》，上海教育出版社 2020 年版，第 1 页。

国际科技合作，为人类命运共同体的建设注入动力。

加强全球公共卫生和安全。教育强国也涉及全球公共卫生和安全的问题。通过加强对于教育强国的建设，可以提高国际各国公众对于卫生和安全的认知和提高相关知识素养，培养公民的健康意识和危机应对能力，有助于应对全球性的公共卫生和安全挑战，为构建人类命运共同体提供支持。

因此，教育强国建设与人类命运共同体的建设相辅相成，是推动全球化进程中的一项关键举措。通过加强国际合作、传承文化、推动科技创新和培养高素质人才，教育强国为构建人类命运共同体注入了强大的动力。世界各国唯有共同努力，共享发展成果，才能真正实现人类命运共同体的理念，迎接更加紧密相连的未来世界。

二　加快建设中国特色社会主义现代化国家

党的二十大报告指出，中国共产党的中心任务就是团结带领全国各族人民全面建成社会主义现代化强国、实现第二个百年奋斗目标，以中国式现代化全面推进中华民族伟大复兴。2023 年 5 月 29 日下午，中共中央政治局就建设教育强国进行第五次集体学习。中共中央总书记习近平在主持学习时强调，教育兴则国家兴，教育强则国家强。建设教育强国，是全面建成社会主义现代化强国的战略先导，是实现高水平科技自立自强的重要支撑，是促进全体人民共同富裕的有效途径，是以中国式现代化全面推进中华民族伟大复兴的基础工程。要全面贯彻党的教育方针，坚持以人民为中心发展教育，主动超前布局、有力应对变局、奋力开拓新局，加快推进教育现代化，以教育之力厚植人民幸福之本，以教育之强夯实国家富强之基，为全面推进中华民族伟大复兴提供有力支撑。①

加快建设教育强国，为建设社会主义现代化国家提供支撑。改革开放以来特别是党的十八大以来的实践表明，全面建设社会主义现代化国家，科技是关键，人才是基础，教育是根本。以习近平同志为核心的党中央在统筹推进“五位一体”总体布局、协调推进“四个全面”战略布

① 习近平：《扎实推动教育强国建设》，《求是》2023 年第 18 期。

局的进程中，始终高度重视对教育、科技、人才事业发展的战略引领。[①] 党的二十大报告中提出了关于建设社会主义现代化国家的重要论述："教育、科技、人才是全面建设社会主义现代化国家的基础性、战略性支撑。必须坚持科技是第一生产力、人才是第一资源、创新是第一动力，深入实施科教兴国战略、人才强国战略、创新驱动发展战略，开辟发展新领域新赛道，不断塑造发展新动能新优势"，对"坚持教育优先发展、科技自立自强、人才引领驱动，加快建设教育强国、科技强国、人才强国"进行整体谋划，并将"建成教育强国、科技强国、人才强国"纳入2035年我国发展的总体目标。同时，习近平总书记指出，要把服务高质量发展作为建设教育强国的重要任务。建设教育强国、科技强国、人才强国具有内在一致性和相互支撑性，要把三者有机结合起来、一体统筹推进，形成推动高质量发展的倍增效应。由此可见，教育是建设社会主义现代化国家的重要支撑力量，为建设社会主义现代化国家强国强基赋能。深入实施教育强国战略，有利于激发"第一生产力"，激活"第一资源"，点燃"第一动力"，推动教育、科技、人才三者有机融合、相互促进，最终汇聚成全面建设社会主义现代化国家的强大推力。[②]

建设教育强国，满足了人民群众对教育的新期盼。在不断迈向教育强国的路上，人民群众的美好生活会越来越近。毫无疑问，无论是建设社会主义现代化强国还是实现中华民族伟大复兴，归根结底，是为了人民的幸福，最终目的都是让人民过上幸福生活。习近平总书记多次强调："人民对美好生活的向往，就是我们的奋斗目标。"不难发现，以习近平同志为核心的党中央，一直都把人民对美好生活的向往，作为中国共产党的奋斗目标。建设教育强国，就是从受教育者的角度出发，从人民群众的幸福感和获得感的立场出发，最终目的是让人民群众感受教育改革所带来的美好成果，让每个家庭、每个孩子都获得优质公平的教育，让学生、家长、教师、学校都有实实在在的获得感和幸福感，满足人民群众的期待和愿望。另外，随着社会发展速度的不断加快，人民群众也更

---

① 怀进鹏：《新时代加快建设教育强国的重大战略意义》，《新教育》2023年第4期。

② 周洪宇、李宇阳：《新时代新征程实施科教兴国战略：新内涵、重大意义与推进路径》，《人民教育》2022年第22期。

加意识到终身学习对人生发展的重要作用，人民群众对于知识的渴望和重视程度比以往任何一个时期都更加强烈。所以，建设教育强国不仅仅是建设社会主义现代化强国的内在需要，也是全心全意为人民服务的执政理念的集中体现。

三　有力推动地方区域高质量发展

建设教育强国并不仅对于中国建成社会主义现代化强国具有重要意义，而且对于中国内部的区域发展也具有很强的推动力量。随着信息化时代的到来，一个区域的发展越来越依赖于知识和技术的创新，而创新的源泉是教育。通过高质量的教育体系，可以培养出具有创新能力和专业技术的新时代人才，为区域的高质量发展提供助力。

建设教育强国助推区域教育高质量发展。浙江省杭州市上城区教育局党委书记、局长项海刚认为，新时代共同富裕背景下的高质量教育体系建设，就是高水平推进教育公平与质量，要坚持以人民为中心，教好每一名学生、成就每一名教师、办好每一所学校、幸福每一个家庭。[①] 不同区域的教育发展水平大不相同，因此，在制定教育政策时，要考虑不同区域的教育现状，对于一些偏远地区、贫困地区、农村地区给予一定的政策倾斜，力求给每一个孩子更加公平的教育机会，让每一个孩子都尽可能地接受更加平等的教育、享受更加平等的师资力量、更加公平的教育资源。

建设教育强国助推区域经济发展能力的提升。在教育强国的背景之下，培养的人才会直接影响一个区域的经济水平的提升。党的二十大报告提出，“教育、科技、人才是全面建设社会主义现代化国家的基础性、战略性支撑”[②]。教育和人才培养之间有着密不可分的关系。优质的教育环境有助于培养创新型人才，推动科技研究和创新。与其他层面的教育发展情况相比，高等教育的发展情况更加直接地影响区域的经济发展。

---

① 杨桂青、李萍：《推动区域教育高质量发展》，《中国教育报》2022 年 12 月 22 日第 6 版。

② 习近平：《高举中国特色社会主义伟大旗帜 为全面建设社会主义现代化国家而团结奋斗——在中国共产党第二十次全国代表大会上的报告（2022 年 10 月 16 日）》，《人民日报》2022 年 10 月 26 日第 1 版。

从“六普”数据可以看到，中国接受高等教育文化程度人口集聚程度更加明显，北京、上海等地迅速成为世界级人才城市。北京市具备大学文化程度的人口，1990年只有100万人，2010年达到617.8万人；上海市具备大学文化程度的人口从1990年的87万人增加到2010年的505.31万人；天津市从1990年的41万人增加到2010年的226.16万人；重庆市这一数字在2000年仅为87万人，但2010年已达到249.3万人，年均增长11.15%，是四个直辖市中最高的[①]。通过提高教育水平，当地居民的职业技能和素质得到提升，有助于提高就业竞争力，进而提高当地的人均收入水平，进一步推动内需增长，拉动地方经济；优秀的教育水平有助于培养多层次、多领域的人才，使当地的产业链更加完善和多元化。不仅能够加速主导产业的发展，还能培养新兴产业和服务业，提高地方经济的韧性和可持续性。教育支撑培养区域所需要的创新型人才以及提高当地居民的就业竞争力，从而为实现区域高质量发展提供坚实的支撑，为区域产业发展赋能，推动区域经济的全面进步。

建设教育强国，助推区域文化传承。新时代，中国要充分地发挥中华优秀传统文化在教育强国建设中的重要作用，并将文化自信上升到中国特色社会主义“四个自信”的高度。文化是一个国家、一个民族的灵魂。文化兴则国运兴，文化强则民族强。党的二十大报告指出：“没有高度的文化自信，没有文化的繁荣兴盛，就没有中华民族伟大复兴。”每个区域都有着不同于其他区域的地方特色，教育是文化传承的一种重要方式，通过教育可以传承和弘扬地方特色文化。根据不同区域的文化特色可以制定特色课程来发展地方教育，弘扬地方文化。以开封市兰考县为例，焦裕禄同志在兰考县的工作经历感人肺腑，在兰考人民心中挥之不去，就此形成了焦裕禄精神，焦裕禄精神是一种民族精神，也是一种家国情怀。因此，我们可以通过焦裕禄精神来对当地的居民和学生进行爱国主义教育和党性教育，让兰考县成为加强党性教育培训的教育基地。可见，在建设教育强国的过程中，我们应该注重地方特色，实现教育强和文化强的双飞跃。

---

① 朱永新：《当代中国教育：走在教育强国的路上》，中国人民大学出版社2021年版，第50页。

四　不断完善教育体系的自身发展

推动师资队伍的优化。强国必先强教，强教必先强师。习近平总书记一直高度重视教师队伍建设，强调要把加强教师队伍建设作为建设教育强国最重要的基础工作来抓。2023 年 9 月 9 日，习近平总书记致信全国优秀教师代表，全面深刻地阐述中国特有的教育家精神的丰富内涵和实践要求。我们要深入学习贯彻习近平总书记关于“四有”好老师重要讲话精神、给北京师范大学“优师计划”师范生回信精神，努力构建新时代高质量教师教育体系，为教育强国建设筑牢根基。①

教育强国的建设对教师队伍建设的意义重大，有助于打造一支高素质、专业化、创新型的教师队伍，为教育事业的发展提供有力的人才保障。教育强国建设强调教师的重要地位和作用，提高了教师的社会地位和职业声望。这有助于吸引更多优秀人才投身于教育事业，提升教师队伍的整体素质。教育强国建设对教师的专业素养和教育教学能力提出了更高的要求。这促使教师不断更新教育理念、提高教学技能、加强自身素质，以满足教育发展的需求。教育强国建设重视教师的专业发展和终身学习。通过加强教师培训，提高教师的教育教学水平和创新能力，推动教师队伍的现代化建设。教育强国建设需要有一支结构合理、素质优良的教师队伍作为支撑。优化教师结构，加强学科带头人和骨干教师的培养，发挥优秀教师的示范引领作用，有助于提升教师队伍的整体效能。教育强国建设注重保障教师的合法权益，改善教师的工资待遇和工作环境。这有助于激发教师的工作热情和积极性，提高教师队伍的稳定性。教育强国建设强调教师的师德师风建设。通过加强教师职业道德教育，引导教师树立正确的教育观和学生观，增强教师的责任感和使命感，推动教师成为学生健康成长的引路人。

助力教育创新力的提升。教育强国对提升教育创新力的意义重大，能够为国家和民族的未来发展提供强大的支撑和动力。通过加强教育改革和创新，提高教育质量和水平，培养出更多的创新型人才，为推动经济社会发展、提升国际竞争力和促进社会文明进步做出更大的贡献。首

---

① 程建平：《夯实教育强国建设根基（新语）》，《人民日报》2023 年 9 月 27 日第 15 版。

先，建设教育强国意味着我国将拥有更为庞大的素质高、创新能力强的人才队伍，这是推动经济社会发展的重要支撑。高质量的教育可以培养出适应现代经济发展需求的人才，提高人力资源的素质和能力水平，增强国家的竞争力。其次，教育强国的建设能够提供更高质量的教育服务，使更多的人享受到优质教育资源。同时，教育的普及和提升可以推动社会文明进步，培养出具备良好道德品质、公民意识和社会责任感的人才。再次，坚持把教育的重点放在高科技创新拔尖人才的培养上，为解决我国关键核心技术攻关提供人才支撑。系统分析我国各方面人才发展趋势及缺口状况，根据科学技术发展态势，聚焦国家重大战略需求，动态调整优化高等教育学科设置，有的放矢地培养国家战略人才和急需紧缺人才，提升教育对高质量发展的支撑力、贡献力。最后，建设教育强国是实现高水平科技自立自强的重要支撑。我国要实现高水平科技自立自强，必须走出一条新路，依靠创新驱动，而国家科技创新力的根本源泉在于人。因此，坚持把高质量发展作为各级各类教育的生命线，加快建设高质量教育体系，从而大力营造高科技领域支持创造鼓励创新的良好氛围。

促进职业教育的发展。教育强国建设对职业教育具有重要的意义，能够提升职业教育的地位和影响力，加强基础设施建设、资源整合、师资队伍水平提升等方面的投入，推动职业教育与产业发展的深度融合以及国际化发展等。首先，教育强国建设能够提升职业教育的地位和影响力。在全面建设社会主义现代化国家的进程中，职业教育被视为培养多样化人才、传承技术技能、促进就业创业的重要途径。通过教育强国建设，职业教育的重要性将得到更广泛的认可和关注，从而提高其社会地位和影响力。其次，教育强国建设能够加强职业教育的基础设施建设和教学资源整合。随着国家对职业教育的重视程度不断提高，将会投入更多的资金和资源用于职业教育的基础设施建设、教学资源整合以及教育质量提升等方面，从而改善职业教育的办学条件并提高教育质量。再次，教育强国建设能够推动职业教育与产业发展的深度融合。职业教育与产业发展密切相关，通过教育强国建设，可以加强职业教育与产业发展的联系和合作，推动产教融合、校企合作等模式的创新和实践，从而提高职业教育的适应性和应用性。复次，教育强国建设能够提升职业教育的

师资队伍水平。优秀的师资队伍是保障职业教育质量的重要条件之一。通过教育强国建设，可以加强职业教育师资队伍的培养和引进，提高教师的专业素质和教育能力，从而为职业教育的质量提升提供有力保障。最后，教育强国建设能够促进职业教育的国际化发展。随着全球化的深入发展，职业教育也需要走向国际化。通过教育强国建设，可以加强与国际职业教育界的交流和合作，引进国际先进的职业教育理念和资源，推动我国职业教育的国际化发展，提升我国职业教育的国际影响力和竞争力。

推进信息技术与教育的融合发展。教育强国建设对信息技术与教育融合具有深远的意义，能够推动教育的现代化、公平化、创新化和国际化发展，提升教育的整体质量和国际竞争力。首先，教育信息化是教育强国建设的重要组成部分。教育信息化能够为教育改革和创新提供强大的技术支持，推动教育现代化进程。通过信息技术与教育的深度融合，可以优化教育资源配置，提高教育教学的效率和质量，提升教育的整体水平。其次，信息技术与教育的融合能够促进教育公平。传统的教育资源分配方式往往存在不均衡的问题，而信息技术的发展为解决这一问题提供了新的途径。通过信息技术手段，可以实现优质教育资源的共享，让更多的学生受益，缩小城乡、区域之间的教育差距，促进教育公平。再次，信息技术与教育的融合能够推动教育教学方式的创新。信息技术的发展带来了新的教学理念和方式，如在线教育、翻转课堂等。这些新的教学方式不仅能够提高学生的学习兴趣和积极性，还能够培养学生的创新能力和自主学习能力，满足新时代对人才培养的需求。复次，信息技术与教育的融合能够促进教师队伍的专业化发展。信息技术的应用要求教师具备相应的信息技术素养和教育创新能力，这促使教师不断更新知识结构、提升教学技能，推动教师队伍的专业化发展。最后，信息技术与教育的融合能够提升教育的国际竞争力。在全球化的背景下，教育信息化能够使我国的教育事业在国际竞争中占据有利地位。通过信息技术手段，可以引进国际优质教育资源，提高我国教育的国际影响力，培养具有国际视野和竞争力的人才。

五　深刻影响个体的成长成才

推动个体素质的进一步发展。教育强国建设通过改进教育体制、更

新教育理念、提高教育资源投入等方式，有助于提高个人的学科素养、综合素质和社会责任感，为每个人的全面发展创造更为有利的条件。首先，高质量的教育资源投入。教育强国建设会投入更多资源改善学校设施、提高教育质量、培训优秀教师等，确保每个人都有接触高质量教育资源的机会。这有助于提高学生的学科知识水平、综合素质和学科能力。其次，注重素质教育。教育强国建设强调培养学生的综合素质，包括创新能力、团队协作能力、沟通能力等。学校将更加注重培养学生的全面发展，而不仅仅是注重传授知识。再次，强调职业教育。职业教育能使学生更早地接触实际工作技能，培养具备实际操作和解决问题能力的人才。这有助于提升个体在特定领域的素质水平，更好地适应职业发展的需要。复次，注重教育方法的创新。教育强国建设鼓励创新的教育方法，包括问题解决、项目学习、实践活动等，以培养学生的创造性思维和解决问题的能力。这有助于培养学生更具有创新意识的个体。同时，教育强国建设倡导个性化学习，根据学生的兴趣和能力制订差异化的学习计划。这有助于更好地发挥每个人的潜力，提高个体在自己擅长领域的素质水平。最后，注重实践经验。教育强国建设鼓励学生参与社会实践和志愿服务活动，培养他们的社会责任感、团队协作意识以及对社会的关注。这对于提升个人的社会素质具有积极作用。

促进个体职业发展。教育强国建设对个体职业发展的意义重大，可以提高职业技能和素养、拓展职业发展机会、促进职业规划与发展以及提高收入水平。因此，个体应该积极参与教育强国建设，通过不断提升自身素质来促进职业的发展。首先，提升职业技能。教育强国建设注重职业教育和技能培训，这有助于个体掌握一技之长，提高职业技能和就业竞争力。在竞争激烈的就业市场中，具备专业技能的个体更容易获得理想的职业岗位。其次，增强职业素养。教育强国建设不仅关注知识和技能的传授，还注重培养学生的职业道德和职业素养。通过教育，个体可以树立正确的职业观念，增强敬业精神、团队协作能力等职业素养，为未来的职业发展奠定基础。再次，拓展职业发展机会。教育强国建设有助于提升国民素质，推动社会经济的发展。随着社会经济的繁荣，会带来更多的职业发展机会。个体通过教育强国建设，可以不断地提升自身素质，抓住职业发展的机遇。复次，促进职业规划与发展。教育不仅是短

期的培训或教育过程，更是一个长期的、持续的职业规划与发展过程。通过教育强国建设，个体可以明确自身的职业目标和发展方向，制定合理的职业规划，实现长期的职业发展。最后，提高个人收入水平。随着职业技能和职业素养的提高，个体的收入水平也会相应提高。在教育强国建设的背景下，具备高素质和专业技能的个体更容易获得高薪职位。

提升个体的社会责任感。高质量的教育有助于培养个体的社会责任感和公民意识。通过学习国家的历史、文化、法律和伦理等方面的知识，个体更容易认同社会价值观，愿意为社会的发展和进步做出积极贡献。教育强国建设可以通过多种途径提升个人的社会责任感，使个体更加关注社会问题、积极参与社会活动，并为社会的发展和进步贡献力量。首先，德育质量的提升。德育强调培养学生的道德素养和价值观，注重德育教育。通过课程设置、校园文化建设等方式，培养学生的社会责任感，强调对他人和社会的关爱。其次，社会实践和志愿服务的增加。通过组织社会实践和志愿服务活动，让学生亲身参与社区和社会事务。这有助于学生更好地理解社会问题，培养他们的社会责任感，并在实践中形成对社会的责任心。再次，课程内容的更新。教育强国建设鼓励在教育课程中融入社会责任的理念。通过在课堂中引入社会问题、环境保护、公益慈善等相关内容，激发学生对社会责任的认识和关注。最后，公民教育的开展。强调公民教育，培养学生的公民意识和社会参与能力。教育强国建设注重培养学生作为公民的责任感，使他们具备更强的社会参与和公共事务管理的能力。

增强个体的适应能力。教育强国建设倡导灵活的教育环境和创新的教学方法，培养学生更好地适应社会和技术变革的能力。这有助于个体在面对未来的不确定性时更具适应性和抗压能力。从教育活动本身来看，教育强国建设倡导教学方法的创新，包括项目学习、问题解决、实践活动等。这些方法可以激发学生的学习兴趣，培养他们主动探索和解决问题的能力，提高应对新情境的适应能力。在个性化学习方面，教育强国建设鼓励个性化学习，根据学生的兴趣和能力制订差异化的学习计划。这有助于更好地满足学生的学习需求，提高学生在不同学科和领域的适应能力。在信息技术教育方面，教育强国建设注重提高学生的信息技术能力，学生通过学习信息技术，能够更灵活地获取和处理信息，提高在

信息化社会中的适应能力。注重培养学生解决问题的能力，包括分析问题、提出解决方案、执行计划等。这有助于提高学生在面对复杂情境时的适应能力和应对能力。终身学习观念的树立，教育强国建设鼓励培养学生的终身学习观念，使其能够持续学习和适应新知识、新技术的发展，增强面对变化时的适应性。

第二章

教育强国的内涵研究

教育强国作为一个国家发展的重要战略方向，其内涵丰富且深厚，须从历史演进和概念辨析两大维度进行全面探讨。历史演进方面，教育强国的概念并非一蹴而就，而是随着时代的变迁而不断丰富和完善，展现出不同时期教育在国家发展中的重要地位和作用。概念辨析方面，则厘清教育强国的核心要素与特质，明确其与国内外发展的紧密联系。通过深入研究这两大方面，能够更加清晰地认识到教育强国不仅是教育领域的自我完善，更是国家综合实力提升的重要途径。

第一节　历史演进中的教育强国

自古迄今，教育为国家的繁荣和民族的复兴做出了巨大贡献。经过历史长河的萌芽、发展、成形以及新时代的创新发展等阶段，构建教育强国已上升为党和国家在教育领域的核心战略任务，这对于我国全面构建社会主义现代化强国具有深远的战略意义，在中华民族伟大复兴的宏伟规划中的地位至关重要。教育是国家的根基、党的长远大计，必须坚定不移地推进教育强国建设，努力为人民提供更满意的教育服务。

一　教育强国理念的萌芽

“优秀传统文化是一个国家、一个民族传承和发展的根本，如果丢掉

了，就割断了精神命脉。”① 中华优秀教育传统传承千年，涵养了建设教育强国的养分。中国古代历代贤人对教育的使命、重要性的具体内涵的论述虽应时而变，蕴含着不同时期的国家治理需求，但是终其志向都是重视教育在国家治理的地位。

教育起源方面，在马克思看来教育源于人类生产生活的需要，原始社会的教育与生存休戚相关，教育也被赋予传承人类知识、维系国家治理的使命。根据历史文献记载，中国的教育有着十分悠久的历史，中国古代的教育可追溯到夏朝之前。《尚书·舜典》这部古籍中，已有关于古代虞舜时期实施“敬敷五教”② 的教育记录。这五教涉及父辈的义务、母亲的慈爱、兄长的友爱、弟弟的尊敬以及子女的孝顺，是对民众进行伦理道德教育的五个核心方面。在尧舜禹时代，教育的雏形已现，至夏代时，已有名为“序”的学校存在。殷、周之际受宗法制度影响而实施礼教以确定亲疏、判断嫌疑、区别同异和辨明是非，礼教使五伦各尽其责，从而发挥着维持社会秩序的重要作用，教育之追求在于治。在西周奴隶制社会将教育视为维护国家稳定和促进社会和谐的关键工具。在承接商朝“学在官府”的传统理念之上，周公不仅重视个人道德素质的培养，同时也强调实际技能的掌握。西周进一步推动和发展了文化教育，在中国古代教育史上留下了深远而持久的痕迹。

在春秋战国时期，礼乐制度逐渐解体，与此同时，私学的兴起在中国古代教育史上标志着一个划时代的变革，这场变革深刻地重塑了教育的面貌。以孔孟为代表的儒家思想争鸣涌现，在春秋战国之际，“私学”出现，成为一种新兴的教育组织形式，并得到较快发展，齐国的“稷下学宫”便是那时私学的最高学宫，“私学”的发展盛行使得孔子、孟子、墨子、荀子等一批私学大师在那个时代得以自由地宣扬自己的主张，最终为中国的教育史留下一颗颗闪耀着智慧的璀璨明星。在他们各自积极高举着思想旗帜时，同时也对教育经验作出总结，《学记》与《大学》作为春秋战国时期的代表性教育理论成果，共同奠定了中国古代教育思想

① 习近平：《在纪念孔子诞辰2565周年国际学术研讨会暨国际儒学联合会第五届会员大会开幕式上的讲话》，《人民日报》2014年9月25日第2版。

② 顾明远：《教育大辞典》（第8卷），上海教育出版社1991年版，第3页。

形成和发展的坚实基础。万世师表孔子在《论语·子路第十三》中阐述施政三大纲，其中就包括“教”。孔子的教育思想立意高远，确立了古代教育在政治中的崇高地位，教育被明确认为是治国安邦的头等大事。《礼记·学记》是迄今为止世界上已知最古老的教育论述文本，教育的地位在该书中被首次提出，强调教育在国家建设和管理人民中处于最优先、最核心的事务。当然，这些都是儒家的教育思想。其实，其他学派在涉及教育的价值时，同样有所偏重。黄老学派在论及教育应培养的人才规格时也提出教育的追求仍在治国利国。

在秦朝时期，教育体系强调法律的教育功能和官吏的教育角色，将教育体系整合进尊崇法律和刑名的框架之中。汉代教育则体现出大一统的特点，以董仲舒为首的思想家提倡教育是国家治理的根本，具体指出德教是立政之本。汉代三大文教政策的推广使得教育逐渐被社会公认为“为政之首”，使我国形成了重视教育的优良传统。魏晋南北朝的教育继汉开唐，唐朝的繁荣兴盛与其高度重视文化教育发展的决策紧密相连。隋唐时期，为了打破寒门学子晋升无望、贵族垄断政权的局面，创立并完善了科举考试制度，为选拔人才提供了更加公正的途径。选拔与培育人才的准则相互统一，不仅推动了唐代学校教育与社会教育的共同进步，更让寒门才俊有机会通过科举进入仕途，这在一定程度上激发了当时的政治革新。培育圣贤是宋代教育的目的，也是宋代教育所追求的最高境界。宋朝积极支持文化教育，中央延续设有传授专门知识的国子学和太学。地方各书院诸如有岳麓书院、白鹿洞书院、应天府书院等，如雨后春笋般兴起。进入南宋时期，书院的发展更是达到了兴盛。书院的兴盛为私学教育注入了新的活力，使其日益繁荣。北魏与元朝的统治者纷纷效仿汉族的统治方式，均高度重视学校的兴办和教育的推广，以推动文化的传承与社会的进步。明朝相继治国以教为先，明太祖针对战乱导致的经书大量散失、教育荒废的问题，特意颁布诏书，并多次派人运送书籍，以支持学校教育的恢复和发展。在清朝时期，除了继承明朝的教育制度外，还特别设立了宗学和八旗官学，专门负责教授八旗子弟，以满足其特定的教育需求。乾隆年间，清政府为了培养俄语人才，特别设立了俄罗斯文馆。同时，为了促进民族地区的教育发展，清政府还在这些地区为当地子弟创办了义学。在云南的偏远地带，清政府也设立了井学，

以满足当地人民的教育需求。清朝前期兴文教，崇经书以为开太平。

从教育起源的古代到封建社会末，教育的内涵得到不断拓展和深化。每一历史阶段的教育变革，也都反映了当时社会在国家治理中对教育的理解与追求。

二　教育强国理念的发展

自1840年鸦片战争起，我国面临了前所未有的挑战，这场战争导致我国社会性质产生了根本性的变化，中国近代史被迫打上了半殖民地半封建社会的烙印。时代背景赋予了当时的人民争取民族独立、彻底改变国家贫穷落后的面貌和人民解放的历史任务。面对国家危机、民族危机凸显之局面，众多有识之士为救亡图存，发出了“教育救国”的呐喊，许多学校也立下“自强”校训，“教育救国”“科学救国”及“实业救国”等救国思潮在半个多世纪的岁月里相互激荡，共同构成了推动国家发展的动力，成为近代中国社会中具有普遍社会影响的教育主张。

清末民国时期的有识之士发起教育救国的思潮，提出发展教育以开民智，使国家由弱转强，从而实现救亡图存的爱国爱民愿景。教育救国思潮的萌芽与形成，最初可追溯至晚清时期，地主阶级改革派、洋务派以及早期维新派思想家们，在寻求国家富强与民族振兴的道路上，积极探索并实践教育救国的理念。地主阶级改革派以龚自珍、林则徐和魏源等人为代表，开始意识到学习西方先进军事技术的必要性。他们积极拓宽视野，以开放的态度看待世界，并提出了“师夷长技以制夷”等思想，进一步推动了“经世致用”思想的发展。此时，中国教育逐渐显露出向近代新型教育转化的趋势，开始认识到教育与国家存亡之间的紧密联系。然而，该时期的大部分国人仍受“天朝上国”观念的影响，保持着妄自尊大的态度，教育救国的话语是曲高和寡、讨论有限。尽管龚自珍、林则徐等的教育思想在当时的条件下缺乏实践的基础，但这并未阻碍近代教育救国思潮的初步萌芽与兴起。

19世纪60年代，面对严峻的内忧外患，洋务派积极倡导并发起了以“自强”与“求富”为目标的洋务运动，力求维持清政府的统治。因此以

"中体西用"① 思想为指导，洋务事业蓬勃开展，培养具备西方学识与技艺的新型人才。其教育思想的核心在于"中体西用"，即在保持中国传统文化的根基上，融合并应用西方的先进知识。洋务派在坚持"变器不变道"的原则下所推行的洋务教育已初步体现"教育救国"的核心理念。但是，其"洋务教育"的侧重点多集中在西方的器物层面，把"技术教育"作为挽救国家的途径，并没有深入更深层的思想、文化和制度等方面。在近代历史节点上，王韬、郑观应等具有先见之明的思想家们，对教育振兴国家的理念进行了深度的思考与体系的构建。他们深刻认识到，教育之核心价值在于教化民众、培育人才，这将是推动国家向前进步与发展的关键力量。鉴于此，他们大力提倡废弃陈旧的八股科举制度，此制度对人才的培育及创新思维的发展具有极大的束缚作用。他们呼吁摒弃旧有的科举框架，引入西方先进的文化和教育体系，构建起适应新时代的教育架构。更进一步，他们将教育的功能拓展至制度层面，以实现救国的宏伟目标。"教育为立国之本，国运之兴衰系之，国步之消长视之"②，早期维新派明确提出了以科学文化教育为基石，推动国家发展的改良理念。这表明，早期维新思想家已站在国家兴衰的重要关口，审视教育的价值与地位，其思想已显露出显著的教育救国倾向。经甲午战争惨败，维新派康有为指出"欲任天下事，开中国之新世界，莫亟于教育"③，梁启超深谙中国之落后归因于教育的未完善。为此，他提出："变革之根，在于培育英才；英才之崛起，赖于学校之建立；学校之设立，又需废除陈旧之科举。"④ 他坚信，唯有如此，方能开启国家之新篇章。其倡导的教育救国理念在当时社会中，特别是青年学生群体中，产生了广泛的影响。维新变法期间，众多诏令聚焦于教育改革，维新派不仅通过理论宣传与实际行动践行教育救国理念，更超越了洋务派仅关注器物教育救国的局限。他们转而在体制层次上进行更深层次的变革，努力培

① 李鸿章：《李鸿章函·答制火器》，转引自李书源《筹办夷务始末》，中华书局2008年版，第1088页。

② 郑观应：《致伍秩庸先生书》，转引自夏东元《郑观应集》，上海人民出版社1988年版，第270页。

③ 康有为：《康有为政论集》，中华书局1981年版，第131页。

④ 梁启超：《饮冰室合集》，中华书局1989年版，第10页。

育国民的近代素养，以求达到民族救亡的根本目的。

维新变法失败后，八国联军的侵略与《辛丑条约》的屈辱签署，使中国遭受前所未有的耻辱，激发了国人更为强烈的救亡图存呼声。随后，维新的教育思潮被新的民主革命的思潮所替代，它是对改良主义教育思潮中的“教育救国”理念的延续，并进一步提出了通过暴力革命来颠覆旧政权的方法，用政治现代化为教育现代化打开了一条新的道路。孙中山是民主革命思想的主要倡导者，也是民主革命思想发展的主要推动者。他指出，中国传统教育的目的在于让百姓养成盲目顺从的品性，学非所用、用非所学是封建教育的重大弊端。在批判改良教育思潮和宣传民主平等教育思想时，革命派主张用革命手段去改变中国落后面貌，主张国人受到同等教育。革命派还倡导和谐发展教育，例如，蔡元培提出的“五育”方针，摒弃了以培养官僚精英为主的封建教育，转而倡导面向大众的、注重知识素质培养的义务教育体制。这一转变标志着资产阶级教育新时代的开启，为中国教育的近代化进程奠定了坚实基础。

在“五四”新文化运动前后，列强侵略愈演愈烈，国内政治局势云谲波诡。“五四”新文化运动前后，随着外国势力的不断入侵，国内政局也发生了剧烈的变化。一批进步知识分子开始认识到中国社会转型屡遭挫折是由于文化教育上缺少深刻的改革和教化。他们认为，要建立一个新的政权，首先要建立一个新的文化、一个新的教育基地。而要促进社会的发展，就必须以新式教育来改变民族的品格，培养出一代又一代的人才。1919 年以后，以陈独秀、李大钊为首的民主人士发起了以“民主”“科学”为旗号的新文化运动，在中国知识界掀起了一股学习马克思主义思想的新风。在这一时期，蔡元培、胡适、李大钊、陈独秀等一大批知名人士，也纷纷投身于反专制、反封建的新文化运动之中，以“教育先行”“读书救国”“科学救国”等为主要表现手段，从各个方面来探讨救国之路，其理论、实践、社会影响力均远超前几代，教育救国思想达到了前所未有的高度。

由 1915 年发起的“工读运动”号召了一批以“教育救国”为理想的青年，其中成长了徐特立、吴玉章、周恩来、邓小平等在中国近现代史上有重要影响的人物。黄炎培积极推动职业教育救国，多次访问海外教育机构。1917 年教育界和实业界知名人士建立中华职教社，中国职教理

论框架和职教实践由此产生，开创了中国现代职教的先河。以黄炎培为首的职业教育工作者希望以职教为突破口，处理好教育与职业的关系，通过职教解决民生问题，实现国民性的转变。

自 1919 年 5 月至 1921 年 7 月，美国哲学家杜威在中国进行了为期两年零两个月的讲学，其实用主义教育理念在中国引起了广泛关注。诸如“教育乃社会进步之利器”“学校乃社会改良之源泉”等理念在中国广泛传播。实用主义教育对教育实际效用和工具性的强调，为教育救国理念提供了新的理论基础。受到杜威思想的影响，蔡元培、胡适等人逐步形成了“实用主义教育救国”的理论。蔡元培主张教育应保持独立性，不应成为任何党派的工具；胡适则强调个人责任，倡导明确个体权利，并认为通过教育可以实现救国的责任。他们均认为，教育是文明传承和民主政治的基石。在蔡元培、陶行知等人的积极推动下，实用主义教育思想迅速成为当时中国的主流教育理念。晏阳初于 1920 年 8 月归国后，致力于平民教育运动，倡导消除文盲，培养新时期的公民意识。1923 年 3 月 26 日，中华平民教育促进会正式建立，晏阳初带领和组织知识分子群体在河北定县开展了平民教育实验，产生了全国性的影响；梁漱溟等人在山东等地发起了“乡村建设运动”，致力于普及乡村教育，以解决中国社会“文化失衡”的问题。陶行知于 1920 年创立了中华教育改进社，以推广平民教育和乡村教育为核心使命，力图通过教育的力量消除阶级界限，推动社会向前发展。他提出了生活教育理论，强调教育与生活的紧密联系，倡导学生在实践中学习，以培养他们的实际操作能力和社会责任感。他坚信，生活本身就是教育的源泉，社会则是最佳的学习场所，终生致力于“生活教育运动”。在他们的努力下，在 20 世纪二三十年代，我国普及教育运动以多种形式迅速蔓延至全国各地，包括广大农村地区。教育层次覆盖了初等、中等直至高等教育，教育类型涉及对内女子教育、对外留学等多个方面。许多教育团体和个人，上至大学校长、社会名流，下至当地富商乡绅、普通教师和知识分子，都捐出自己的钱，投入教育救国救民的伟大事业之中，掀起了一股教育救国的热潮。“教育救国”的思想在全国范围内生根发芽。

在此期间，一方面，国内社会发生了深刻的变化和剧烈的变动，造成了民众对时局的普遍失望与不满；另一方面，由于思想的启蒙与解放，

各种近代西方理论与思潮相继传入国内，尤其是以杜威、罗素为代表的著名学者来华讲学，大力传播西方改良主义与教育观念，对“教育救国”思潮的勃兴起到了空前的促进作用。教育救国思想的发展反映了资产阶级改良主义的实用特性，同时展现出其多元化和普及化的趋势。特别是众多秉持教育救国理念的爱国之士，他们致力于教育事业，以教育为手段，旨在拯救国家。虽然对于教育与政治、教育与经济之间的关系理解尚存在不足，对于教育救国的具体理解各异，所选择的道路也不尽相同，但他们的目标是一致的，即通过教育实现救国的宏伟目标。

从清末的洋务派到维新派，再到资产阶级民主派和早期马克思主义，都以自己的不同形式，对教育救国思想进行了不同程度的宣传、接受和实践。关于“新民”的思想内涵很多，从创办学堂、开民智、扬民德、育新民，到提出“职业主义”“国家主义”和“生命教育”等多种说法，但都没有一个统一的表达方式。各个时代对于“教育救国”的认识各有不同，但“教育救国”一词却是这一时期所有的教育理论的共同基调。

总体而言，近代教育救国思潮的兴起与演进，标志着古代教育与国家关系的新阶段，深化了社会对教育重要性的认知，推动了中国教育由古代向现代的转变。尽管众多仁人志士对教育兴国与救国进行了不懈的探索和实践，但是，在帝国主义的侵略下，封建地主阶级的腐败统治下，中国仍然处于贫穷落后的状态，普通老百姓的基本教育难以得到保障。因此，教育救国思潮并未触及近代中国社会的主要矛盾，难以成为拯救国家与民族危机的正道，对教育事业的自身发展贡献也有限。

在20世纪二三十年代，随着国内革命形势的蓬勃发展以及抗日战争的全面爆发，信仰教育救国理念的群体开始出现分歧。部分人士选择投身革命与政治运动，而另一些人则坚持他们的教育救国理念。尽管梁漱溟、黄炎培等知名教育家和爱国者继续坚定地推崇并实施教育救国的战略，但是这一时期政治和经济的剧烈变动对教育救国理念造成了深远影响，导致其在革命和战争的冲击下逐步减弱并进入衰退期。因此，教育救国思想经历了转型阶段。在抗日战争、解放战争以及中华人民共和国的建设过程中，教育救国思想最终演变为现代教育强国理念和科教兴国的国家战略。

1927年大革命失利后，中国共产党积极领导土地革命，这一运动深

刻影响了“五四”时期倡导平民教育救国论的各界人士。他们逐渐认识到，农民问题作为中国社会的根基问题，其解决对于民族复兴至关重要。民族复兴的关键在于振兴日渐衰微的农村经济，因此，他们提倡通过教育普及、农业改良、金融流通、合作推广、公共卫生改善以及风俗革新等手段，推动乡村建设，旨在“创造新文化”，实现“民族再造”或“民族自救”的目标。同时，由于马克思主义与中国具体国情的密切联系，又促进了教育救国思想的发展。李大钊、毛泽东等革命前辈对其革命教育思想进行了进一步的发展和改进，并逐渐建立起了新民主主义的、科学的、大众化的、民主的、群众的教育政策。他们倡导用民主的精神来推动妇女教育，推动工读教育，使其思想扩展到劳动者，使勤工俭学的思想逐渐转变成为广大工农群众服务的一种教育。伴随着各种教育救国思想的融合和发展，人们对教育的关注也从城市转移到了乡村。职业教育救国观、平民教育救国观与乡村教育救国观相结合，融于我国农村建设的宏伟事业之中。

1925 年 8 月，黄炎培在山西太原参加“中华教育改进社”第四届年会时，起草了《山西职业教育计划书》。他观察到当时的教育资源多集中在城市，且局限于学校内部，未能广泛渗透到社会，特别是农村地区。因此，他提出从农村入手，通过划定区域进行实验，利用教育的力量改善农村生活，从而为全社会的革新奠定基础。

当时，晏阳初深刻洞察到救国策略的实质。他不断强调，巩固国家的根本必须着手于农村建设。他洞察到，中华民族的复兴依赖于开发其庞大的人力资源，唤醒沉睡的民族精神，团结疏松的民众，并通过教育提升民众的文化素养，从而塑造一个现代而强大的新国家。晏阳初明确指出，民族复兴的起点在于农村及其居民的建设。那时，许多以教育救赎者为己任的乡村建设人士，抱着高尚的理想，过度强调教育的作用，以为只有教育机关、工人走进乡村，实行识字等多种形式的教育，才能从根本上解决农村的问题。他们认为，在没有政府介入的情况下，只要能获得政府的肯定，就能以教育的力量来改变农村的面貌。但是，由于缺少了与国民党的正式合作，只靠学校等机构，农村建设的开展举步维艰。于是，在 1932 年前后，这批农村建造者抛弃纯粹的教育与学问，打出“政教合一”的旗号，并得到国民党当局的支援与配合。但是，在国

民党强权下，农村建筑的自由、自主精神却在不断地消退。相信教育可以救国救民的农民，在这种情况下陷入了深深的两难境地。

1937年7月，抗战全面爆发，以乡村建设运动为主要体现的教育救国思潮，在战火中逐渐消散。然而，教育救国的理念已深深植根于广大民众心中，特别是知识分子心中。当民族危机再次凸显时，知识分子和民主人士依然怀抱着坚定的教育救国信念，以满腔的爱国情怀，不畏艰难困苦，纷纷投身战时的教育发展和人才培养工作。在极其困难的情况下，他们完成了高校的内迁，在后方创建了学校，为战时革命和战后中国社会的发展和建设培育了大量人才。

在战火纷飞的岁月里，熟知的西南联合大学、浙江大学等知名学府的校长们，以及数学界和文史界的诸多杰出学者与专家，都在艰苦卓绝的环境中坚守着教学和科研的阵地。他们不仅发扬着民族的浩然正气，更在艰难时刻培育出了一批批日后在国内外享有盛誉的杰出学者和人才。这些学者和专家们以坚定的信念和无私的奉献，为我国的学术事业和人才培养作出了卓越贡献。

随着抗战胜利和新民主主义革命的成功，教育救国思潮逐渐淡出历史舞台。然而，其精神余续在国家建设和社会发展中仍发挥着独特作用。最终，这一理念以"科教兴国"的基本国策和"教育强国"的国家发展战略的形式再次展现在世人面前，彰显着教育对于国家发展的深远影响。

三　教育强国理念的成形

在过去的百年间，中国共产党领导人民走过了辉煌而壮阔的历史征程，成功建立了社会主义制度，并在教育领域取得了令人瞩目的成就。特别是在中华人民共和国成立后至改革开放之前的关键时期，以毛泽东同志为代表的中国共产党人，中国共产党人对社会主义教育体系的建设进行了深入研究，为我国教育事业的发展奠定了坚实的基础。这一过程充分展示了中国共产党在领导教育事业发展方面的卓越能力和坚定信念。

中华人民共和国正式成立，标志着旧中国半殖民地半封建社会的教育体制宣告结束，中国共产党领导下的新民主主义革命开始了。中华人民共和国对旧的教育体制进行了快速而坚决的改革，向工人、农民开放教育的大门，积极开展扫盲运动和对传统文化教育的改革。毛泽东主席

在同一天发表的政府公报，肯定了中共中央全体同意《中国人民政治协商会议共同纲领》，中国的教育从此开始了以提高民族素质、促进民族发展为己任的新阶段，这一纲领确认“中华人民共和国的文化教育为新民主主义的，即民族的、科学的、大众的文化教育”的基本方针，指出“人民政府的文化教育工作，应以提高人民文化水平，培养国家建设人才，肃清封建的、买办的、法西斯主义的思想，发展为人民服务的思想为主要任务”①。在此基础上，提出了一系列的重大方针，包括有计划、分步骤地实施全民教育。1949 年 12 月 23 日到 31 日举行的第一次全国教育工作会议，就是根据《共同纲领》中所载的内容，把教育服务于祖国的建设。由此，我们清晰地阐述了中华人民共和国的教育政策，这一政策对我国的发展有着深刻的指导作用。此后数年，国家陆续出台了包括高等教育、中等教育和初等教育在内的多层次教育政策。比如，1951 年中央人民政府发布的《关于改革学制的决定》，就规定了各级学校要为学龄人口、劳动人民、工农干部提供服务，并在实行正规的学校教育的基础上，进行大量的识字、工农干部的文化学习，使职业、技能、业余教育在学制中的位置得到了明确的规定。总之，中华人民共和国的教育制度是在解放区新教育的基础上建立起来的，它既吸取了一些老教育的成功经验，又对苏联的发展模式进行了借鉴。

从 1953 年开始了以社会主义为目标的社会主义工业化，以及对工农业和资本主义工商业的社会主义改造。在“一化三改”方针的指引下，我国的教育发生了巨大的变化。在教育方面，国家收回了国家的主权，对私人学校进行了全面的接管，并对课程进行了修改，并将社会主义因素融入转型期的教育之中。这一时期的教育，是在马克思的全面发展学说的指导下，着眼于人的全面发展。这一时期，中国共产党对社会主义教育政策的形成与发展，是一个不断发展的过程。1953 年，中央人民政府文教委员会在全国范围内举行了区文学委员会主任会议，以贯彻党和全国过渡时期的总路线为指导，制定了文化和教育工作的方针。

1954 年，中共中央批转国务院文教委员会秘书组《关于全国文化教

① 中央教育科学研究所编：《中华人民共和国教育大事记（1949—1982）》，教育科学出版社 1984 年版，第 3 页。

育工作会议情况报告》，指出要使文教事业更好地服务于我国逐步实现社会主义工业化、社会主义改造的目标。这表明，党在转型期的教育工作，主要是围绕着教育服务于社会主义工业化、社会主义改造这一主题展开的。1954 年《中华人民共和国宪法》作为新中国最早的宪法，在其第九十四条中明确规定了公民的受教育权，新中国也首次将其写入了法律，这标志着在国家独立和人民当家作主之后，所有公民的受教育权都得到了法律上的保证。1954 年，政务院在《1954 年文化教育工作的方针和任务》中提出："中等教育和初等教育，应贯彻全面发展的教育方针"①；《政务院关于改进和发展中等教育的批示》中明确指出："中学教育的目的，是以社会主义教育思想教育学生，培养他们成为社会主义全面发展的成员。中学教育不仅要供应高等学校以足够的合格新生，并且还要供应国家生产建设以具有一定政治觉悟、文化教养和健康体质的新生力量。"② 这反映出党在教育活动的方针性要求开始转向教育活动更本质的领域，即培养什么样的人士。从这时开始，党的教育方针开始增加了"人的全面发展"的重要内容。

1956 年，以党的八大召开为标志，我国生产资料所有制的社会主义改造基本完成，在党的坚强领导下，全国各族人民稳步完成了从新民主主义到社会主义的伟大历史转变。随后，全党和全国人民的中心任务便聚焦于发展社会，致力于推进国家繁荣与人民幸福。党对社会主义建设时期的教育方针进行不断地探索，党的社会主义教育方针得到明确的确立。1957 年以毛泽东同志为主要代表的中国共产党人在最高国务会议第 11 次（扩大）会议指出："我们的教育方针，应使受教育者在德育、智育、体育几方面都得到发展，成为有社会主义觉悟的有文化的劳动者。"③ 1958 年 9 月《中共中央、国务院关于教育工作的指示》指出，"党的教育工作方针，是教育为无产阶级的政治服务，教育与生产劳动相结合，为了实现这个方针，教育必须由党领导。……教育的目的，是培养有社

① 何东昌主编：《中华人民共和国重要教育文献（1949—1997）》，海南出版社 1998 年版，第 294 页。

② 何东昌主编：《中华人民共和国重要教育文献（1949—1997）》，海南出版社 1998 年版，第 508 页。

③ 毛泽东：《毛泽东著作选读（下册）》，人民出版社 1986 年版，第 780—781 页。

会主义觉悟的有文化的劳动者”。① 这标志着新民主主义教育方针转成社会主义教育方针，新中国开始走上社会主义教育事业发展道路。

自1961年至1963年，党中央相继颁布了一系列重要条例，如“高等教育六十条”和“中等教育五十条”等，明确了各级教育的任务和培养目标。这些条例经过中共中央的批准，构成了党的教育方针的核心，即“二必须”加“一培养”的基本表述形式。由此，我国开始构建较为完备的国民教育体系。数十万工农干部、劳动模范和产业工人接受了中高等教育，教育体系逐步健全，大中小学教育及成人教育初具规模。全日制教育、业余教育和半工半读教育并行发展，为各行各业输送了大批高素质劳动者和专业技术人才，有力推动了新中国的工业化和各项建设事业。从1949年至1965年，全国年均扫盲人数超过600万，工农群众的文化水平得到了显著提升。这一系列教育方针的完善为教育工作提供了明确的指导方向，为我国教育的建设和发展奠定了坚实基础。

经历了1966年至1976年的“文化大革命”以及阶级斗争的动荡之后，社会各个领域开始逐步进行拨乱反正，尽管在过程中充满徘徊，但人们仍积极探索前进的道路。1977年，党的十届三中全会作出了重要决策，恢复了邓小平同志在党内外的一切职务。在他的领导下，特别是他分管教育和科技工作期间，高考制度得以恢复，这一举措极大地激发了社会各界对教育发展的热情与积极性。毛泽东主席提出的“教育必须为无产阶级政治服务，必须同生产劳动相结合”的理念，为后来的教育改革与发展奠定了坚实基础，确保受教育者在德育、智育、体育等方面得到全面发展。

1978年12月，中国共产党十一届三中全会庄严召开，会议通过了《实践是检验真理的唯一标准》的重要论述，实现了党的工作重心的历史性转变。全会确立了以经济建设为中心的基本路线，并作出了实行改革开放的重大战略决策，明确了社会主义初级阶段的基本路线。以邓小平同志为核心的中国共产党人，团结带领全党全国各族人民，实现了新中国成立以来党的历史上的一次深远意义的伟大转折，开启了改革开放和社会主义现代化建设的全新征程。

---

① 杨天平：《中国教育方针百年论略》，《当代教育论坛》2003年第1期。

改革开放新时期，教育改革与发展迈入了新的历史阶段。邓小平同志深刻指出，教育是民族之根本，工作的重心在于恢复正规学校学历教育，掀起了补充文化与学历的热潮，致力于解决专业人才匮乏和劳动力素质不高的问题。1981 年，党的十一届六中全会通过的决议强调，要加强思想政治工作，以马克思主义和共产主义道德引导人民和青年，坚持德智体全面发展、红专结合、知识分子与工农结合、脑力与体力劳动结合的教育方针。随后，1982 年的《中华人民共和国宪法》再次明确，国家致力于培养品德、智力、体质全面发展的青少年。党的十二大更是将教育视为实现国民经济翻两番的关键，首次将其置于现代化建设的战略核心位置。1983 年，邓小平同志提出了教育面向现代化、世界和未来的战略方向，为开辟中国特色社会主义教育之路奠定了坚实基础。

邓小平教育思想指导下，1985 年，中共中央召开了第一届全国教育工作会议，颁布和执行了《中共中央关于教育体制改革的决定》，这一决定对我国的教育事业产生了重大影响。这一决定是与经济和科技体制改革同时进行的，它选择了教育制度改革的切入点，提出了由地方政府承担基本教育发展的责任，有计划有步骤地推行九年义务教育，同时积极开展职业教育。同时也从根本上扭转了国家对高等教育的过分控制，扩大了大学的办学自主权。尤其是邓小平关于“教育要为社会主义事业服务、社会主义事业要靠教育”的思想，成为 1995 年全国人民代表大会通过教育法的主要理论基础。根据党中央的部署，教育管理体制、结构布局、教育教学、招生及毕业生分配等方面均取得了新的进展。同时，教育法律体系的基本框架也初步建立。自 1980 年《中华人民共和国学位条例》颁布以来，教育领域的立法数量仅次于经济领域。在 1983 年国庆前夕，邓小平为北京景山学校题词：“教育要面向现代化，面向世界，面向未来”①，这“三个面向”是在改革开放的新历史条件下，邓小平根据我国的国情和当时世界新技术革命的发展趋势，对教育工作作出的具有纲领性的指示。1987 年，党的十三大报告中明确提出教育为社会主义现代化建设服务的方针，在突出的战略位置标明教育的作用，是教育地位的又一次提升。

---

① 邓小平：《邓小平文选》，人民出版社 1993 年版，第 35 页。

自1989年党的十三届四中全会至今，以江泽民同志为核心的党的第三代中央领导集体，紧密团结并引领全党全国各族人民，持续积累治党治国的新经验，形成了具有深远意义的“三个代表”重要思想。在面对国内外的复杂形势以及世界社会主义发展的曲折挑战时，他们坚决维护了中国特色社会主义道路，确立了建立社会主义市场经济体制的改革目标与基本框架，开辟了全面深化改革开放的新局面，推进了党的建设新的伟大工程，成功地将中国特色社会主义推进到21世纪。

20世纪90年代初期，国际国内形势发生了深刻变化。东欧剧变和苏联解体，使世界社会主义运动进入了一个新的低潮期，而中国的发展更是遇到了空前的挑战。但是，从90年代开始，我党就明确提出了“新时代”的教育政策，这对于我国当前面临的国际形势具有重要的指导意义。李鹏在政府工作报告中指出：“继续贯彻教育必须为社会主义现代化服务，必须同生产劳动相结合，培养德、智、体全面发展的建设者和接班人。”① 这是新阶段第一次完整地在党和国家的重要文件中表述教育方针。1990年12月30日，党的十三届七中全会通过的《中共中央关于制定国民经济和社会发展十年规划和“八五”计划的建议》中提出：“各级各类学校必须切实纠正忽视德育的倾向，贯彻教育为社会主义建设服务，教育与生产劳动相结合，德智体全面发展的方针。”② 这与当年《政府工作报告》中关于教育政策的内容、精神相吻合，体现了党对教育政策的普遍认同。

在1992年，党的十四次全国代表大会明确指出，将教育作为国家优先发展的战略领域，其核心宗旨是全方位提高全民的思想道德素养和科学文化水平，这是推进我国现代化进程的根本推动力。继而在1993年，中共中央、国务院颁布了《中国教育改革和发展纲要》，该纲要深入剖析了教育目前遭遇的挑战，并明确了未来教育发展的目标任务。必须坚定不移地贯彻党的十四大精神，以中国特色社会主义理论体系为行动指南，

---

①　国家教育委员会政策法规司编：《十一届三中全会以来重要教育文献选编》，教育科学出版社1992年版，第438页。

②　国家教育委员会政策法规司编：《十一届三中全会以来重要教育文献选编》，教育科学出版社1992年版，第461页。

严守党的基本路线，全面实施国家的教育方针政策。面对现代化、面向全球、面向未来，必须加快教育改革的步伐，深化教育发展，不断提高劳动者的综合素质，培养大批优秀人才，建立适应社会主义市场经济体制和政治、科技体制改革需求的教育体系，进而更好地服务于社会主义现代化建设。1994 年，我国召开了改革开放以来的第二次全国教育工作会议，明确了到2000 年基本普及义务教育和基本扫除青壮年文盲的国家级目标。为实现这一目标，制定了分区规划和分步实施的策略，并赋予地方政府更多的管理义务教育和职业教育的权责。在经费筹措方面，建立了以财政投入为主、分担学习成本、多渠道筹措经费的体制，并建立了贫困学生资助体系，倡导社会捐资助学。同时，鼓励社会力量办学，探索中外合作办学的模式，以进一步推动教育事业的发展。这些举措的实施，为我国教育事业的繁荣和发展奠定了坚实的基础。

1995 年，“科教兴国”战略正式启动和实施。第八届全国人大第三次会议通过《中华人民共和国教育法》，这标志着新时期的教育政策被正式写入法制。1999 年，颁布了《关于深化教育改革全面推进素质教育的决定》，旨在推动教育事业的全面改革与发展，在全国掀起了一股热潮。随着新世纪的到来，“211 工程”“985 工程”的实施，以及高校的扩大招生，深化了管理制度的改革，建立了以地方为主体的新型管理制度，为国家的教育事业注入了强劲的活力。

2002 年，党的十六大报告对党的教育政策进行了全面的阐述，指出教育要为社会主义现代化建设服务，要为人民群众的需要而服务，要与生产劳动、社会实践相结合，努力培养德智体美的社会主义建设者和接班人。在此基础上，积极探索建设有中国特色的社会主义教育制度，使之进入 21 世纪，为民族富强、人民幸福生活作出应有的贡献。同时，指出了教育在发展科技、培养人才方面的基础作用，在现代化建设中起着先导性、全局性的作用，应当放在优先发展的战略位置上。

2007 年，党的十七大报告提出，要将教育作为建设人力资源强国的重要举措，继《科技与人才两个十年规划纲要》之后，在 2010 年，党中央、国务院主持召开了改革开放以来的第四届全国教育工作会议，并在会上提出重要决策：“加快从教育大国向教育强国、从人力资源大国向人

力资源强国迈进"[①]，我国第一次以"教育强国"的名义颁布并执行了《国家中长期教育改革和发展规划纲要（2010—2020年）》，由此制定了各级教育发展的目标，并对人才培养体制、办学体制、管理体制进行了创新，对教育质量评估和招考制度进行了改革，建立了现代教育体系。

党的十八大以来，党中央更加重视教育。按照"四个全面"的战略布局，从全面深化教育改革，全面推进依法治教，使教育更好地为全面建成小康社会服务，加强教育系统党建工作等方面提出了新的要求。坚持"立德树人"的根本定位，坚持党对教育工作的全面领导，推动了高校党建工作在新形势下的新发展。党中央将教育政策制定的层次提升到了一个新的高度，统筹推进教育事业的全面改革，推进教育管理的现代化、法治化。此举是为了建立一个新的政府、学校和社会的关系。在高考招生制度的改革、基础教育质量的提高、现代职业教育制度的健全、一流大学和一流学科的创建、师资队伍的建设等方面都有了新的突破。在这一过程中，教育质量不断提高，公平水平不断提高，结构不断优化。在我国脱贫攻坚过程中，教育扶贫的配套措施起到了至关重要的作用，社会各方面对教育领域的投入热情也持续升温。

中国特色社会主义进入了新的历史阶段，我国的教育事业取得了前所未有的成就和深远的变革。当前，所说的"教育强国"是对教育与国家的关系的重新定义，这一理念从早期的"教育救国"和"教育兴国"发展至今已跨越了一个世纪的历程。它不仅是当前我国各项教育工作的核心指导和行动方针，也是贯穿我国近现代史一股强劲的思潮和趋势。

四　教育强国理念的新时代新发展

2017年10月18日，习近平总书记在党的十九大报告中指出"中国特色社会主义进入了新时代"，这表明我国社会主要矛盾已经转化为人民日益增长的美好生活需要和不平衡不充分的发展之间的矛盾。2017年党的十九大报告中，"教育强国"被第一次纳入中国共产党全国代表大会报

① 胡锦涛：《在全国教育工作会议上的讲话》，《人民日报》2010年9月9日第2版。

告，习近平总书记强调“建设教育强国是中华民族伟大复兴的基础工程”①，明确了教育强国对于国家发展、民族复兴的重要价值和意义。2018年全国教育大会指出，“在加快教育现代化、建设教育强国的新征程中”“解决教育发展不平衡不充分的问题将是我们长期要面对的工作主题。”② 党中央、国务院2018年印发了《中国教育现代化2035》的战略规划文件，明确提出到2035年总体实现教育现代化，2021年《中华人民共和国国民经济和社会发展第十四个五年规划和2035年远景目标纲要》指出“展望2035年，我国将基本实现社会主义现代化，建成文化强国、教育强国、人才强国、体育强国、健康中国”③。

党中央关于教育强国的论述结合了我国新时代的社会基础，结合了我国70年教育发展的经验教训，结合了中华优秀传统教育思想，反映出鲜明的时代性和理论性。

站在“两个一百年”奋斗目标的历史交汇点上，党的二十大报告概要总结了新时代十年党和国家事业取得的历史性成就、发生的历史性变革，深刻阐释了习近平新时代中国特色社会主义思想开辟马克思主义中国化时代化新境界的重大贡献。基于对强国崛起历史规律的深刻洞察和对新时代竞争本质及未来发展关键的深度精准把握，习近平总书记在党的二十大报告中明确指出到2035年“全面建成社会主义现代化强国、实现第二个百年奋斗目标，以中国式现代化全面推进中华民族伟大复兴”。报告多次提到“强国”一词④，构成了一个完整体系，其中“教育强国、科技强国、人才强国”是前提、动力和保障。党的二十大将教育、科技、

---

① 习近平：《决胜全面建成小康社会　夺取新时代中国特色社会主义伟大胜利——在中国共产党第十九次全国代表大会上的报告（2017年10月18日）》，《人民日报》2017年10月28日第1版。

② 《习近平在全国教育大会上强调 坚持中国特色社会主义教育发展道路 培养德智体美劳全面发展的社会主义建设者和接班人》，中华人民共和国教育部网站，https://www.moj.gov.cn/pub/sfbgw/gwxw/ftxg/201809/t20180910_166186.html。

③ 《中华人民共和国国民经济和社会发展第十四个五年规划和2035年远景目标纲要》，《人民日报》2021年3月13日第1版。

④ 习近平：《高举中国特色社会主义伟大旗帜 为全面建设社会主义现代化国家而团结奋斗——在中国共产党第二十次全国代表大会上的报告（2022年10月16日）》，《人民日报》2022年10月26日第1版。

人才一体部署，强调坚持教育优先发展科技自立自强、人才引领驱动，加快建设教育强国、科技强国、人才强国。

总体上看，党的二十大报告遵循习近平总书记关于教育的系列重要论述，同党的十八大以来历次中央全会和党的十九大报告的教育决策紧密对接，一脉相承、与时俱进，将建成教育强国作为2035年我国发展的总体目标之一，明确加快建设教育强国、科技强国、人才强国的整体要求，既保持党领导教育工作大政方针的连续性，又根据新形势新要求不断开创新局面，体现了马克思主义中国化时代化的教育理论创新，反映了党的教育方针在新时代新征程上的新境界，为建设符合基本国情、顺应人民需求的教育强国提供了思想指引和行动指南。

2023年中央政治局第五次集体学习，就教育强国做了专题研讨，习近平总书记发表重要讲话指出："我们要建设的教育强国，是中国特色社会主义教育强国，必须以坚持党对教育事业的全面领导为根本保证，以立德树人为根本任务，以为党育人、为国育才为根本目标，以服务中华民族伟大复兴为重要使命，以教育理念、体系、制度、内容、方法、治理现代化为基本路径，以支撑引领中国式现代化为核心功能，最终是办好人民满意的教育。"① 深刻阐明了教育强国在国家发展战略中的独特地位。中国特色社会主义进入新时代，我们面临加快建设制造强国与进入创新型国家前列两个重大战略目标，这两个目标的实现需要强有力的人才支撑。教育强国建设可以解决新时代人的现代化问题，实现人的全面发展，为全面建设社会主义现代化国家提供源源不断的人才资源。

教育部部长怀进鹏指出，习近平总书记的重要讲话，充分肯定了新时代教育事业取得的历史性成就、发生的格局性变化，科学回答了"建设什么样的教育强国、怎样建设教育强国"这一重大时代课题。认真学习领会习近平总书记重要讲话精神，深度思考"强国建设，高教何为"，加快建设教育强国，为中华民族伟大复兴提供有力支撑。教育兴则国家兴，教育强则国家强。

建设教育强国是一个目标宏伟、内涵丰富动态发展的过程，涉及面广、复杂性强，与经济社会发展高度关联、同世界百年未有之大变局密

① 怀进鹏：《以教育之强夯实国家富强之基》，《人民日报》2023年8月31日第9版。

切联系，关乎人民利益、国际地位，是全面建成社会主义现代化强国总体战略部署的重要组成部分。

第二节　教育强国的概念辨析

“教育强国”并没有标准的定义。教育强国是一个多维度的概念，在不同的学科领域和研究背景下，教育强国的概念也有所不同。在政治学领域，教育是实现国家治理现代化的重要内容与手段，国家对教育的有效管理有助于保障教育的政治属性、人民属性、战略属性，有助于国家长治久安。在经济学领域，教育强国通常被理解为一个国家在教育领域的投资对经济发展具有重要的推动作用。教育强国的建设需要通过提高教育质量和提高人才素质来促进经济发展，实现经济的可持续发展。在社会学领域，教育强国通常被定义为一个国家在教育领域的投资和发展。在教育学领域，对教育强国的定义并没有统一的标准。在当前教育学界部分学者对“教育强国”概念内涵的研究，主要聚焦在教育强国的“强”究竟是“名词”还是“动词”的理解和论争上。

作为动词，即通过教育增强国家的整体能力。这个观点是在深化教育强国战略的背景下形成的，它凸显了教育对于国家实力提升的重要性，并在这个过程中，对教育的价值和重要性进行了深刻的理解和全面的展示。教育在这里不仅被看作一项崇高的事业，还被视为承担重大责任的领域。[①] 作为国家发展的基本支柱和必要条件，教育强国的核心在于通过不断提高教育的质量来增强国家的整体实力。这种力量的提升将帮助国家实现成为学习型社会、人力资源强国、体育强国等多方面的目标，为国家的持续发展和全面进步提供坚实的基础[②]，简而言之，国家的强大建立在教育的基础之上。教育是国家发展不可或缺的基石，通过提高教育水平，不仅可以培育出更多的杰出人才，推进科技创新，还能增强国家的竞争力，进而促使国家变得更加强大。

---

① 朱旭东、李育球：《新时代教育强国的新内涵建构》，《重庆高教研究》2018 年第 3 期。

② 曹培杰、牛楠森、邓友超：《教育强国强在自信》，《光明日报》2018 年 7 月 24 日第 13 版。

其中，从“强”作为名词的角度来理解“教育强国”。在这个语境中，“强”代表的是国家的强大，而教育则是实现这种强大的手段，从这个层面上来讲，教育强国，即这个国家在教育领域达到了卓越的发展状态，其教育水平在全球范围内占据领先地位。也就是意味着中国教育质量的卓越与高标准，以及在国际舞台上所展现出的强大影响力。这种影响力不仅源自教育的深度与广度，更源于其独特的教育理念和实践成果。教育强国，是中国教育走向世界的坚实基石，也是国家综合实力的重要体现。一个国家的强大不仅体现在经济实力上，更体现在科技、文化、教育等软实力上。有学者借用“综合国力”的概念，并进一步阐释了“教育强国”的内涵，即指那些在教育综合实力方面位居世界前列的国家。① 教育综合实力的衡量并非仅仅局限于教育的硬实力，教育的软实力同样占据举足轻重的地位。真正的教育强国，其综合实力的强大体现在多个层面：不仅要有充足而便捷的教育资源供给，确保量的满足；更要追求教育品质的卓越与公平，实现质的飞跃。这种综合实力是教育资源的丰富性、可及性与教育质量的卓越性、公正性的完美融合。教育强国，就是要通过发展教育，提升国民素质，培养人才，推动科技创新，提升文化影响力，从而实现国家的全面强大。

“教育强国”是一个复杂的多维的概念，它既可以理解为通过教育使国家变得强大，也可以理解为教育本身的强大可以推动国家的发展，还可以理解为拥有强大教育实力的国家。无论从哪个角度理解，教育都是国家发展的重要支柱，是国家强大的重要标志。“教育强大的国家”和“通过教育强大的国家”这两个概念在一定程度上是相互关联、相辅相成的。“教育强大的国家”通常指的是该国家在教育领域有着显著的优势，比如高质量的教育资源、先进的教育理念、完善的教育制度、高素质的教师队伍等。提升教育质量是国家发展的关键驱动力，能够培育杰出人才，促进科技革新，并增强国家的全球竞争力，从而实质性地增强国家的实力。一个国家如果在教育方面具有卓越的表现，就能够通过教育的力量加强国家实力，同时，一个在全球范围内因教育而强大的国家，其教育系统无疑也是强大的。教育的强大不仅意味着能够不断供应优质的

① 吴康宁：《教育的品质：教育强国的“软实力”》，《教育发展研究》2015 年第 11 期。

人才和智力支持，还能引导国家的道德和价值观。教育强国的真谛在于教育自身及其功能的卓越性相辅相成，其中以强大的教育条件为基础。实现教育强国的目标意味着在国际比较中取得领先，这不仅反映了国际社会对我国教育成就的认可，还标志着我国在教育领域具有较高的话语权和广泛的影响力。这种影响力既是对教育实力的确认，也是国家综合实力提升和国际地位巩固的体现。通过这样的良性循环，教育的进步和国家的强大相互促进，推动着国家不断向前发展，体现了教育强国战略的核心价值。

一 高质量的教育体系

（一）不同类型教育事业的高质量发展

1. 建设教育强国，基点在基础教育

“基础教育搞得越扎实，教育强国步伐就越稳、后劲就越足。”① 基础教育作为国民教育体系的基石，其在整个国民教育服务体系中具有最为广泛、持久且深远的影响力。它不仅覆盖的人群最为广泛，而且其教育战线绵长深远，对于国家和社会的发展具有举足轻重的作用，事关国家发展和民族未来。基础教育对于培养学生的基本素质和能力、形成良好的学习习惯和人格品质具有重要作用，为人们终身学习与发展中奠定坚实素质基础。基础教育的质量和公平性的提高，可以为学生的终身发展和国家的长远发展奠定坚实的基础。高质量的基础教育不仅是构建教育强国的基础，也是满足人民对美好生活渴望的重要条件。② 作为国家进步和民族振兴的核心，基础教育承担着培养未来人才的重大责任，这包括实施立德树人的教育政策，以及培育全面发展的社会主义建设者和未来领导者。在追求成为教育强国的伟大目标中，基础教育的角色是至关重要的，它需要专注于人的全面发展，并建立一个高质量的教育体系，以确保每个人都能在各方面得到均衡的发展。着力做好“全面提高人才自

① 《加快建设教育强国 为中华民族伟大复兴提供有力支撑》，《人民日报》2023 年 5 月 30 日第 1 版。

② 孟宪彬、徐文娜、贾苏：《教育强国背景下区域基础教育高质量发展的使命任务与实践策略》，《现代教育管理》2023 年第 9 期。

主培养质量，造就拔尖创新人才”的战略部署的基础工作，进而实现育人质量的全面提升，为国家的长远学术发展及综合国力提升奠定坚实的人才基石。同时，坚决摒弃以牺牲学生身心健康与未来潜能为代价追求短期教育效益的短视行为，而应深刻认识到教育的长远价值和个体全面发展的重要性。必须关注学生的整体性、独特性与多样性，将其长远发展作为教育的核心目标与使命。为此，在基于对学生发展规律的精准把握的基础上构建一套科学、系统的支持服务体系，提供针对性的教育资源和策略，以促进学生全面而富有个性地发展，① 为培养具有担当精神的时代新人奠定坚实的教育基础，筑牢民族复兴的人才根基。

2. 建设教育强国，龙头是高等教育

高等教育强国建设是全面建设教育强国的主旋律、最强音，更是展望2035年教育现代化美好未来至关重要的推进引擎。党的二十大报告指出“我们要坚持教育优先发展、科技自立自强、人才引领驱动，加快建设教育强国”②。2023年5月29日，习近平总书记在中共中央政治局第五次集体学习时强调，“建设教育强国，是全面建成社会主义现代化强国的战略先导，是实现高水平科技自立自强的重要支撑，是促进全体人民共同富裕的有效途径，是以中国式现代化全面推进中华民族伟大复兴的基础工程”③。认真学习贯彻习近平总书记重要讲话，怎么认识高等教育强国的内涵，对于深度思考怎么建设高等教育强国具有重要作用。

高等教育强国是一个综合性的概念体系，在这一体系中，既可以将高等教育作为独立的系统来理解，指一个国家的高等教育水平较高；也可以将高等教育作为国家社会中的一个子系统来理解，指高教系统通过与其他系统互动而促进本国综合实力的提升。④ 根据研究的不同侧重点，高等教育强国的概念可以分为高等教育自身发展、高等教育与国家其他

① 李宜江：《学困生教育转化的五种可能结果及教师的理性选择》，《上海教育科研》2020年第12期。

② 习近平：《高举中国特色社会主义伟大旗帜 为全面建设社会主义现代化国家而团结奋斗——在中国共产党第二十次全国代表大会上的报告》，《人民日报》2022年10月16日第1版。

③ 《加快建设教育强国 为中华民族伟大复兴提供有力支撑》，《人民日报》2023年5月30日第1版。

④ 邬大光、赵婷婷、李枭鹰等：《高等教育强国的内涵、本质与基本特征》，《中国高教研究》2010年第1期。

系统的运行关系以及高等教育对国家的贡献三个维度。

（1）高等教育自身发展的维度。反映一个国家高等教育自身发展的各个维度是学者考察高等教育强国这一综合性概念的主要方式，而规模、质量、结构、效益、公平、理念等维度是高等教育强国内涵的主要特征。[①] 因此，将高等教育强国定义为：一是拥有若干所享有世界声誉的大学。这些大学秉持科学的办学理念，拥有合理的结构与规模，建构了完善的质量保障体系以及配备了一流师资；二是这些大学在培育创新型人才、推动知识创新方面，发挥着举足轻重的作用，有力地提升了国家的创新力与竞争力。此外，它们在促进社会和谐、推动文化繁荣等方面，也起到了积极的引导作用。只有当一个国家的高等教育系统具备这些显著特征，并能够出色地完成这些使命时，这个国家才能真正地被誉为高等教育强国。[②]

（2）高等教育子系统与社会过程关系的维度。学者普遍认为，高等教育强国是一个与社会互动形成的过程性概念。高等教育强国是一个国家的高等教育系统逐渐强大的过程，同时也是一个国家的高等教育推动该国社会、经济、文化等各方面发展的过程。[③] 高等教育历来在民族国家发展进程中起着巨大的推动作用。例如，有学者指出高等教育强国的内涵，实质性地体现在思想强国、学术强国、道德强国这三个核心层面，这三个层面不仅相互渗透、彼此联系，更是相互促进、共同发展的。[④] 也有学者从高等教育体系自身要强、高等教育对国家的政治、经济、社会、文化、和生态的支撑要强、人民的认同感要强三个维度来阐述高等教育强国建设。[⑤] 高等教育作为社会的一个子系统，需要与其他子系统形成紧密而和谐的功能耦合关系。这种耦合不仅体现在相互之间的支持与促进，更在于共同满足社会发展的多元需求。通过这种功能的交融与协同，高

---

① 瞿振元：《高等教育强国：本质、要素与实现途径》，《中国高教研究》2013 年第 3 期。

② 李安然、袁磊：《面向 2035 高等教育强国建设的逻辑指向与发展路径》，《内蒙古社会科学》2023 年第 6 期。

③ 邬大光、赵婷婷、李枭鹰等：《高等教育强国的内涵、本质与基本特征》，《中国高教研究》2010 年第 1 期。

④ 汤广全：《高等教育强国的内涵》，《教育学术月刊》2011 年第 1 期。

⑤ 薛二勇、李健：《高等教育强国建设的内涵、形势与任务》，《中国高等教育》2023 年第 2 期。

等教育不仅能够不断充实和强大自身，更能与社会其他子系统实现共生共长，共同推动社会的进步与发展。这一过程不仅彰显了高等教育的社会价值，也体现了其作为社会发展的重要引擎和动力源泉的角色。因此，“一个国家是否已经成为高等教育强国永远是一个程度问题，也许我们更应该把高等教育强国看成一个过程，而不是一种结果”①。目前从过程维度来阐释高等教育强国的研究还不多，并且现存的研究较多地说明了系统之间“为什么要协调”，而对于“怎样进行协调”研究得尚不够充分。

（3）高等教育成果贡献的维度。如果说关系维度是侧重从过程方面来考察高等教育强国的含义，那么还有学者从高等教育对世界或社会的贡献维度来进一步说明其内涵。高等教育强国中的“强”，既有形容词的“强”，即在高等教育方面强大的国家，又有动词的“强”，而唯有为国家或世界发展、人类的进步做出卓越贡献，才能称为高等教育强国，其精髓在于该国的高等教育所孕育的人才、科技成果以及提供的社会服务，均能够展现出强大的自主性和独立性，足以基本独立地应对和解决本国在经济、社会以及科学技术发展中所遭遇的重大理论和实践挑战。② 简而言之，高等教育强国就是通过其高等教育体系，为人类文化生存环境的改善以及人类生产和生活方式的进步，做出积极且具有影响力的贡献。

3. 建设教育强国，关键是职业教育

三百六十行，行行出状元。在全面建设社会主义现代化国家的新征程中，职业教育以其独特的价值和潜力，展现出无比广阔的前景和无限可能。习近平总书记强调：“增强职业教育适应性，加快构建现代职业教育体系，培养更多高素质技术技能人才、能工巧匠、大国工匠。”③ 党的十九届五中全会建议提出，要“加大人力资本投入，增强职业技术教育适应性，深化职普融通、产教融合、校企合作，探索中国特色学徒制，大力培养技术技能人才”。党的二十大明确指出：“教育、科技、人才是全面建设社会主义现代化国家的基础性、战略性支撑。”这进一步凸显了

---

① 陈廷柱、姜川：《阿特巴赫教授谈中国建设高等教育强国》，《大学教育科学》2009 年第 2 期。

② 蔡克勇：《关于建设高等教育强国的若干问题》，《高等教育研究》2008 年第 5 期。

③ 《加快构建现代职业教育体系 培养更多高素质技术技能人才能工巧匠大国工匠》，《人才资源开发》2021 年第 9 期。

教育优先发展的战略地位，并着重强调了教育事业在全面建设社会主义现代化国家这一伟大征程中所扮演的至关重要的角色。职业教育是我国教育事业的重要组成部分，加快推进职业教育现代化是办好人民满意的教育、实现教育强国建设目标的重要基础和关键步骤。

在加快建设教育强国战略性制度安排和时代性发展逻辑的双重构架下，现代职业教育内涵具有多维性。从发展目标来看，现代职业教育应当是一个体系更为完善、制度更为健全的类型教育，彰显公平性，持续提升教育质量与服务能力，以更好地满足社会与个人的发展需求；① 从使命任务来看，现代职业教育应以促进经济社会持续健康发展，提升国家综合竞争力，并为此提供高质量的技术技能人才资源支撑为重大使命②，以破解当前社会主要矛盾为时代任务；从推进策略来看，现代职业教育应“以增进学习者的幸福感为中心，以办好人民满意的教育为方向，以全面实现信息化为导向，以推动国际化办学为目标，以现代化治理为要旨，以服务国家战略为动力”③；从构成要素的角度来看，现代职业教育应致力于实现学生、教师、教育内容、教育设施以及教育制度这五类要素的高质量协同发展，以确保教育的全面进步与持续优化；④ 从价值功能来看，现代职业教育应以人民满意为核心标准，人民满意的职业教育一定是高质量的职业教育；从发展阶段来看，现代职业教育是分段推进、有序升阶的，对应的时间点应是2025年、2035年、2050年；从发展趋势来看，现代职业教育正朝着类型化、体系化、协同化、标准化、制度化、优质化、信息化、绿色化、国际化和现代化的方向稳步前进。这些发展趋势相互交织，共同推动职业教育不断革新和完善，以适应新时代的社会需求和发展趋势。由此可见，现代职业教育内涵是丰富多维的，也是动态发展的。综合来看，现代职业教育内涵集中体现在：类型特色更加

① 孟凡华、荣国丞：《新时代职业教育发展目标论》，《职业技术教育》2017年第33期。

② 高鸿：《加快推进职业教育现代化　迈向职业教育强国》，《教育与职业》2019年第9期。

③ 汪燕、李慧玲：《“面向2035”职业教育现代化的挑战、矛盾与战略图景构建》，《教育与职业》2019年第16期。

④ 薛二勇、李健：《高质量教育体系建设：涵义、挑战与着力之处》，《教育与经济》2022年第6期。

鲜明，育人体系更加科学，政策机制更加健全，办学格局更加多元，跨界协同更加有力，标准建设更加完备，数字转化更加深入，服务供给更加优质，国际交流更加宽广，现代化水平更加高阶。在某种意义上，现代职业教育发展只有进行时没有完成时。

4. 家、校、社协同育人

建设教育强国，必须深化教育领域综合改革，强化教育改革之系统性、整体性、协同性，以激发教育强国之活力、增其动力。同时，落实立德树人的根本任务，培育时代之新秀，皆离不开家庭、学校和社会的密切配合。如此，促进教育之繁荣，为教育强国奠定坚实基础。党的二十大报告也明确指出“健全学校家庭社会育人机制”。协同教育乃一项综合系统之教育伟业，家庭、学校、社会三者不可孤立而治，必须相互协调、配合无间，既有分工之明确，又有总体之统筹，各尽其职，方能共享教育之盛举。

家庭教育，是孩子接受教育之基石，奠定其成长的根本。习近平总书记在全国教育大会上指出，家庭是人生的第一所学校，家长是孩子的第一任老师，要给孩子讲好“人生第一课”，帮助扣好人生第一粒扣子。家庭教育，始于孩童蒙昧之初，启于稚幼之岁，是孩子性格塑造、品行端正的根基。父母作为孩子价值观的启蒙者，其在价值选择与评价方面的引导作用无可替代。家长的一言一行、一举一动、一颦一笑，皆在潜移默化中向孩子传递着是非曲直、荣辱得失的深刻道理。这些价值判断与选择的信号，如同春雨润物，悄然滋养着孩子的心灵。故，孩子的诸多习惯，皆有父母之影子；其在校表现亦是对家庭教育成效的直观反映。日常生活中，父母的正确教育与合理引导，如同播撒在孩子心田的种子，日后将生根发芽，成为孩子成长道路上无形的财富，令其受益终身。诚然，良师虽能影响学生三五载，甚至更久，教导其行为规范，启迪其求知之路，但终不能伴其一生。相较之下，家庭教育的影响则更为深远且持久。家长的教育与引导，如同涓涓细流，源源不断地滋养着孩子的成长之路，有时其作用甚至超越良师。因此，作为家长，应当承担起教育的责任，用智慧和爱心去引导孩子，培养良好的行为习惯，帮助他们树立正确的价值观，为他们的未来奠定坚实的基础。

学校教育在孩子成长的过程中扮演着至关重要的角色，因为它提供

了一个专门的环境，专注于教育的目的和过程，这是其他教育形式无法替代的。相比家庭教育，教育效果可能因父母的教育背景不同有所差异，学校教育以其知识传授的系统性、课程的全面性、环境的适宜性和管理的效率性，在孩子教育中显现出独特优势。在学校，孩子们不仅能广泛地接触各种知识领域，而且在集体学习的环境下，更容易形成良好的学习习惯。学校教育还承担着为社会和国家培养合格人才的使命。2019 年 6 月，中共中央、国务院发布《关于深化教育教学改革全面提高义务教育质量的意见》，这一文件专注于义务教育阶段的教育改革，为提高教育质量提供了战略性的指导。这要求我们深刻理解教育对于国家未来的重要性，坚定不移地贯彻习近平新时代中国特色社会主义思想和党的教育方针，实现立德树人的根本目标。进一步地，我们需要遵守教育规律，强化教师团队的关键作用，确保学校教育的有效实施，为培养能够引领新时代的杰出人才打下坚实的基础。

相较于家庭教育和学校教育来说，社会教育，是孩子接受教育的必要补充。人作为社会的一分子，其成长始终与社会环境紧密相连。社会的文明程度与环境质量，对孩子的健康成长与未来发展具有直接且深远的影响。孩子的教育是全方位的，而社会，宛如一所无形的广阔学府，其教育作用宛如一股清泉，为学校教育与家庭教育提供了必要补充。因此，全社会都应树立起关注和关心孩子教育的理念，坚持从孩子幼年起就重视社会教育。在推进社会教育的过程中，应突出思想内涵，强化思想引领，注重社会实践的养成，使教育如春风化雨，润物无声。特别要推动爱国主义教育融入国民教育和精神文明建设全过程，使其成为孩子们精神世界的重要组成部分。深入开展中国特色社会主义和中国梦教育，是社会教育的重要内容。应当用党领导人民进行伟大社会革命的成果说话，用新时代坚持和发展中国特色社会主义的生动实践说话。在历史与现实、国际与国内的对比中，教育和引导孩子们深刻认识中国共产党为什么“能”、马克思主义为什么“行”、中国特色社会主义为什么“好”。同时，要让他们牢记红色政权是从哪里来的、新中国是怎么建立起来的，从而倍加珍惜我们党开创的中国特色社会主义伟大事业。这样，才能培养出具有坚定理想信念、深厚爱国情怀的新时代青少年，为国家的未来发展注入强大的动力。

5. 公办教育与民办教育

公办教育与民办教育是我国教育体系的两个重要组成部分，它们在促进教育公平、提高教育质量、满足人民群众多样化需求等方面，发挥着举足轻重的积极作用。公办教育是指由国家或地方政府主导，以公益性为目的，以满足社会公共需求为导向，以提供基本公共教育服务为主要任务的教育。公办教育包括义务教育、普通高等学校、中等职业学校、高等职业学校和特殊教育学校等各类学校。公办教育是我国基本公共服务均等化的重要载体，是实现全民受教育的基础保障。与之相对应的民办教育是指由社会力量自主创办，以营利为目的，以满足个人或集体需求为导向，以提供优质高效服务为主要任务的教育。民办教育包括民办学校、民办培训机构等各类机构。民办教育是我国社会经济发展和人才培养的重要支撑，是促进社会创新和文化繁荣的重要力量。

公办教育和民办教育是教育资源的两个重要来源。公办教育是国家对教育的基本保障，民办教育是社会对教育的重要补充。一个教育强国应该能够做到公办教育和民办教育的有机结合，既保障教育的公平性，又保障教育的多样性，两者相辅相成，相互促进。一方面，公办教育可以有效扩大优质均衡的基本公共教育服务供给，缩小区域内城乡义务教育差距和校际质量差距；可以加强对特殊群体和特殊需求的关爱保护和满足；可以推动产业结构调整和技术创新升级，以推动社会的全面进步和发展。另一方面，民办教育可以有效丰富多样化的优质高效服务供给，满足不同层次、不同类型、不同领域的个性化需求；可以加强对市场变化和社会需求的适应性调整；可以推动行业发展和产业升级；可以培养具有专业技能和创新精神的时代新人。

6. 终身教育

终身教育，作为个体一生中接受的教育总和，涵盖了家庭教育、学校教育以及社会教育等多重层面。随着时代的飞速发展和教育的不断革新，终身学习已经逐渐上升为全球教育的共同价值追求，成为推动经济持续发展的重要动力源泉。这一理念的深入人心，不仅彰显了人类对知识的不懈追求，也标志着教育正朝着更加全面、开放和包容的方向发展。在“十四五”这一关键时期，我国的人口结构正经历深刻变革，人才需求也呈现出多元化、专业化的新趋势。与此同时，科技产业创新变革的

速度呈现出井喷式爆发，推动着社会生产力的不断提升。在这一背景下，国际人才竞争的压力与摩擦也明显加剧，各国纷纷加大人才培养和引进的力度，以抢占全球人才竞争的制高点。显然教育与社会的进步和经济的发展之间的关系日益密切。面对种种新形势，我国要推动社会经济的正向发展，就必须从教育入手，从教育体系的全局出发，以服务全民终身学习为核心，来推动科技的发展和创新人才的培养。构建高质量的终身教育体系是我国教育发展的重要一步。近几年随着我国高等教育治理现代化的步伐日益加快，人才资源市场供需结构的变化①，建设高质量的终身学习教育体系，加快建设学习型社会是我国“十四五”时期教育发展的重要目标，其重要性地位在相关的政策文件中均有所体现。2019 年，中共中央、国务院印发了《中国教育现代化 2035》，其中明确提出“建成服务全民终身学习的现代教育体系”，高质量终身教育体系的构建，是建成“人人皆学、处处能学、时时可学”的学习型社会的关键，更是为整个教育界展望了未来 15 年建成服务全民终身学习的现代教育体系的壮丽景象。② 党的十九届四中全会提出了“构建服务全民终身学习的教育体系”重要举措，将终身教育摆在了更加突出的重要位置，并倡导为个人的终身教育和学习提供全方位的支持与服务，包括丰富的教育学习资源、有力的政策保障以及便捷的学习平台。《国家中长期教育改革和发展规划纲要（2010—2020 年）》提出了终身教育发展的重要理念和目标。③ 2021 年 12 月前后，多地结合党中央召开的全国基层党建工作经验交流座谈会的核心精神，如党建引领基层治理、强化社区服务功能等，为城乡社区教育发展提供了政策框架。近期，中共中央、国务院印发的《教育强国建设规划纲要（2024—2035 年）》强调构建服务全民终身学习的教育体系，满足人民群众多样化、个性化的学习要求。④ 这些都是国家层面对构

① 史秋衡、黄蕴蓓：《高质量教育体系的主要功能是服务全民终身学习》，《中国高等教育》2021 年第 21 期。

② 杨小微：《公平 · 高质量 · 区域战略性：“十四五”开局终身教育体系构建的价值追求》，《宁波大学学报》（教育科学版）2021 年第 5 期。

③ 《国家中长期教育改革和发展规划纲要（2010—2020 年）》，《人民日报》2010 年 7 月 30 日第 13 版。

④ 《中共中央国务院印发〈教育强国建设规划纲要（2024—2035 年）〉》，《人民日报》2025 年 1 月 20 日第 6 版。

建高质量终身教育体系做出的明确要求。当代中国正屹立于新的历史起点，以崭新的奋斗目标阔步迈向新时代的新征程。在这一伟大的历史进程中，教育肩负着民族复兴的崇高使命，其地位举足轻重，作用不可替代。必须高度重视教育事业的发展，不断深化改革创新，为中华民族伟大复兴贡献智慧和力量。构建高质量终身教育体系有助于加快实现我国从学习大国转变为学习强国的长远目标，不仅描绘出我国教育事业的宏伟蓝图，更彰显了我们对于通过终身学习推动个体、团队、组织、社区等不同层面持续发展的坚定信念。构建高质量终身教育体系一方面迎合了中华民族伟大复兴的时代要求。另一方面，教育作为一项深刻反映人性本质的社会活动，其根本目的在于促进人的全面发展、实现人的自我价值并增进人的福祉。学校教育虽为人的成长奠定了重要基础，然而，它并不能完全承载一个人一生中的所有成长需求。因此，我们必须让教育回归其本质属性，以人为本，关注人的全面发展，让每一个个体都能在教育的熏陶下实现自我成长与超越。构建高质量终身教育体系站在新时代的历史高度，紧密围绕“人人皆学、处处可学、时时能学”这一核心理念，明确了新时代教育发展的前进方向。确保“每个人”都能享有自由选择学习的权利，这是实现个人自由发展的前提条件。终身教育体系，以服务全民终身学习为核心宗旨，将人的全面发展置于首位，其关注点在于“全民”，即涵盖每一个人，而非仅限于部分群体。这一体系的积极意义在于，它深刻推动了自我实现的价值追求，强调学习是一个持续不断、贯穿始终的过程，有效连接了过去、现在与未来三个时间维度的自我转换。通过终身教育，个体能够不断发掘自身潜能，促进自我价值的实现。构建高质量的终身教育体系，不仅是适应新时代发展要求的必然选择，更是推动国民教育与时俱进、持续发展的必然趋势，对于培养更多全面个性发展的建设者和接班人具有更深远的意义。我们要以习近平新时代中国特色社会主义思想为指导，深刻领会并认真贯彻落实党的二十大精神和党中央决策部署，以习近平总书记的重要讲话精神贯穿始终、引领全局；紧扣新时代党的历史使命和社会发展实际需要；坚持问题导向、效果导向；以党的政治建设为统领，以高质量发展为主线，加快构建高质量终身教育体系。

7. 数字教育

新发展格局对教育、科技、人才强国建设提出相应要求，党的十八大以来，我国教育事业取得巨大成就，教育普及水平全方位提高，为教育强国建设奠定坚实基础。建设教育强国需要促进教育数字化建设，建设学习型社会和学习型大国。

“数字化转型是世界范围内教育转型的重要载体和方向。”① 当今世界正经历百年未有之大变局，中华民族正处于实现伟大复兴的战略全局之中，对我国发展和教育发展带来重大机遇和挑战，数字教育是新形势下的教育发展的重要应对举措，我国高度重视数字教育的发展，现如今，中国教育信息化进程取得了显著的跨越式发展，校园网络接入率已全面实现100%覆盖，标志着教育信息化基础设施建设的全面完善。中小学校中多媒体教室的占比高达99.5%，显示出信息化教学环境的广泛普及。同时，在信息化应用方面，大规模应用取得了重大突破，为教育教学的创新与发展提供了有力支撑。② 此外，国家智慧教育公共服务平台充分发挥数字技术在推动教育高质量发展中的重要作用，为教育事业的蓬勃发展注入新的生机与活力。

教育数字化有助于推动教育公平和教育质量提升，“满足了学习者个性化、选择性需求，更为全民终身学习提供了强大广阔的数字支撑”③。2003年2月13日，中国教育与人力资源问题研究课题组发布的《从人口大国迈向人力资源强国》报告提出，“建成总量充足、配置均衡、能力优先、体系现代的国民教育体系，建设世界最大的全面终身学习型社会”④。建设学习型社会是一项涉及多个层面、多个领域的复杂系统工程，它要求我们从多个维度进行深入的推进和实施。在这一过程中，教育信息化发挥着不可或缺的保障作用，“学习型社会最突出的特点是，学习对象全覆盖、学段全覆盖，支持多样化的学习模式，坚守学习个体的包容性与学习机会的公平性，并实现了跨学习空间的智联融通，对于多元化学习

① 怀进鹏：《数字变革与教育未来》，《中国教师报》2023年2月15日第1期。
② 怀进鹏：《数字变革与教育未来》，《中国教师报》2023年2月15日第1期。
③ 怀进鹏：《数字变革与教育未来》，《中国教师报》2023年2月15日第1期。
④ 《人口大国如何迈向人力资源强国 把中国建成世界上最大的学习型社会》，《领导决策信息》2003年第28期。

需求表现出很强的适应性”。建设学习型社会与学习型大国，不仅是提升全体国民素质和人力资源开发水平的迫切需求，更是构建教育强国的核心要素。这一举措对于实施人才强国战略和创新驱动发展战略具有基石性的作用，能够为我国的长远发展提供坚实的人才保障和智力支持。学习型社会与学习型大国的建设不断深化，将能够有效推动国民素质的全面提升，促进人力资源的优化配置和高效利用，为国家的繁荣富强和民族的伟大复兴注入源源不断的动力。

（二）同地区教育事业的优质均衡发展

优质均衡，作为教育均衡发展的高级阶段，也被学术界称为“高位教育均衡”，其以教育质量为核心，标志着教育质量的显著提升与均衡分布的深度融合，是教育现代化发展的重要标志之一。[①] 普遍意义上，教育均衡，系指在平等原则的指引下，教育机构与受教育者在教育活动中实现平等待遇的过程，这一过程涵盖了教育政策和法律制度的建立与完善，以确保其实践操作的有效性。其基本要求在于在正常的教育群体间公平地分配教育资源和份额，进而达成教育需求与教育供给的相对均衡状态。最终，这一均衡的实现将体现在人们对教育资源的支配和使用上，[②] 简而言之，教育均衡即教育资源的均衡。教育资源对于教育的发展具有基础性的作用，但这并不意味着教育资源的丰富就能代表教育质量的提升。优质的教育资源不代表高质量的教育，因此，义务教育的优质均衡发展不能仅仅用优质的教育资源代替。优质均衡发展的前提是资源均衡，核心是优质，也就是高质量。优质均衡就是为了满足人民群众对优质教育的热切需求，致力于攻克在教育领域优质与均衡之间的平衡性的难题，[③] 它强调在提升教育质量的同时，确保教育资源的均衡分配，进而实现优质教育供需之间的相对平衡。这一目标的实现，不仅体现了教育公平与普及的原则，也是推动教育现代化与社会和谐发展的重要举措。

教育质量，作为输入的教育质量、教育过程的质量以及教育结果的质量的多维度概念，并不仅仅局限于教育结果的优劣，而是贯穿于整个

---

① 冯建军：《义务教育优质均衡发展的理论研究》，《全球教育展望》2013 年第 1 期。

② 翟博：《教育均衡发展：现代教育发展的新境界》，《教育研究》2002 年第 2 期。

③ 冯建军：《义务教育优质均衡发展的理论研究》，《全球教育展望》2013 年第 1 期。

教育服务过程的始终。教育质量的高低取决于这三个方面能否充分满足学生需求以及学生们的满意度高低。[①] 因此，教育质量是教育输入、教育过程和教育结果的质量，它们三者共同构成了教育质量的完整评价体系，为教育领域的持续改进和发展提供了重要的参照标准。[②] 首先，教育输入的质量，主要聚焦于教育的“软件”层面，即学校的办学宗旨、发展愿景与规划、办学目标与办学特色、文化与传统积淀以及师资队伍的素质与结构等方面。作为影响教育结果质量的起始因素，与单纯的资源均衡，如经费、设备、资源等的分配不同，教育输入的优质均衡更侧重于内涵的深化与发展，致力于提升教育的整体品质与效能。不仅是教育质量的重要体现，而且在义务教育优质均衡发展的过程中扮演着至关重要的角色。

其次，在教育质量的提升过程中，对教育过程指标的关注显得尤为重要。这是因为，教育的内涵发展及高质量教育的实现，均离不开教育过程的持续优化与深度改革。[③] 教学质量是教育整体高质量发展中的重要环节，主要涉及课程规划的执行成效、课程标准的落实状况、特色课程的研发与教育资源优化、教学秩序的维护、教师教学专注度与教学策略、教学革新举措等。[④] 德育工作同样在教育过程中占据举足轻重的地位，它涉及德育环境与德育资源、德育活动、德育制度、学生心理辅导和学生行为指导等多个层面。这些工作对于塑造学生的道德品质、培养健全人格具有不可替代的作用。教育过程质量主要以定性评价为主，对教育过程进行全面督促，为达到最终的教育结果和目标做铺垫。这种评价方式不仅关注教育过程的表面现象，更深入挖掘其内在机制与运行规律，从而为教育质量的持续提升提供有力支持。

最后，教育结果质量作为教育质量的核心，涵盖了人才培养与满足社会教育需求这两者的教育成就。在质量评估的过程中，教育质量在结果层面展现出个适性结果、内适性结果和外适性结果等多个维度。具体

---

① 程凤春：《教育质量特性的表现形式和内容》，《教育研究》2005 年第 2 期。

② 冯建军：《义务教育优质均衡发展的理论研究》，《全球教育展望》2013 年第 1 期。

③ 褚宏启、高莉：《义务教育均衡发展评估指标与标准的制订》，《教育发展研究》2010 年第 6 期。

④ 冯建军：《义务教育优质均衡发展的理论研究》，《全球教育展望》2013 年第 1 期。

而言，个适性结果凸显了受教育者的个体发展状态，特别是学生在学业成绩与身心健康方面的具体表现；内适性结果则深刻反映了教育系统内部的运行效能，涉及入学率、毕业率、辍学率等一系列关键指标；而外适性结果则侧重于体现教育与社会需求的契合度，包括社会认可度、家长满意度、学校声誉与荣誉，以及社会和高一级学校对毕业生的综合评价。通过全面评估这些结果质量指标，我们能够更准确地把握教育质量的整体状况，进而为教育改革与发展提供有力的决策支持。①

1. 义务教育优质均衡发展

义务教育优质均衡发展的核心价值追求就是实现人的全面发展。② 优质均衡的核心价值追求就是公平和质量，这二者相辅相成，义务教育公平发展是义务教育高质量发展的基础和前提，是义务教育高质量发展的动力，而义务教育高质量发展是其公平性的核心要义，也是确保公平具有实质性意义的基础，只有公平而没有质量，教育就会失去其内在的价值；只要质量而没有公平，教育就会失去其社会的公正性。③ 随着我国义务教育公平发展的逐步深入，义务教育的普及程度和质量逐步提升，实现了“有学上”到“上好学”的巨大飞跃，实现义务教育的优质均衡发展。在实践中，县域作为义务教育优质均衡发展的核心着力点，率先展开了深入探索。以江苏省为例，2010 年该省出台了《关于江苏省义务教育优质均衡改革发展示范区建设的意见》，并率先设立了 13 个示范区，以推动义务教育在质量上的均衡发展。紧随其后，浙江省政府在 2013 年发布了《关于深入推进义务教育高水平均衡发展的实施意见》，明确将“高水平均衡发展”确立为义务教育的发展目标，进一步提高了对均衡发展的理解和要求。2017 年，教育部印发了《县域义务教育优质均衡发展督导评估办法》，并在 2019 年正式启动了全国范围内的督导评估认定工作。这一举措不仅彰显了国家层面对义务教育优质均衡发展的高度重视，也为各地提供了明确的政策指导和评估标准。义务教育公益性、普惠性的重要体现是义务教育均衡发展，这也是社会主义制度的根本要求。中

① 冯建军：《义务教育优质均衡发展的理论研究》，《全球教育展望》2013 年第 1 期。

② 薛二勇：《新时代义务教育优质均衡发展的路径》，《人民教育》2022 年第 20 期。

③ 顾明远：《让每个孩子都享有公平而有质量的教育》，《教育研究》2017 年第 11 期。

共中央、国务院在2019年2月印发的《中国教育现代化2035》中，明确提出了到2035年实现优质均衡的义务教育的发展目标，这进一步为义务教育的发展指明了方向。进入2021年，我国义务教育均衡发展取得了显著成果。同年11月，教育部办公厅发布了《教育部办公厅关于开展县域义务教育优质均衡创建工作的通知》，标志着我国义务教育发展进入了新的阶段。至2021年年底，全国范围内的2895个县全部通过了国家义务教育基本均衡督导评估验收，这标志着我国义务教育已从基本均衡阶段迈向优质均衡阶段。在国家政策的指引下，各地区积极采取行动，以公共福利和优质均衡发展为核心原则，结合各自的实际情况，采用适合当地的方法推进义务教育的优质均衡发展，为我国建设教育强国提供了强大的推动力。

2. 促进城乡发展一体化

推进县域内义务教育优质均衡发展。科学规划城乡义务教育学校布局，根据人口变化和城镇化发展趋势，制定满足基本公共教育服务需要的学校及学位配置标准，定期编修学校布局规划。支持设置乡镇寄宿制学校，确需保留的乡村小规模学校要切实保障质量。在推进义务教育均衡发展的过程中，新建、改建、扩建必要的义务教育学校成为重要举措，旨在合理有序地扩大城镇学校的学位供给，从而有效促进义务教育与新型城镇化的协调发展。同时，为进一步优化义务教育的结构，致力于调整公办民办学校的比例，确保义务教育学位主要由公办学校和政府购买学位的方式提供，以保障教育的公益性和普惠性，为广大学生提供更加优质、均衡的教育资源。这一系列的举措旨在提升义务教育的整体质量，实现教育公平与社会发展的良性循环。

为了全面提高义务教育的质量，应该深入推行标准班额计划，并积极促进学校标准化建设，以确保所有必需的设施和设备齐全，充分满足基础教育的教学需求。同时，特别关注改善寄宿学校的食宿条件和文化生活环境，努力解决如大通铺、学生洗浴和上厕所困难等问题，旨在为学生创造一个更加舒适和健康的学习生活环境。在优化教育资源配置方面，应积极发展集团化学校，完善优秀学校带动发展较弱学校、城乡互助支援等机制，有效促进高质量学校的增长，不断扩大优质教育资源的覆盖范围。此外，还应推动义务教育学校实现免试就近入学的全面覆盖，

确保每个孩子都能获得平等的教育机会。同时，将民办义务教育学校的招生工作纳入地方统一管理，与公办学校同步进行招生，进一步推动教育的公平和均衡发展。通过这些措施，旨在建立一个更加公平、优质、均衡的义务教育系统，为每个孩子提供公平且高质量的教育，支持学生的全面成长和发展。

在推进城镇化和乡村振兴战略的整体框架内，为了确保教育资源得到合理分配，以及教育质量能够稳定提高，必须着手新建和改扩建必需的义务教育学校，以应对不断增长的教育需求，并坚定不移地避免形成大班额的情况。在提升学校教学条件的过程中，坚持“实用、够用、安全、节俭”的建设原则，不断改善学校的基础设施，以便为师生提供一个更舒适和安全的学习环境。特别是学校的寄宿条件和乡村小规模学校的办学条件，通过增加投入和细致规划，致力于提高这些学校的教育水平和质量，保障每位学生都能接受到公平且高质量的教育。

在全面提升义务教育质量的过程中，加强课程和教材的建设成为一个关键环节。实施严格的监管体系，对学校使用的辅助教材和课外阅读材料进行细致审查，确保校本课程的内容不仅遵守相关规定，而且既科学又具有教育价值，避免任何不良信息的渗透。此外，为了使地方课程和校本课程的开发与实施更加规范和科学，明确了课程开发的基本原则、目标、内容以及具体实施策略。这为学校和教师提供了明确和可执行指南，保证了课程内容的多样性和深度，同时确保了其教育性价值。教育管理部门被鼓励深入研究并提供开发与实施的指南，以指导和促进各地教育质量的持续改进。另外，组织专家团队对课程方案进行审议评估，定期对课程实施情况进行质量监测，收集和分析相关数据，以评估课程的有效性和适应性，并根据监测结果及时调整和优化课程方案，确保地方课程和校本课程的质量，确保课程内容符合教育目标和学生发展需求。鼓励学校间建立共建共享机制，通过交流与合作，共同开发优质课程资源，推动地方课程和校本课程的开发与实施更加规范、科学、有效，实现教育资源的优化配置和共享利用，为学生提供更加多元、丰富的学习体验和发展机会，促进他们的全面发展和成长。同时，通过加强课程监管和共建共享机制的建设，提升整体教育质量，推动教育事业的持续健康发展。

二　教育助力社会主义现代化强国建设

（一）教育与新时代政治建设

教育与政治之间一直存在密切的关系，教育的性质决定于政治、经济制度，同时，教育又给予政治、经济制度以巨大的影响和作用，这是不以人的意志为转移的客观规律——教育的社会发展规律。教育在受到政治决定和影响的同时，也具有自身独特的政治功能和强大的影响力。它不仅能够为社会经济发展提供创造性的成果和智力资源，而且还能促进社会政治制度和意识形态的不断完善与发展；不仅继承和传递知识、经验和文化，利于个体的社会化和合格公民的培养，而且还通过各种教学及宣传工作传播社会的政治要求和政治思想，是重要的社会思想和舆论的传播者；不仅进行文化创新和科学研究，而且促进国际交流并实现国际理解，提升国家软实力。教育本身就具有强大的政治功能，教育强国的建设有利于进一步发挥和突出教育在新时代政治建设中的作用与地位，也将促进新时代政治建设。

1. 教育的普及化、民主化推动社会政治的民主化进程。政治民主化是指社会各阶层、各集团享有平等的政治参与权，并且能够参与国家事务的决策和管理。教育与政治民主化的关系是双向的。教育的普及化意味着教育不再是少数人的特权，而是成为全社会成员的基本权利。随着教育的普及，越来越多的民众能够接受教育，获得知识和技能，从而增强了政治参与意识和能力，能够更好地理解政治现象，关注政治问题，参与政治决策，受教育者在政治社会化过程中不断成长，以实现民主政治发展。综观历史上下，全球各国无一不是通过普及教育传递既定的教育内容，精心培育具备统治阶级意志与政治意识的各类专业人才。这些人才不仅能在各自的领域展现卓越才华，更是政治稳定、社会安宁的有力维护者，共同助力社会政治制度的稳固。随着教育的不断改革与进步，它在促进年轻一代政治社会化以及培养与社会发展相契合的公民方面，发挥着日益凸显的重要作用。通过教育的普及化与民主化，公民能够增强政治参与意识，提高政治素养，更好地理解和参与政治生活。同时，教育的普及化和民主化使得不同阶层、不同背景的群体都能够通过教育获得发展的机会，促进了社会结构的变革，从而减少了社会矛盾和冲突。

最重要的是，教育的普及化与民主化使公民能够了解到民主制度的优越性，认识到民主制度是实现社会公正和进步的重要途径。这种认同和信任有助于增强公民对民主制度的支持和维护，从而推动社会政治的民主化进程不断向前发展。总之，教育的普及化与民主化是推动社会政治民主化进程的重要力量。它们通过提高公民的政治参与意识和能力、促进社会结构的变革以及培养公民对民主制度的认同和信任等方面，共同推动社会政治的民主化进程不断向前发展。

2. 教育通过培养高素质的政治管理人才，为政治体制的变革与完善提供人才保障。政治的发展离不开人才，而人才的培养离不开教育，政治和教育二者之间的关系密不可分。政治是以人为主体进行的社会活动，而人则是由物质条件决定的，而教育又是由社会生产所决定并为社会生产服务的，因而教育必然与政治发生密切联系。通过教育培养人才，使之具有为政治服务的能力，才能更好地为政治服务。教育作为社会发展的重要基石，其核心使命之一是培养具备高度专业素养和道德品质的人才。在政治管理领域，高素质的政治管理人才是推动政治体制变革与完善的关键力量。政治人才作为党和国家事业的骨干力量，在治党治国治军中扮演着举足轻重的角色。高素质政治人才不仅是国家急需的精英，更是我国经济社会建设的主导者、协调者和监控者，肩负着管理所有人才的重任。政治人才的存在与发展，对于我国经济增长、社会进步和人才资源开发具有重要影响，是构建和谐社会的中坚力量和不可或缺的保障。从历史和现实的角度来看，任何社会的统治阶级都深刻认识到培养和选拔人才的重要性。这是因为政治人才在维护社会稳定、推动发展进步以及实现统治阶级意志等方面具有不可替代的作用。他们具备深厚的政治理论知识、卓越的领导才能和坚定的理想信念，能够在复杂的政治环境中准确判断形势，提出并实施有效的政策和策略。在我国，政治人才的培养和选拔更是被赋予了特殊的意义。作为中国特色社会主义事业的领导核心，中国共产党历来高度重视政治人才队伍建设。

3. 教育的发展也促进了新的政治舆论和理论思潮的产生。教育作为社会意识形态的重要载体，其发展水平直接决定了人们对于政治现象的认知深度与广度。随着教育水平的提高，公众对于政治问题的关注度和参与度也随之提升。他们开始更加积极地参与政治生活，表达自己的政

治诉求和观点。政治素养和参与意识不断提高，人们不再满足于对政治现象的表面理解，而是开始追求对政治本质、政治规律以及政治价值的深入探讨。这种对政治问题的深层次思考，为新的政治舆论和理论思潮的产生提供了思想基础。教育的创新性和开放性特质，为新思想、新观点萌发提供了必要条件。在全球化的大背景下，教育成为连接不同文化、不同政治体系的桥梁，人们接触到来自世界各地的政治理念、政治模式。在教育的推动下，人们开始敢于挑战传统的政治观念，勇于提出新的政治见解。这种创新精神和批判意识，为新的政治舆论和理论思潮的产生提供了多元化的视角，是推动政治舆论和理论思潮不断向前发展的重要动力。

（二）教育与经济高质量发展

教育与经济社会发展的方方面面有着千丝万缕的关联。一方面，教育对经济发展具有支撑作用：教育为经济发展提供了高水平的人力资本和生产技术。另一方面，教育可以提供所需的知识和技能，从而提高劳动生产率，推动经济增长。例如，基础教育有着为人的一生成长奠基的作用，职业教育和高等教育是青年一代通向社会的“双车道”，继续教育则为工作人员增值赋能，等等。如今，以国内大循环为主体，国内国际双循环相互促进的新发展格局要求将扩大内需、满足内需作为发展的出发点和落脚点。而教育作为重要的驱动力，在扩大内需中具有不可替代的作用。这主要体现在以下几个方面。

一是教育事业发展有利于拉动经济消费。当前我国总体消费力不足，国民收入分配结构不合理，不同群体间收入差距较大，大力发展教育事业，促进教育公平，普遍提高居民的受教育水平和质量，是改善收入分配结构、缩小基尼系数、扩大中等收入群体的有效措施。这种收入分配结构的变化，将为提高居民消费率、扩大内需、拉动经济增长提供必要的社会基础和物质基础。同时，教育事业发展的本身也是扩大消费、拉动经济增长的重要力量。扩大受教育规模、增加各级各类受教育者群体、提高教育质量需要建设新的基础设施，采用新的教育技术设备，增加教师队伍人数，提高教师队伍综合素质，这些需要消费大量的人力、物力和财力，从而扩大社会总的消费需求，对拉动经济增长具有积极作用。

二是优质教育资源有利于加快新型城镇化进程。大力发展优质公平

的教育可以加快我国新型城镇化进程，为乡村振兴的发展助力。而城镇化水平的提高是促进消费、扩大内需的重要动力。通过发展教育事业，增加教育投资，提高农业劳动者的文化科学水平、生产操作能力和经济运作视野，促进现代化大农业的发展，将越来越多的农民从土地上解放出来，促进小城镇的发展。新型城镇化，是坚持以人为本、城乡一体、互为促进、和谐发展的城镇化，这也要求大力发展教育，不断提高教育质量和水平。

三是人民群众通过教育可以不断提升素质能力，转变思想观念。教育是为人一生成长奠基的事业，对人成长的影响是持久长远的。基础教育需要把学生的地基打牢、打好，职业教育和高等教育需要引导青少年做好走向社会的准备，继续教育需要开放灵活、行之有用，各级各类教育都要做好高质量发展工作。教育本身在扩大中等收入群体的同时，还可以改变人的消费观念，增强消费技能，丰富消费方式，刺激消费需求，提高消费层次，优化消费结构，从而扩大内需，拉动经济增长。

教育服务能力不断加强。党的十八大以来，教育与党和国家事业发展同频共振，教育服务国家战略和区域发展的能力显著增强，日益成为支撑、引领经济社会发展的关键力量。一是教育的发展为经济建设提供强有力的人才支撑和智力支持。根据舒尔茨和贝克尔等人提出的人力资本（Human Capital）理论，教育的中介可以增加人力资本的无形积累，即增加各种生产知识、技能和经验的存量总和，从而推动科技进步，激发创造活力，带动经济持续增长。随着知识经济时代的到来，知识、技术和能力成为影响经济发展的关键因素，人力资本对于转变经济增长方式，优化经济发展模式至关重要，要成功实现发展模式升级和新旧动能转换，其中的关键就在于培育和发展人力资本。而人力资本质量取决于教育的整体发展水平，教育是提升人口质量的关键因素。因此，在新时代通过强化教育，可以发挥教育对人力资源开发的长效作用，在人力资本服务方面寻找突破口和新的增长点，从而形成实体经济、科技创新、人力资源、金融服务协同互补的产业体系，推动新时代经济发展。中高职学校十年来累计培养毕业生 7900 余万人，为现代制造业、战略性新兴产业和现代服务业供给了 70% 以上的新增从业人员。普通、职业高等学校十年来累计培养了高素质专业人才 7700 多万人，持续为国家重大战略

实施和经济社会发展提供强大智力支撑。二是形成了布局清晰、层次合理的高校科技创新体系，取得了一批标志性的重大科技成果。教育部先后组织实施了高等学校“创新能力提升计划”“关键领域自主创新行动”“基础研究珠峰计划”等一批重大战略行动和乡村振兴、“一带一路”、人工智能、碳中和、区块链等一系列科技创新专项计划。组织高校建设了一批国家重点实验室、国家工程（技术）研究中心，主动布局建设前沿科学中心，集成攻关大平台，成建制、体系化建设了688个教育部重点实验室和448个教育部工程研究中心，形成了层次清晰、结构合理、支撑有力的高校科技创新体系，高校科技创新服务能力稳步提升，为国家重大战略实施和经济社会发展提供了强有力的支撑。三是推动高校哲学社会科学繁荣发展。支持设立教育部哲学社会科学各类研究项目3.6万余项，布局建设教育部人文社科重点研究基地151个、教育部哲学社会科学实验室30个，高校科学研究优秀成果奖（人文社会科学）共评选出获奖成果3277项。高校牵头建设了38%的国家高端智库，承担了90%以上的国家社会科学基金项目。四是教育部直属高校成为脱贫攻坚和乡村振兴的重要生力军。各校累计投入和引进帮扶资金44.4亿元，帮助引进企业663个，引入企业实际投资额151.6亿元。累计培训教师11.64万人次，累计培训基层干部和技术人员77.8万人，帮助制定规划类项目1352项，落地实施科研项目1949项。五是国家通用语言文字推广普及。全国普通话普及率从70%提高到了80.7%，识字人口使用规范汉字的比例已经超过了95%，文盲率下降至2.7%，为构筑中华民族共有精神家园、铸牢中华民族共同体意识作出重要贡献。

另外，经济发展对教育具有反馈作用：经济发展为教育提供了必要的物质基础，包括教育经费投入、教育设施建设等。经济基础决定上层建筑，建设教育强国一方面需要全面构建以国内大循环为主体、国内国际双循环相互促进的新发展格局，确保经济发展形势的长期稳定向好；另一方面需要政府、社会、行业企业共同努力，为教育发展提供稳定坚实的资源尤其是经费支持。坚持“一个不低于、两个确保”，保证国家财政性教育经费支出占国内生产总值的比例不低于4%，确保一般公共预算教育支出只增不减，确保按在校学生人数平均的一般公共预算教育支出只增不减。同时，优化教育投入结构，引导教育经费向一线教师、学生、

教育教学倾斜，全面提升教育经费使用效益。加强师德师风建设，提升教师教书育人能力素质，打造高素质专业化创新型教师队伍。加大中外合作办学改革力度，加快和扩大新时代教育对外开放，更好地满足人民群众多样化、高质量教育需求，提升人才培养的国际竞争力。促进教育数字化建设，积极探索教育数字化资源，保障教育高质量发展。

（三）教育与中华文化复兴

教育与文化的关系是与教育史一样悠久的经典命题。文化强国是我国建成社会主义现代化强国目标的必要组成部分。实现中华民族伟大复兴需要坚持“四个自信”，即中国特色社会主义道路自信、理论自信、制度自信、文化自信。其中文化自信是更基础、更广泛、更深厚的自信”[①]。党的十九大报告明确指出：“文化是一个国家、一个民族的灵魂。文化兴则国运兴，文化强则民族强。没有高度的文化自信，没有文化的繁荣兴盛，就没有中华民族伟大复兴。”文化自信关乎民族文化的身份认同，关乎民族国家的国际竞争软实力，关乎民族的繁荣昌盛。因此，新时代教育强国承担了文化自信这一神圣使命。

教育既是传承历史文化的主要途径，也是创造文化的重要途径。新时代的各级各类教育都要以中华民族伟大复兴为宏伟目标，以立德树人为根本目的，以社会主义核心价值观为导向，以优秀的中华民族传统文化为根基，在传承和弘扬优秀民族历史文化中，提升我们的文化身份认同感，以实现教育强国的文化自信价值。在建设教育强国的过程中，教育被赋予了更为深远和重大的使命。教育不仅仅是知识的传递和技能的培训，更是文化的传承、创新与发展。教育促进文化发展进步的内涵与表现，体现在多个层面，共同为构建强大的教育体系和文化软实力奠定基础。

教育促进我国文化发展进步的具体内涵包括以下几个方面：首先，文化传承的深化与拓展。在建设教育强国的过程中，教育首先要承担起文化传承的重任。文化传承是指将传统文化、历史遗产等通过教育手段传递给下一代，确保文化的连续性和稳定性。这种传承不仅是对传统文化知识的简单传递，更是对传统文化价值的深入挖掘和弘扬。通过教育，

① 习近平：《在庆祝中国共产党成立95周年大会上的讲话》，《求是》2016年第8期。

我们能够更好地理解和把握传统文化的精髓，为文化的创新发展提供坚实的基础。同时，教育还要拓展文化传承的广度和深度。广度上，教育要涵盖各个领域的文化知识，包括文学、艺术、历史、哲学等，为学生提供全面的文化熏陶。深度上，教育要深入探究文化的内在逻辑和价值体系，引导学生对文化进行深层次的思考和领悟。

其次，文化创新的推动与引领。在建设教育强国的过程中，教育不仅要传承文化，更要推动文化的创新。文化创新是文化发展的动力和源泉，只有通过不断创新，文化才能保持活力和竞争力。教育通过培养学生的创新思维和实践能力，为文化的创新提供人才支持。同时，教育还通过科研活动、文化交流等途径，推动文化的创新和发展。教育在推动文化创新的过程中，还要发挥引领作用。教育要站在时代的前沿，引领文化的发展方向。通过对新兴文化现象的研究和判断，教育能够为社会提供有价值的文化引领和导向，推动文化的健康发展。

最后，文化多样性的尊重与包容。在建设教育强国的过程中，教育应尊重文化的多样性。文化多样性是人类社会的基本特征之一，也是文化发展的重要动力。教育要尊重不同文化之间的差异和特色，促进不同文化之间的交流与融合。通过教育，我们能够更好地理解和欣赏其他文化，形成多元一体的文化格局。同时，教育还要包容文化的多样性。在面对不同文化时，教育要保持开放和包容的态度，允许不同文化在教育领域中的存在和发展。通过包容性教育，我们能够培养具有跨文化交流能力和全球视野的人才，为构建人类命运共同体贡献力量。

教育经由对文化创造性转化与创新性发展的贡献而促进国家的强盛，是教育与文化关系的多重逻辑之一。正像刘远杰指出，教育强国三重文明逻辑：教育强国即以教育强国家之文明，教育强国即以文明强国家之教育，教育强国即强国家教育文明[①]。从价值、功能与目的上指向文明，这是人类教育史的基本事实。以文明为目的的教育工具论，属于世界教育思想史的基本共识。主要观点如下：视教育为文明传续发扬的不可替代性机制和途径，因为“社会性的文明成就无法像本能那样自然遗传，所以发明了教育。教育正是文明的遗传方式，没有教育，文明就不可能

① 刘远杰：《论教育强国的文明逻辑》，《教育发展研究》2023 年第 1 期。

延续”。[①] 在教育强国的概念体系里，教育促进文化创造性转化与创新性发展的具体表现为：

第一，教育体系的完善与优化。在建设教育强国的过程中，教育体系不断完善与优化。首先，教育体系更加注重对文化课程的设置和教学质量的提升。文化课程不仅包括传统文化、历史、艺术等基础课程，还增加了跨文化交流、文化创新等新兴课程，以满足学生多样化的学习需求。同时，教学质量也得到了显著提升，教师队伍建设、教学资源配置等方面都得到了优化和改进。教育体系还加强了对文化研究的支持和投入。各大高校和研究机构纷纷设立文化研究中心或相关研究机构，聚集了一批优秀的文化学者和专家。他们通过深入研究和实践探索，为文化的传承和创新提供了有力的学术支持和实践指导。教育体系还加强了对文化产业的对接与融合。文化产业作为新兴的朝阳产业，已经成为国家经济发展的重要支柱之一。教育体系通过与文化产业的紧密合作与对接，为文化产业的发展提供了人才保障和技术支持。同时，教育体系还积极推动文化创意、文化设计等新兴文化产业的发展，为经济增长和社会进步注入了新活力。

第二，文化课程的丰富与拓展。随着教育改革的深入推进，文化课程日益丰富与拓展。一方面，传统文化课程得到了进一步加强和完善。例如，语文、历史等课程更加注重对传统文化知识的传授和价值观的引导；艺术、音乐等课程则更加注重对学生审美能力和艺术素养的培养。另一方面，新兴文化课程不断涌现并得到广泛推广。例如，跨文化交流课程旨在培养学生的跨文化沟通能力和全球视野；文化创新课程则鼓励学生发挥想象力和创造力，推动文化的创新和发展。这些丰富多样的文化课程不仅满足了学生多样化的学习需求，也为他们提供了更广阔的发展空间。通过学习这些课程，学生能够更好地理解和把握传统文化的精髓和价值，同时也能够接触到最新的文化成果和创新思维。这有利于培养学生的文化素养和审美能力，推动他们成为具有国际视野和文化竞争力的优秀人才。

---

① 赵汀阳：《教育问题：遗产、经典和榜样》，《陕西师范大学学报》（哲学社会科学版）2020年第2期。

第三，文化研究的繁荣与发展。在建设教育强国的过程中，文化研究得到了空前重视和繁荣发展。一方面，高校和研究机构纷纷设立文化研究中心或相关研究机构，聚集了一批优秀的文化学者和专家。他们通过深入研究和实践探索，在文化传承、创新与发展等方面取得了显著成果。另一方面，政府和社会各界也加大了对文化研究的投入和支持力度，为文化研究提供了良好的外部环境和条件保障。这些繁荣发展的文化研究不仅推动了学术界的进步和发展，也为社会文化的繁荣和发展提供了有力支持。通过深入挖掘和弘扬传统文化价值、推动文化创新和发展、加强国际文化交流与合作等途径，文化研究为构建强大的文化软实力奠定了坚实基础。

第四，文化产业的崛起与壮大。文化产业得到了快速发展和壮大。一方面，教育为文化产业提供了大量优秀的人才支持。通过系统的教育培训和实践锻炼，学生具备了从事文化产业工作所需的专业知识和技能素养。另一方面，教育还积极推动文化产业的技术创新和市场拓展。通过与文化产业界的紧密合作与交流，教育机构能够及时了解市场需求和技术发展趋势，为文化产业的发展提供有针对性的支持和服务。崛起与壮大的文化产业不仅为经济增长注入了新活力，也为社会进步提供了有力支撑。通过创造丰富多彩的文化产品和服务、满足人们日益增长的精神文化需求、推动文化交流和传播等途径，文化产业为构建强大的文化软实力做出了积极贡献。

第五，国际文化交流的加强与拓展。在建设教育强国的理念与实践中，国际文化交流得到了空前加强与拓展。一方面，教育机构积极派遣留学生到海外学习交流，同时也吸引了大量海外留学生来华学习。这种双向的留学交流为中外文化的交流与融合提供了重要平台。另一方面，教育机构还通过举办国际文化节、开展国际合作研究等方式，加强与其他国家的文化交流与合作。这些活动不仅展示了中外文化的魅力和特色，也促进了中外文化之间的深度互动和相互理解。这些加强与拓展的国际文化交流活动不仅推动了文化的全球化发展，也为构建人类命运共同体贡献了力量。通过深入了解不同文化之间的差异和特色、促进文化之间的交流与融合、推动文化创新和发展等途径，国际文化交流为构建强大的文化软实力提供了有力支撑。

对于教育强国而言，教育促进文化发展进步的内涵与表现是多方面的。从文化传承的深化与拓展到文化创新的推动与引领，再到文化多样性的尊重与包容；从教育体系的完善与优化到文化课程的丰富与拓展，再到文化研究的繁荣与发展，以及文化产业的崛起与壮大和国际文化交流的加强与拓展；教育在各个领域都发挥着重要作用，为构建强大的教育体系和文化软实力奠定了基础。未来，随着教育改革的深入推进和社会发展的不断进步，教育将在促进文化发展进步方面发挥更加重要的作用。

（四）教育促进社会的全面协调发展

习近平指出，搞教育强国建设要明白，我们培养的人是要同国家发展目标和未来发展方向紧密结合在一起的人，只有这样，我们的教育强国建设才能够真真正正地推动社会经济的进步。教育与社会的关系是任何时代、任何国家都无法回避的基本问题。我国要建设的中国特色社会主义的教育强国也强调处理好教育与社会全面协调有序发展的关系。社会是人类生活的复杂领域，除了前文已经论述的政治、经济、文化等方面，还包括民生改善、社会公平等方面。

教育是一种关乎社会主义民生的伟大事业。新时代的教育强国，意味着它真正把全民享受优质教育的权利落到实处。优良的教育不仅提升了受教育者的公民素质，而且大大提升了受教育者的劳动能力，大大提高了人民生活质量及受教育者的社会收入，让受教育者过上体面的、有尊严的幸福生活。这种良善、美好的生活，不仅指物质生活的极大改善，而且也包括精神文化生活的丰富与充裕。由于新时代教育强国的民生价值致力于人民的幸福生活，而这种幸福生活在内涵上体现为公民个体生活的物质充裕与精神丰盈的有机统一，在外延上体现为全民性，因此，新时代教育强国的民生价值是对个人本位论和社会本位论的超越，融合了个人主义和国家主义的优势，实现了国家利益、社会利益与个人利益的统一[①]。

教育作为国家发展、社会进步的重要推动力，其改善民生的意义不言而喻。教育改善民生，不仅体现在为个体提供知识和技能，更在于通

① 谭维智：《国家视角下的教育民生论》，《教育研究》2014 年第 12 期。

过教育提升整个社会的文明程度、创新能力和生活品质。教育最基础的功能是传递知识和技能。通过系统的教育，个体可以掌握语言、数学、科学、艺术等基础知识和各类专业技能，这些知识和技能是个体参与社会生活、生产的基础。随着经济的发展和产业结构的升级，社会对劳动者的素质要求越来越高。教育能够培养符合市场需求的人才，提升个体的就业能力和职业发展空间，从而帮助个体获得更好的生活。

教育不仅是知识的传授，更是对人的全面培养。通过教育，个体可以形成正确的世界观、人生观和价值观，提升道德水平，培养审美情趣，实现身心的和谐发展。教育具有公平性和普惠性，它可以通过资源的均衡配置，为不同社会阶层的个体提供相对平等的发展机会，从而缩小贫富差距，推动社会的公平与正义。教育是国家发展的基石。通过培养高素质的人才，推动科技创新和文化繁荣，教育可以提升国家的整体竞争力和国际地位，为民众创造更好的生活环境和发展空间。

改善民生是中国特色社会主义现代化强国的题中之义，也是教育强国的突出特征。教育通过提升个体的就业能力和职业发展前景，直接影响居民的收入水平。一般来说，受教育程度越高的个体，其收入水平也相对较高。因此，教育在改善民生方面，最直接的表现就是提高居民的收入水平。随着经济的发展和产业结构的升级，社会对人才的需求也在不断变化。教育通过培养符合市场需求的人才，优化就业结构，使更多的人能够从事技术密集型、知识密集型等高薪职业，从而提高生活质量。教育不仅关乎个体的知识和技能，还与健康水平密切相关。通过健康教育，个体可以掌握科学的健康知识和生活方式，提升自我保健能力，减少疾病的发生。教育是社会流动的重要渠道。通过接受教育，个体可以获得更好的职业机会和发展空间，实现向上的社会流动。同时，教育还可以通过培养个体的社会责任感和公民意识，推动社会的进步。通过教育，个体可以了解和继承本民族的文化传统，同时也可以接触和吸收其他民族的文化精华，推动文化的多样性和创新性发展。这种文化的传承与创新不仅丰富了民众的精神生活，也提升了社会的文明程度。教育通过提升个体的审美情趣、生活技能和社会责任感等，改善民众的生活品质。受教育程度较高的个体通常更注重生活质量，更有可能追求精神层面的满足和自我价值的实现。

教育在改善民生方面具有丰富的内涵和多样的表现。从个人层面来看，教育可以提升个体的知识和技能、就业能力、全面发展水平等；从社会层面来看，教育可以推动社会的公平与正义、文化传承与创新、提升国家竞争力等。因此，我们应该高度重视教育的发展，为民众提供更好的教育资源和教育机会，让教育真正成为改善民生、推动社会进步的重要力量。

教育兴则国家兴，教育强则国家强。2023 年中共中央政治局就建设教育强国进行了第五次集体学习，习近平总书记在主持学习时强调，建设教育强国，是全面建成社会主义现代化强国的战略先导，是实现高水平科技自立自强的重要支撑，是促进全体人民共同富裕的有效途径，是以中国式现代化全面推进中华民族伟大复兴的基础工程。社会公平正义是中国特色社会主义的内在要求，也是习近平新时代中国特色社会主义思想的重要内容之一。在全面深化改革的进程中，必须维护和促进社会公平正义，让改革发展成果更多更公平地惠及全体人民。教育既是民生之首，更是国家发展战略。坚持教育优先发展，办好人民满意的教育，努力让每个孩子都能享有公平而有质量的教育，不仅是改善民生的重大举措，更是促进社会公平、构建和谐社会的必然要求。

教育在促进社会公平方面起着至关重要的作用。教育为每个人提供了平等的学习和发展机会，无论其性别、社会地位、经济条件等。通过普及基础教育，确保每个孩子都能接受基本的教育，从而打破社会阶层固化，减少贫困和不平等现象的代际传递。教育是培养人力资本的重要途径。通过提高个人的知识、技能和素质，教育增强了人们在劳动力市场上的竞争力和适应能力。这使得人们能够更好地抓住经济机会，提升自身的生活水平和社会地位，从而有助于缩小社会贫富差距。教育不仅是知识和技能的传授，还是社会价值观的传播。通过教育，人们能够了解和认同社会主流价值观，如公正、平等、尊重等。这有助于培养公民的道德素养和社会责任感，提升整个社会的文明程度，减少社会冲突和歧视现象。教育有助于推动社会流动，使得人们能够跨越社会阶层，实现向上流动。通过接受高等教育或职业培训，人们能够获得更好的职业机会和更高的社会地位。这不仅改善了个人和家庭的命运，也促进了社会的整体进步和发展。教育还能增强社会凝聚力。通过共同的学习经历

和文化交流，人们能够增进相互理解和尊重，形成共同的社会认同。这有助于减少社会分裂和冲突，促进社会的和谐稳定。

总而言之，教育在促进社会公平方面发挥着多重作用。通过提供平等机会、培养人力资本、传播社会价值观、推动社会流动以及增强社会凝聚力等途径，教育有助于减少社会不平等现象，促进社会的公平和正义。

（五）教育助力生态教育与生态改善

从教育强国的视角来看，教育与生态之间存在紧密而重要的关系。教育不仅关乎人才的培养和知识的传承，还承担着引导社会发展和促进生态文明建设的重任。教育与生态之间存在密切的联系和互动。教育不仅为生态文明建设提供人才保障和智力支持，还在培养生态意识、推动生态创新、促进生态公平和引领生态文化等方面发挥着重要的引领和推动作用。因此，在推进教育强国建设的过程中，应更加注重教育与生态的协同发展，为实现国家的可持续发展和繁荣富强做出积极贡献。

教育是培养人们生态意识的重要途径。通过环境教育、生态教育等课程内容，引导学生了解生态环境的重要性，培养他们对自然环境的敬畏之心和保护意识。这种生态意识的培养有助于形成全社会共同参与生态文明建设的良好氛围。教育在推动生态创新方面发挥着重要作用。通过培养具有创新精神和实践能力的人才，教育可以激发人们在生态环境保护领域的创新思维和创新行动。这种创新可以包括环保技术的研发、生态经济的探索、生态治理模式的创新等，有助于推动生态文明建设的不断进步。教育也是促进社会生态公平的重要手段。通过提供均等的教育机会，教育可以打破地域、阶层等限制，让更多的人有机会接触生态环境保护和可持续发展的理念和实践。这有助于从源头减少生态破坏和环境污染等问题，促进生态资源的公平分配和可持续利用。教育在引领生态文化方面扮演着重要角色。通过传播生态文明理念、弘扬生态文化价值观，教育可以塑造人们的思维方式和行为习惯，推动形成节约资源、保护环境的生产方式和消费模式。这种生态文化的引领有助于构建人与自然和谐共生的社会文明形态。

在建设教育强国的过程中，教育不仅关注人的全面发展，也关注人与自然的和谐共生。生态教育与生态改善作为教育的重要方面，旨在培

养学生的生态意识，促进生态文明的建设。生态教育是一种关注人与自然关系，强调生态平衡和可持续发展的教育理念。它旨在通过教育手段，培养学生的生态意识，引导他们树立正确的自然观、生态观和发展观。

我国的教育活动注重培养生态意识。生态意识是对人与自然关系的认识和把握，是生态文明建设的重要基础。教育通过课程设置、教学活动等途径，向学生传授生态知识，引导他们认识自然规律，理解人类活动对自然环境的影响，从而培养他们的生态意识。基于生态意识的培养，我国的教育理念与实践着力于树立社会大众的生态文明观念。生态文明是人类社会文明的高级形态，是人类与自然和谐共生的社会形态。教育通过生态文明教育，引导学生树立生态文明观念，明确人类在自然界中的地位和责任，倡导绿色、低碳、循环、可持续的生产生活方式。生态实践能力是指学生在实际生活中运用生态知识，参与生态保护和环境治理的能力。教育通过实践教学、社会实践等途径，培养学生的生态实践能力，使他们在日常生活中能够自觉践行生态文明理念，积极参与生态保护和环境治理。

生态改善是指通过人为努力，生态环境质量得到提升和改善的过程。教育在促进生态改善方面，主要发挥着引导、推动和示范的作用。其内涵主要包括以下几个方面：（1）引导绿色生活方式。教育通过宣传和倡导绿色生活方式，引导学生及其家庭减少资源消耗和环境污染，增加对可再生资源和清洁能源的使用。这种引导不仅有助于改善生态环境，还能促进社会的可持续发展。（2）推动生态科技创新。教育通过培养创新型人才和推动科技创新，为生态改善提供技术支撑。例如，通过研发环保材料、节能技术、废物处理技术等，减少人类活动对环境的负面影响，提升生态环境的自我修复能力。（3）示范生态文明建设。教育机构作为社会的重要组成部分，自身在生态文明建设方面的实践和探索具有重要的示范意义。例如，建设绿色校园、开展环保活动、实施资源循环利用等，不仅能够改善校园生态环境，还能为社会提供可借鉴的生态文明建设经验。

在建设教育强国的过程中，教育在促进生态教育与生态改善方面发挥着重要作用。通过培养生态意识、树立生态文明观念、培养生态实践能力等内涵建设，以及完善课程体系、创新方法手段、开展实践活动等

具体表现，教育为生态文明建设提供了有力支撑和保障。展望未来，随着生态文明建设的不断推进和教育改革的深入发展，教育在促进生态教育与生态改善方面的作用将更加凸显。

教育机构将继续完善生态教育课程体系、创新方法手段、开展实践活动等，为培养具有生态文明素养的新时代人才贡献力量。同时，教育机构还将加强与政府、企业、社区等的合作与交流，共同推动生态文明建设的深入发展和社会可持续发展。具体而言：（1）完善生态教育课程体系。在建设教育强国的过程中，教育机构不断完善生态教育课程体系。通过设置环境科学、生态学、可持续发展等课程，向学生传授系统的生态知识。同时，结合地方特色和实际需求，开设具有针对性的生态教育课程，满足不同学生的学习需求。（2）创新生态教育方法手段。为了提高学生的学习兴趣和效果，教育机构积极创新生态教育方法手段。例如，采用案例教学、情境教学、实验教学等教学方法，让学生在亲身体验中学习和掌握生态知识。此外，利用现代信息技术手段，如虚拟现实、增强现实等，为学生创造更加直观、生动的学习环境。（3）开展生态教育实践活动。教育机构注重开展生态教育实践活动，让学生在实践中深化对生态知识的理解和应用。例如，组织学生参加环保志愿服务、生态考察、环境治理等活动，让他们亲身体验生态环境的魅力和挑战，培养他们的生态实践能力。（4）营造生态教育校园文化。教育机构通过营造生态教育校园文化，为生态教育提供良好的氛围和环境。例如，在校园内设置生态景观、环保设施等，让学生时刻感受生态文明的魅力；开展生态主题的文化活动，如生态文化节、环保知识竞赛等，提高学生的生态文化素养。（5）推动生态改善科技创新。教育机构通过培养创新型人才和推动科技创新，为生态改善提供技术支撑。例如，与环保企业、科研机构等合作，共同研发环保材料、节能技术、废物处理技术等；鼓励学生参与科技创新项目，培养他们的创新能力和实践精神。（6）示范引领社会生态改善。教育机构通过自身的实践和探索，为社会生态改善提供示范和引领。例如，建设绿色校园、开展环保活动、实施资源循环利用等，展示生态文明建设的成果和效益；与社区、企业等合作，共同推动区域生态环境的改善和可持续发展。

（六）教育、科技、人才一体化助力强国建设

随着全球化和信息化的深入发展，一个国家的综合国力在很大程度上取决于教育、科技和人才的发展水平。教育是国家发展的基石，科技是国家进步的动力，人才则是实现国家繁荣的关键。因此，将教育、科技、人才三者紧密结合，形成一体化的发展模式，对于助力强国建设具有重要意义。教育、科技、人才一体化是指将教育、科技和人才三个领域紧密结合，形成一个相互促进、协同发展的整体。这种一体化的理念旨在通过优化资源配置、加强创新合作、提升人才培养质量等方式，推动经济社会的全面发展和进步。在教育、科技、人才一体化中，教育是基础，负责培养具备创新精神和实践能力的高素质人才；科技是动力，通过科技创新推动产业升级和社会进步；人才是主体，既是教育和科技的培养对象，也是推动教育和科技发展的核心力量。

具体来说，教育、科技、人才一体化的实现需要以下几个方面的努力：完善教育体系，提高教育质量，培养具备创新精神和实践能力的高素质人才；推动科技创新，加大科技研发投入，鼓励企业、高校和科研机构开展科技创新活动，推动产业升级和社会进步；建立完善的人才培养和引进机制，吸引和留住各类高素质人才，这包括制定优惠的人才政策，提供良好的工作环境和生活条件，为人才提供广阔的发展空间和机会；加强教育、科技和人才的协同发展，打破教育、科技和人才之间的壁垒，加强三个领域之间的合作与交流。鼓励企业、高校和科研机构开展产学研合作，共同培养创新人才，推动科技创新和人才培养的紧密结合。

总之，教育、科技、人才一体化是推动经济社会全面发展和进步的重要途径。通过加强教育体系建设、推动科技创新、加强人才培养和引进以及加强三个领域之间的协同发展，我们可以构建一个充满活力、创新力和竞争力的社会，为实现国家的繁荣富强和长远发展奠定坚实基础。

教育是培养创新人才的基础。在知识经济时代，一个国家的创新能力直接决定了其在国际竞争中的地位。因此，教育必须肩负起培养创新人才的重任。首先，教育要注重培养学生的创新精神和实践能力。在传统教育模式下，学生往往只注重知识的学习，而缺乏实践和创新的机会。因此，教育要转变观念，注重学生的实践和创新能力的培养，让学生在

实践中发现问题、解决问题，从而培养他们的创新精神。其次，教育要关注学生的全面发展。创新人才的培养不仅是知识的传授，更是对学生全面素质的培养。教育要注重学生的思想道德、文化素养、身心健康等方面的培养，让学生成为具有高尚品德、丰富知识和健康体魄的创新人才。

科技是推动社会进步的重要力量。在现代社会，科技已经渗透到经济、政治、文化等各个领域，成为推动社会发展的重要引擎。首先，科技要服务于经济社会发展。科技创新要与经济社会发展紧密结合，为解决经济社会发展中的难题提供科技支撑。同时，科技创新也要注重成果的转化和应用，将科技成果转化为现实生产力，推动经济社会的发展。科技要注重前沿探索和基础研究。前沿探索和基础研究是科技创新的源泉。只有不断加强前沿探索和基础研究，才能为科技创新提供源源不断的动力。因此，国家要加大对前沿探索和基础研究的投入，鼓励科研人员开展创新性研究，推动科技创新性发展。

在21世纪这个知识爆炸、信息飞速发展的时代，科技与教育已经成为衡量一个国家综合国力和国际竞争力的重要标尺。科技与教育的紧密结合和协同发展，不仅是国家现代化的必然选择，也是实现国家繁荣富强的关键所在。科技强国是指通过大力发展科学技术，提升国家的科技创新能力，从而在国际竞争中占据优势地位。科技是国家经济社会发展的第一生产力，是提升国家竞争力的核心要素。科技创新是推动经济社会发展的根本动力。通过加强基础研究、应用研究和试验发展，不断催生新技术、新产品、新业态，为经济社会发展注入源源不断的创新活力。科技创新能够推动产业结构优化升级，提高产品和服务的科技含量和附加值，从而增强产业的国际竞争力。科技实力是国家安全的重要保障。在军事、能源、环境、生物等领域，拥有先进的科技实力能够确保国家的战略安全和长远发展。教育强国是指通过大力发展教育事业，提高国民教育水平，培养高素质的人才队伍，为国家的经济社会发展提供坚实的人力资源保障。

科技与教育的协同发展是实现科技强国和教育强国的重要途径。科技与教育相互促进、相互支持，形成一个紧密的整体。科技创新为教育创新提供技术支撑和引领。通过运用现代信息技术手段，推动教育模式

的创新和教学方法的改革，提高教育质量和效率。教育是培养科技人才的基础。通过优化教育资源配置、提高教育质量、加强实践教学等手段，培养具有创新精神和实践能力的科技人才。加强产学研合作，促进科技创新成果在教育领域的转化和应用，推动教育与科技的深度融合和协同发展。科技与教育是国家繁荣富强的两大支柱。通过大力发展科技和教育事业，提升国家的科技创新能力和人才培养水平，为国家的经济社会发展提供强大的动力和坚实的人力资源保障。同时，加强科技与教育的协同发展，形成紧密的整体，共同推动国家的繁荣富强和长远发展。

人才是实现国家繁荣的关键。人才强国是指通过培养和吸引高素质人才，推动国家经济、科技、文化等各方面的快速发展。人才是国家发展的核心资源，具有创新能力和专业技能的高素质人才是实现国家繁荣富强的关键。高素质人才具备创新能力和专业技能，能够推动产业升级、提高生产效率，为经济发展注入新的动力。科技人才在科技创新中发挥着核心作用，通过培养和吸引科技人才，能够提升国家的科技实力，推动科技进步和产业升级。高素质人才具备先进的思想观念和社会责任感，能够推动社会进步和文明发展，提升国家的文化软实力。

人才强国与教育强国是相互促进、相辅相成的关系。一方面，教育强国为人才强国提供基础支撑。通过大力发展教育事业，提高国民教育水平，培养高素质的人才队伍，为人才强国提供源源不断的人才资源。另一方面，人才强国是教育强国的重要目标。通过培养和吸引高素质人才，推动国家经济、科技、文化等各方面的快速发展，实现国家的繁荣富强，进一步彰显教育强国的重要性。人才强国与教育强国是密不可分的整体。通过大力发展教育事业，提高国民教育水平，培养高素质的人才队伍，推动国家经济、科技、文化等各方面的快速发展，实现国家的繁荣富强和长远发展。

在知识经济时代，人才已经成为国家竞争力的核心。因此，加强人才培养和引进，对于实现国家繁荣具有重要意义。首先，要完善人才培养体系。人才培养是一个系统工程，需要政府、学校、企业等各方面的共同努力。政府要制定完善的人才培养政策，为学校和企业提供良好的人才培养环境。学校要注重学生的全面素质培养，为学生提供多样化的教育资源和教育方式。企业要加强对员工的培训和教育，提高员工的综

合素质和创新能力。其次，要加大人才引进力度。在全球化的背景下，人才引进已经成为国家发展的重要手段。国家要制定完善的人才引进政策，吸引海外高层次人才来华创新创业。同时，还要加强与国际人才市场的联系和合作，拓宽人才引进渠道，为国家发展提供强有力的人才保障。

教育、科技、人才一体化是教育强国的核心要义与基本路径之一。具体而言，教育、科技、人才一体化主要体现在以下几个方面。

政策协同：政府在制定教育、科技和人才政策时，需要充分考虑三者之间的内在联系和相互促进关系，实现政策的协同和配套。例如，在制定教育政策时，需要充分考虑科技创新和人才培养的需求，为科技创新和人才培养提供有力的政策支持。

资源共享：教育、科技和人才在发展过程中需要共享资源。例如，高校和科研机构可以共享实验设备、科研成果和人才资源，企业可以通过与高校和科研机构的合作，共享技术创新和人才培养的成果。

人才培养：教育、科技和人才一体化的核心是人才培养。通过优化教育资源配置、提高教育质量、加强实践教学等手段，培养具有创新精神和实践能力的高素质人才，为科技创新和经济社会发展提供有力的人才保障。

科技创新：科技创新是教育、科技和人才一体化的重要体现。通过加强科研投入、支持科技创新、推动成果转化等手段，促进科技创新和经济社会发展的深度融合，为经济社会的持续发展和进步提供强大的科技支撑。

社会服务：教育、科技和人才一体化的最终目的是为社会服务。通过加强社会服务功能、推动产学研合作、促进科技成果转化等手段，将教育、科技和人才的优势转化为服务经济社会的实际成果，为经济社会的持续发展和进步提供有力的社会服务保障。

要实现教育、科技、人才的一体化发展，需要政府、学校、企业等各方面的共同努力。具体实践路径包括：（1）加强政策引导。政府要制定完善的教育、科技、人才政策，为教育、科技、人才的一体化发展提供政策保障。(2) 加强产学研合作。产学研合作是实现教育、科技、人才一体化的重要途径。学校、科研机构和企业要加强合作，共同开展科

技创新和人才培养工作。（3）加强国际合作与交流。国际合作与交流是实现教育、科技、人才一体化的重要手段，国家要加强与国际社会的联系和合作，拓宽教育、科技、人才的国际视野和交流渠道。

总而言之，教育、科技、人才是国家发展的三大支柱。将教育、科技、人才紧密结合，形成一体化的发展模式，对于助力强国建设具有重要意义。我们要加强政策引导，加强产学研合作，加强国际合作与交流，推动教育、科技、人才的一体化发展，为实现国家繁荣和民族复兴贡献力量。

三　具有国际影响与获得世界认可的教育强国

在迈向教育现代化的征程中，我国教育不仅在国内取得了显著成就，为亿万学子提供了优质的教育资源，同时也在国际舞台上大放异彩，赢得了广泛的赞誉与认可。从深度参与到国际教育合作与交流，到在国际教育质量评估中屡创佳绩，再到为世界教育贡献中国智慧与方案，我国教育的每一步发展都彰显着一个大国的责任与担当。

（一）我国教育的国际影响

我国教育在全球范围内的崛起及其日益增强的国际影响力，已成为当今举世瞩目的焦点。这一显著趋势在“教育强国指数”中得到了明确的数据体现。从2012年到2022年，我国教育强国指数排名由第49位飙升至第23位，进步26个位次，成为全球进步最快的国家之一，为我国的教育体系崛起和全球声望的提升创造了坚实基础。① 这一显著的成就不仅是我国教育发展的标志性事件，更是我国综合实力和国际竞争力不断增强的重要体现。

1. 教育体制的全面优化和不断创新

我国教育的国际认可的崛起并非偶然，而是我国教育体制全面优化和不断创新的结果。党的十八大以来，习近平总书记对教育对外开放的指导产生了深远影响。在其领导下，我国教育开放布局结构得到了极大优化，对外合作关系也更加深入。通过推动“一带一路”教育行动、建

① 马晓强、崔吉芳、万歆等：《建设教育强国：世界中的中国》，《教育研究》2023年第2期。

设粤港澳大湾区国际教育示范区、启动海外中国学校建设试点等一系列战略性举措，我国逐渐形成了更加开放、自信、主动的教育对外开放格局，推动中国教育不断走向世界舞台。

推动“一带一路”教育行动是中国采取的一项战略性举措，旨在促进与共建“一带一路”国家的教育交流与合作。这一倡议不仅是经济合作的延伸，更是文化、人文交流的重要平台。通过推动这一行动，中国向世界传递了教育合作的积极信号，为中国的软实力赢得了更广泛的认可。这一举措不仅促进了共建“一带一路”国家的教育水平提升，也为中国在国际舞台上赢得了更多的赞誉。

另外，中国着手建设粤港澳大湾区国际教育示范区，旨在成为全球一流的教育示范地。通过引进国际一流的教育资源、优化教育体系，示范区将为培养更具国际竞争力的人才提供有力支持。这一战略性举措不仅有益于地区内的学子，也为国际学生提供了更多选择。这种建设加速了中国教育与国际接轨的步伐，为中国的教育获得国际认可创造了更为有利的条件。

此外，海外中国国际学校建设试点的启动，更是我国教育“走出去”战略的具体体现。通过在海外设立中国学校，提供优质的中文教育，我国不仅为海外华侨子弟创造了更好的学习环境，也为其他国家的学生打开了一扇了解中国文化的窗口。这一举措无疑将有力推动我国文化的海外传播，增强我国在国际舞台上的文化软实力。

总体而言，中国教育体制的全面优化和不断创新为国际认可的崛起提供了坚实基础。在习近平总书记的领导下，中国逐渐形成了更加开放、自信、主动的教育对外开放格局，推动中国教育走向世界舞台。未来，中国将继续努力推动“一带一路”教育行动，加强国际合作，为培养更多具有全球视野和竞争力的人才做出更大贡献，使中国教育在全球范围内持续崛起。这一过程不仅是中国教育的崛起，更是中国在全球事务中扮演更积极、有力角色的体现。

2. 教育质量与服务能力的提升

教育质量与服务能力的提升是中国在国际舞台上取得的显著成就之一。根据2022年教育强国指数的测评结果显示，在教育质量水平维度指数得分中，中国在全球排名第8位，位居世界前列，凸显了我国在培养

高素质人才方面所获得的国际认可。这一排名的崛起主要归因于我国基础教育与高等教育质量的提升。

在基础教育领域，根据国际学生成就测评（PISA）数据显示，我国学生在语文、数学、科学学科中达到中等及以上水平的比例约80%，与经合组织（OECD）国家平均水平相当。这充分证明了我国基础教育在全球范围内的竞争力，为学生提供了均衡而高质量的学习环境。

高等教育层面，我国在全球舞台上的卓越地位同样得到了有力印证。在世界有影响力的高校排名中，入选Top200的高校数量（综合QS、THE和US. NEWS三大排名平均值）逐步增加，平均每年入选高校超过9所，已经跃居世界第6位，凸显出我国高等教育在国际舞台上卓越的地位。高校的全球竞争力提升不仅体现在学术研究水平上，同时也在吸引国际学生方面有所反映。我国高等教育对国际学生的吸引力不断增强，为培养具有全球视野的人才提供了广泛而优质的学术资源。

在教育服务能力维度指数得分中，2022年中国排名第22位，世界排名由中等跃升至中上。这一成就充分彰显了我国在教育服务领域的深厚实力和持续积累的优势，为国际学生提供了良好的学术环境和支持。其中，高等教育毕业生中理工学科所占比例保持在40%以上，位居世界前列。这表明我国在培养理工科人才方面具备独特的优势，为满足国际科技领域的需求做出了显著贡献。此外，我国科学家在全球高被引科学家中的比例逐年提高，2020年排名第二位，仅次于美国。这进一步证实了我国在科研领域的国际影响力逐渐增强，为国家的科技创新提供了有力支撑。[①]

在机会公平维度方面，教育强国指数中的排名逐渐提升，反映出我国在逐步缩小不同群体之间教育机会差距上做出的努力。这一趋势符合我国建设社会主义现代化国家的总体目标，体现了我国在国际上逐渐树立起“公平”的教育形象。通过不断优化教育政策和资源分配，我国在促进教育机会公平方面取得了显著的成果，为全社会提供了更加均等的教育机会。

---

① 崔吉芳、万歆：《观世界 看中国 观历史 看今天——教育强国指数是咋回事儿》，《人民政协报》2023年6月7日第10版。

综上所述，中国在全球教育领域取得的显著成就，突出体现在教育质量与服务能力的双重提升上。随着国际认可度的日益提高，中国不仅在提升教育质量方面取得了卓越成绩，更在服务能力和促进机会公平方面展现了独特优势。这些成就不仅为中国在国际教育舞台上树立了坚实形象，也为全球高素质人才的培养做出了积极贡献。展望未来，中国将坚定不移地推动教育全面、协调、可持续发展，持续提升国际竞争力，为全球教育事业的繁荣与进步贡献更多智慧和力量。

3. 全球治理参与与共享

我国在国际教育领域取得了显著的成就，不仅在国际教育指数上实现了巨大飞跃，更通过积极参与全球教育治理，不断提升了国际地位和影响力。

我国由多边教育合作的接受者逐渐演变为积极参与者、合作者，并在全球治理中扮演着设计者和贡献者的角色。通过加强与联合国教科文组织、金砖国家、亚太经合组织、上海合作组织等多边机制的合作，我国成功举办了一系列重要的国际教育会议。其中，我国成为联合国教科文组织2030年教育高级别指导委员会的成员，为全球教育治理和发展贡献了中国的智慧和方案。

新冠疫情暴发以来，我国通过国际组织积极分享了中国教育系统在抗疫方面的宝贵经验。通过经验分享、发展合作、对外援助以及教育培训等多种方式，我国积极助力发展中国家克服教育领域的困难。这些国际合作行动不仅提升了我国在全球教育领域的软实力，也为构建人类命运共同体作出了实质性的贡献。在这一关键时刻，我国展现出的国际责任和担当，不仅为全球疫情应对提供了有力支持，也为全球教育治理体系注入了更多中国智慧。

通过设立中国文化中心和孔子学院，我国成功推动了中文在全球范围内的学习与了解。这些文化交流举措不仅促进了我国文化的广泛传播，也加强了我国与其他国家的文化交流与互鉴。孔子学院作为推动中文学习的重要平台，为国际学生提供了更多学习中文的机会，进一步扩大了我国文化的国际影响力。这种文化交流不仅有助于国际社会更好地了解和尊重中国的文化传统，也为国际社会的文明互鉴注入了新的活力。

在全球治理中，我国的参与不仅体现在国际组织的合作中，更包括

了推动全球教育合作的多边机制。中国在联合国教科文组织2030年教育高级别指导委员会的成员身份下，为全球教育议程的制定和实施提供了宝贵的经验和智慧。同时，我国与金砖国家、亚太经合组织、上海合作组织等合作机制的深入推进，加强了与不同地区国家的交流与合作。这不仅有助于我国在全球事务中发挥更大作用，也为构建一个更加公正、平等、互利共赢的全球治理体系贡献了力量。

在国际援助方面，我国通过向发展中国家提供支持和帮助，不仅提升了我国在全球的形象，也为其他国家的教育事业注入了积极因素。在疫情防控期间，我国通过对外援助的形式向一些国家提供了急需的医疗物资和防疫经验，为全球抗疫斗争做出了贡献。这种国际合作不仅在教育领域增进了我国的软实力，同时也促进了国际社会更好地协同应对全球性挑战。

总体而言，我国在全球治理参与与共享方面取得了显著的进展。通过积极参与多边机制、国际组织，分享经验、提供援助，我国不仅提升了在全球教育领域的国际地位，也为构建一个更加平等、公正、合作共赢的全球治理格局贡献了自己的力量。未来，我国将继续深化与各国的教育合作，推动全球教育事业的繁荣与共享，为构建人类命运共同体贡献更多的智慧和力量。

（二）我国教育的世界认可

改革开放40多年来，我国在以习近平同志为核心的党中央正确领导下，取得了在国际上广泛认可的辉煌成就。这一系列成就主要体现：教育机会的扩大和公平程度的提高、教育质量和人才培养质量的不断提升以及教育治理体系和治理能力现代化取得的重大进展。

1. 教育机会的扩大和公平程度的提高

教育机会的扩大是我国教育事业取得的显著进步之一。在社会流动的重要途径中，教育被认为是推动社会公平和个体成就的关键因素。在习近平同志的领导下，我国通过一系列有力的措施，全面推进教育机会的扩大和公平程度的提高。其中，完善教育体系是重要一环，通过强化义务教育均衡发展、巩固高中阶段教育普及、大力发展职业教育，教育的普及程度不断提升。这一系列措施在全国范围内推动了教育资源的均衡分布，确保更多学子能够享有优质的教育资源，从而增加了各个群体

接受高质量教育的机会。

具体而言，义务教育均衡发展的推动使得城乡和不同地区的教育差距逐渐缩小。城市和农村之间、沿海和内陆地区之间的教育资源分配更加均衡，让更多的农村学生有机会接受优质的教育。高中阶段教育的普及也为更多的学生提供了继续深造的机会，进一步促进了教育公平。此外，对职业教育的大力发展使得非学术型人才的培养得到更多关注，这对提高整体社会的综合素质和劳动力水平起到了积极的推动作用。

在高等教育领域，内涵式发展的推进更是为学生提供了更为广泛的学科选择和更加丰富的学术资源。我国高校的努力不仅体现在提高学术研究水平上，而且在于积极引进和培养各类人才，包括非学术领域的创新和实践型人才。这不仅提升了高校在国际舞台上的声誉，而且也为学生提供了更加多元化的成长路径，有力地促进了全社会智力资源的优化配置和利用。

在机会均等方面，我国教育强国指数的持续提升是显著的证据。这意味着我国在促进教育机会平等方面的政策和实践取得了显著的成效，得到了全球的认可。这一排名的崛起不仅是教育体制改革的成功体现，更是国家对公平机会的重视和付出努力的结果。

在国际上，这一系列成就和经验在全球范围内获得了广泛的认可。多个国际组织和国家对我国在教育机会扩大和公平程度提高方面的成就表示赞赏。我国在教育公平方面的成功经验，为其他国家提供了可借鉴的经验和启示。与此同时，这也有助于增强我国在国际社会的软实力，为构建人类命运共同体、推动全球教育事业的繁荣与进步贡献了积极力量。

在未来，我国将继续致力于教育机会的扩大和公平程度的提高。通过进一步改革和创新，不断完善教育体系，促进各个层次的教育资源更好地均衡分配，以确保每一个人都能享受到公平的教育机会。这将进一步巩固我国在国际上的教育领域的领先地位，为构建更加公正和平等的国际社会贡献中国智慧和力量。

2. 教育质量和人才培养质量的不断提升

在改革开放四十余载的历程中，我国教育和人才培养事业取得了举世瞩目的成就，正稳步迈向教育强国的行列。这一成功不仅体现在基础

教育阶段学生成绩的卓越表现，而且体现在高等教育国际影响力的显著增强。

我国的基础教育一直处于国际领先地位，这不仅是对我国教育水平的肯定，也充分证明了我们在培养优秀人才方面取得的成就。学生成绩的杰出表现不仅反映了教育质量的提升，同时也是对教育制度、教育管理、教师水平等多方面工作的肯定。在基础教育领域，我国学生在国际评估如PISA中表现卓越，这不仅是对我国学生学科综合素质的高度认可，也展示了我国基础教育在全球范围内的竞争力。这种卓越表现反映了我国在教育内容、教育方法以及学科设置等方面不断进行创新和改进。

与此同时，我国高等教育的实力正逐渐崛起，其全球影响力持续攀升。2017年，在多个权威世界大学排名中，我国进入前200名的高校数量稳步增加，已经跃升至全球第6位。这一趋势充分展示了中国高等教育在国际舞台上的竞争力。一方面，标志着我国顶尖高校在学术研究与人才培养质量方面得到了广泛认可；另一方面，也表明中国高等教育资源整体实力和国际化程度正在稳步提升。随着教学资源的持续优化和升级，中国高校的国际声誉和全球竞争力必将迎来新的飞跃。

这种提升的关键在于我国高等教育不断深化改革和创新发展。通过创新人才培养模式、注重培养学生的创新能力、实践能力和团队协作能力，高校正努力提升人才培养质量。同时，加快构建世界一流大学和优势学科的战略举措，进一步推动了我国高等教育整体实力的提升。此外，教育信息化的持续推进也为教学资源的广泛传播和便捷获取提供了有力支持。

除了教育质量的显著提升外，我国在科研领域也取得了令人瞩目的成就。科研实力的不断增强不仅体现在高水平科研机构的涌现上，更在于科研成果的丰硕产出。我国科学家在全球高被引科学家中的占比逐年攀升，2020年已位居全球第二，仅次于美国。这一成就充分证明了我国科研水平的国际认可度以及在国际科研舞台上的重要地位。

同时，我国在成果转化能力方面也有了显著的提升。科技创新为经济高质量发展提供了强大的动力。高水平科研成果的成功转化，推动了产业的升级和经济的快速发展。这种整体实力的提升不仅对国家的科技创新起到了积极的支撑作用，也为全球科技发展贡献了中国智慧和

力量。

在国际上，我国在教育质量和人才培养质量方面的成就得到了广泛的赞誉。多个国际组织和国家对我国在基础教育和高等教育领域的卓越表现表示了高度认可。我国在培养高素质人才、提升学科综合素质方面的成功经验也为其他国家提供了有益的借鉴和启示。这种国际认可不仅加强了我国在教育领域的国际地位，也为更深层次的国际合作奠定了坚实基础。

在未来，我国将继续致力于提高教育质量和人才培养质量。通过深化教育改革，加大对高水平科研机构和项目的支持，推动更多创新成果的转化，将更多的高水平人才输送到社会各个领域。同时，加强与国际科研机构和高校的合作，吸引更多国际学术精英来华工作，促进全球高等教育和科研水平的共同提升。

总体而言，我国在教育质量和人才培养方面取得的成就为国家的繁荣和进步奠定了坚实基础。这也是对全球教育事业的积极贡献，为构建人类命运共同体、推动全球教育的繁荣与进步贡献了中国的力量。在未来的发展中，我国将继续引领全球教育的创新与发展，为构建更加美好的未来作出更大的贡献。

3. 教育治理体系和治理能力现代化取得重大进展

自新中国成立以来，我国在教育治理体系和治理能力方面取得了令人瞩目的重大进展。在以习近平同志为核心的党中央正确领导下，教育管理体制得到不断完善，教育法治建设不断深化，决策科学民主，教育治理能力持续增强。这一系列的变革和提升在国际上得到了积极的评价，充分展现了我国教育治理的智慧和成熟。

我国教育管理体制在长期的实践中逐渐形成并不断得到改善。为了适应国情，我国建立了完善的教育管理体制，确保教育资源的有效配置和教育事业的稳步发展。教育部门在中央和地方层面形成合理的层级结构，使得教育政策能够更加精准地贯彻和执行。

在法治建设方面，我国教育系统也取得了显著的进展。通过不断完善教育法规和政策，确保教育工作在法治轨道上稳步推进。法治思维在教育决策和管理中得到更为充分的体现，使教育工作更加规范和有序，这也有助于增强全社会对教育工作的信心和认可。

教育决策的科学民主是我国教育治理体系中的重要特点。在决策层面，充分吸纳各方面的智慧和意见，使教育政策更具包容性和代表性。决策的科学性保证了教育事业能够更好地适应社会变革和经济发展的需求，为教育体系的稳健发展提供了坚实基础。

在习近平新时代中国特色社会主义思想的指导下，我国深化了教育体制机制改革，形成了更加完善的治理格局。这体现在加强教育系统内部管理，提高管理效能，推动教育资源的优化配置，确保各级教育机构更好地履行职责，服务社会发展。

这一系列的改革和完善在国际上得到了充分的认可。我国教育治理的智慧与成熟在国际舞台上展现出独特的魅力。其他国家纷纷借鉴我国教育治理的经验，将其作为一种成功的参考模式。这也进一步提升了我国在国际教育领域的声誉，为我国教育事业在全球范围内的推广创造了有利条件。

在全球化的背景下，我国教育对外开放的进程不断拓展，为构建人类命运共同体作出了重要贡献。坚持教育合作共赢，推动文明交流互鉴，我国将国内国际两个大局统筹谋划，深化教育全球互联互通。

共建“一带一路”教育行动是我国积极拓展国际合作的重要举措。通过支持发展中国家脱贫攻坚和教育事业发展，我国成为其在全球范围内重要的教育合作伙伴。这一行动不仅提升了我国在国际教育事业中的地位，也为发展中国家提供了更多接触世界先进教育理念和资源的机会。

特别是在疫情防控期间，我国及时向有关国家提供抗疫物资和防疫经验，展现了负责任大国的形象。这种国际合作不仅在教育领域树立了我国的形象，也在全球卫生事业中贡献了积极力量。这些开放合作举措得到了高度评价，为我国教育在国际上的地位和影响力提供了有力支撑。

在未来，我国将继续致力于深化教育治理体系和提升治理能力现代化水平。通过加强制度建设、推动信息技术与教育深度融合、培养更多高水平的教育管理人才等多种途径，进一步提升教育治理的现代化水平。同时，积极参与全球教育治理，分享我国教育的成功经验，为构建人类命运共同体、推动全球教育事业的繁荣与进步贡献更大的力量。

总体而言，我国在教育治理体系和治理能力方面的重大进展不仅是我国教育事业取得的重要成就，也是对全球教育领域的积极贡献。这为

我国在国际上树立更加崇高的形象、为全球构建更加公正与和谐的教育格局提供了强有力的支持。在未来的发展中，我国将继续引领全球教育治理的创新与发展，为构建更加美好的未来贡献更大的智慧和力量。

（三）我国教育对人类未来的意义

教育是一个国家、一个民族发展的基石，也是整个人类社会进步的引擎。我国作为一个拥有五千多年文明历史的国家，其教育体系早已深深融入国家的发展。在未来，我国教育将继续扮演着不可替代的重要角色，对人类未来产生深远而积极的意义。

1. 传承中华文明，促进人类文明的多元发展

中国的教育在人类未来的首要作用，主要表现在传承中华文明这一根本任务上。中华文明是一个悠久而丰富的文化体系，包含了儒家、道家、佛家等多元的思想体系，以及在文学、艺术、医学等领域的深刻知识。这些传统文化既是中国人民的文化基因，也是世界文明的瑰宝。

教育在这一方面的作用是通过系统的学科设置、深度的文化传承，使更多的人能够理解、尊重并继承中华文明。这不仅有助于保护和弘扬中国独特的文化遗产，也对丰富人类文明的多元性产生深远的影响。传承中华文明还能够培养具有国际视野的人才，使他们能够更好地融入世界，为人类文明的多元繁荣做出贡献。

通过深入研究中华文明的思想、哲学、艺术等方面的内容，学生们能够领略中国古代文明的博大精深。儒家思想强调的礼义廉耻，道家的追求道和自然的思想，佛家的慈悲与解脱观念等，都为学生提供了不同的思考方式和生活态度。通过对中国传统文学、绘画、音乐等艺术形式的学习，学生能够感受到中国人民对美的独特追求，这不仅有助于培养审美情感，也为全球艺术的发展贡献了中国的独特智慧。医学领域的中医药文化也是中华文明的重要组成部分，通过对其传承和发扬，有助于促进全球医学的进步。

这一系列的文化传承不仅是对过去文化的继承，更是为了将这份丰厚的文化遗产传递给后代。这有助于弘扬中华文化的独特魅力，同时也为人类文明的多元发展注入了新的活力。在推动中华文明的同时，中国也在共同构建一个更加和谐、包容的世界，为人类共同繁荣和进步作出了积极的贡献。

2. 提升国际竞争力，为全球问题提供中国方案

随着全球化的深入发展，国际竞争愈发激烈。在这一背景下，我国教育的另一个重要使命便是提升国际竞争力，为全球性挑战贡献中国方案。培养高素质的人才，使他们具备创新能力、跨文化交流能力和解决复杂问题的能力，为我国在国际事务中赢得更多话语权提供坚实支持。

中国的高等教育正在逐步跻身世界一流水平，越来越多的优秀人才在国际舞台上崭露头角。这有助于构建更为平等和包容的国际秩序，推动全球治理体系朝着更为合理的方向发展。在全球性问题面前，我国培养的优秀人才将为找到解决方案提供新的视角和路径，为人类未来的可持续发展贡献力量。

教育的国际化是提升国际竞争力的关键一环。我国的教育体系应当更加注重培养学生的跨文化沟通能力和国际合作精神。通过国际交流项目、海外留学等途径，学生能够更好地了解不同文化、历史和社会体制，使他们具备更全面的国际视野。这有助于打破文化隔阂，促进全球范围内的相互理解和合作。

在全球性问题面前，尤其是在气候变化、贫困、公共卫生等领域，我国培养的人才正积极提供创新性的解决方案。这些中国方案不仅在国内取得成功，更是面向全球，为全人类寻找可持续的发展道路。通过国际合作与交流，我国的教育体系能够更好地融入全球治理格局，为解决全球性问题贡献中国智慧和力量。

3. 推动科技创新，引领人类文明的前沿

未来的人类社会将更加依赖科技创新来解决全球性问题，而我国的教育在这一方面发挥着至关重要的作用。随着科技水平的不断提升，我国已经在多个领域取得了显著的成就。为了保持这种领先地位，教育成为关键推动力。

在迎接未来的挑战中，推动创新教育是至关重要的。这需要培养学生具备前瞻性思维和跨学科的综合能力，使他们能够在人工智能、生物技术、环境科学等前沿领域发挥引领作用。创新教育的目标不仅仅是为了我国的可持续发展，更是为了为全球社会的进步提供新的动力和可能性。因此，我国的教育体系需要更加注重培养学生的创新思维和实践能力，以使他们更好地适应科技快速发展的社会环境。

创新并不仅限于科学技术领域，还包括社会制度、管理模式等方方面面。教育的目标应该是引导学生具备跨学科思维，鼓励他们在面对未知挑战时勇于创新。通过创新教育，我们能够培养更多具备创造力和创新能力的人才，推动整个人类社会向更高质量发展。

在创新教育的理念下，学生应该被鼓励不断提出问题、寻找解决方案，并勇于接受失败与挑战。培养学生的团队协作能力，让他们在协同创新的过程中相互启发，不仅有助于解决复杂问题，也促进了个体的全面发展。

同时，科技创新也需要具备良好道德的人才。因此，教育体系应该注重培养学生的社会责任感，让他们明白创新应该服务于社会的发展和人类福祉。通过教育，我们可以塑造一代有担当、有创新精神的人才，为人类社会的可持续发展和文明进步注入源源不断的动力。

4. 培养全球视野，推动构建人类命运共同体

构建人类命运共同体是当代中国对全球治理的新理念，而教育是实现这一目标的关键途径之一。中国的教育应当致力于培养具有全球视野的人才，使他们具备理解和尊重不同文化、习惯和观念的能力，更好地与来自不同国家和地区的人进行合作。

为实现这一目标，教育体系应当更加强调国际化和跨文化交流。通过开展国际交流与合作项目，学生能够全面接触和理解不同国家和文化的多样性，拓宽自己的视野。鼓励学生参与国际性组织和活动，为他们提供更广阔的舞台，使其在跨文化的环境中培养出与世界各地人士合作的能力。这种国际化的经验不仅增强了学生的综合素质，也为他们在全球事务中更好地发挥作用奠定了基础。

通过多元化的教学内容，将国际视野融入课程体系，使学生能够更深入地了解全球性问题，认识到各国在共同发展中的关联性。这种教育理念不仅仅关注知识的传授，更注重培养学生的国际竞争力和跨文化沟通能力，使他们在全球化时代更好地适应和融入国际社会。

在培养全球视野的过程中，强调文化多样性的尊重和理解，帮助学生形成包容的思维方式。通过深入研究各国文明、历史、艺术等领域，培养学生对不同文化的欣赏与尊重，使他们在跨文化交流中更具包容性。这种教育理念不仅有助于减少文化隔阂，还能够为国际关系的和平、合

作、共赢奠定基础。

综上所述，中国的教育体系应当通过国际化和跨文化交流，培养具有全球视野的人才，为构建人类命运共同体提供积极力量。这样的人才将在全球事务中发挥更大的作用，推动国际社会更加和平、稳定、繁荣地向前发展。

5. 弘扬社会主义核心价值观，推动人类文明的共同进步

中国特有的社会主义核心价值观，承载着中华文明的博大精深，对人类文明的未来具有积极引领的意义。中国的教育追求的目标是致力于弘扬这一价值观，通过塑造学生的人生观、价值观和世界观，引导他们成为全面发展的社会主义新时代的建设者和接班人。

社会主义核心价值观所倡导的平等、公正、诚信、友善等理念，不仅是构建和谐社会的重要基石，也为推动人类文明的共同进步提供了宝贵的精神财富。在教育领域，我们可以通过多层次、全方位的方式，培养学生的社会责任感和公民意识。这不仅仅是知识的传递，更是对学生思想观念、道德水平的全面培养。

为了实现这一目标，教育体系应当精心设计课程设置、注重校园文化的塑造等，在其中注入社会主义核心价值观的理念。通过培养学生对祖国的深厚感情，激发他们的爱国主义情怀，引导他们在成长过程中树立正确的人生观。同时，注重培养学生的社会责任感，使他们在未来社会中不仅关注个体发展，更注重集体荣辱，以更为积极的态度参与社会建设。

社会主义核心价值观的引领下，中国的教育将注重团队协作和共建共享的理念。通过强调集体主义精神，培养学生的协作与沟通能力，使其具备更强的团队协作精神。这有助于培养出更具社会责任感和创新能力的未来人才，他们将在共同奋斗中推动人类文明迈向更为进步、文明、和谐的方向。

综上所述，中国的教育体系在弘扬社会主义核心价值观的过程中，致力于培养具有全面素质的学生，使其成为推动人类文明共同进步的积极参与者和引领者。这一目标不仅服务于国家的长远发展，更为全球文明的和谐发展做出了积极贡献。

在未来，我国教育将继续扮演着对人类文明发展至关重要的角色。

通过传承中华文明、提升国际竞争力、推动科技创新、培养全球视野、弘扬社会主义核心价值观等方面的努力，我国教育将对构建人类命运共同体、推动人类文明的共同进步产生深远而积极的影响。这不仅是对中国自身发展的要求，更是对全球可持续发展的重要贡献。

第三章

教育强国的特征研究

所谓教育强国，既是指国家教育事业发展水平的状态和程度彰显着教育内部自生能量的增强和教育外部支撑能量的增大，又是指通过教育自身能量的持续强大促使国家的繁荣强盛。从教育的整体性来看，包括基础教育、高等教育、职业教育、终身教育等不同类别和领域，而且包括各个市县乡村，乃至社区教育等不同区域和地域。从教育的系统性来看，包含着高质量教育体系的全面形成、教育支撑国家发展能力全面有力、教育国际影响和地位全面提升，以及人民群众对教育满意度显著提高等各个方面。教育整体和系统的强大，客观上需要有强大的教育综合实力、教育创新能力、完善的教育治理体系，强大的教育治理能力、适切性强的教育服务引领能力、高水平的教育国际化程度，以及可持续的教育发展潜力等支撑要素和条件，总体来说，这也是普遍意义上教育强国的特征。

第一节　普遍意义上的教育强国特征

一　强大的教育综合实力

国家教育综合实力主要体现在教育发展的平衡与充分，一是保障公平且优质的教育，国家出台相关政策保障教育公平，教育投入充足，支持教育优先发展。二是形成全面高质量、充满活力的教育体系，各级各类教育协调发展，高等教育实力雄厚，职业教育、继续教育得到高度重视，终身教育、终身学习体系健全。不同学段教育之间的相互衔接、普通教育与职业教育之间的融合互通、国民教育体系与终身教育体系之间

的相互衔接。三是高质量的教师队伍赋能教育的高质量发展。

（一）发展公平且优质的教育

一是国家政策保障教育公平。教育公平是人类社会的共同追求，是社会公平的基础，是衡量一个国家文明水平的重要标志，也是建设教育强国的首要任务。世界各教育强国纷纷出台相关政策保障国家教育公平。以美国为例，在教育机会公平、资源分配公平和教育结果公平方面，美国尝试了择校、学券制、特许学校、财政改革、师资标准改革、补偿教育、志愿性国家课程标准、标准化测试、问责制相关改革措施。芬兰政府通过出台一系列政策和投入充足教育经费改善办学条件，优化教育资源配置，促进教育公平。如《义务教育法》（Compulsory Education Act）、普及免费的义务教育、为儿童提供平等入学机会。《综合学校法》（Comprehensive School Act），保障特殊学生同等享有优质教育的权利。新《义务教育法》全面实现教育公平。

二是教育财政投入充足，支持教育优先发展。一国的教育投入水平直接影响其进步和繁荣，高水平的教育投入有助于形成可持续发展的国民教育体系，使其有能力应对复杂挑战。国家的教育投入是其在全球竞争力的表现因素之一，OECD（经济合作与发展组织）、世界银行等国际组织将各国的教育投入水平作为其教育评估体系中的重要维度之一，致力于对教育投入及其结果的评估。教育投入也是教育质量的重要保障，是补偿弱势群体、缩小学校差异的关键举措。经合组织数据表明，2019年澳大利亚教育经费支出占国内生产总值的6.1%，居世界教育强国第六位。澳大利亚在为各教育阶段提供完备、有差别的资金支持，为教育高质量发展提供充足的物质保障的同时，保障每个人都有机会享受优质教育。芬兰教育与文化部公布的官方数据显示，2021年芬兰用于常规教育系统的财政支出达到129.94亿欧元。根据OECD的《各国教育概观》（Education at a Glance），2019年OECD国家小学至高等教育投入平均占GDP的4.9%，芬兰教育投入占GDP的5.2%；OECD国家生均支出为11990美元，芬兰为12732美元。芬兰用于教育6—15岁学生的累计支出为126777美元，远高于OECD国家105500美元的平均水平。

（二）构建完备、多样、互通的高质量教育体系

综观世界教育强国，其共同特征之一就是建立起从学前教育到高等

教育的完备教育体系，注重提升全民素质，不断优化劳动力素质结构。在建立完备教育体系的基础上，许多国家在各教育阶段设置了多种类型的学校，以满足国民多样化的教育需求，提高教育的国民满意度。例如，英国的学前教育机构主要有四种类型：普惠性的儿童中心、为儿童及其家庭提供保教、健康管理、信息咨询和育儿培训等一站式服务。家庭保姆式机构，其居家式环境有利于帮助低龄段儿童更快适应保教活动，而且可以为家长提供更为灵活机动的早期教育服务时间甚至根据家长的需求提供个性化服务。专门的幼儿园和托儿所，专注于儿童早期的保育和教育。小学附设的学前班，方便儿童在居所附近获得学位，并且有助于儿童更好地适应小学学习。以色列义务阶段学校分为四种不同的轨道：公立世俗犹太人学校、公立宗教犹太人学校、极端正统犹太教学校和阿拉伯（含德鲁兹）学校。还有一些私立学校，主要满足特定群体的需求，如有基于家长需求的民主学校或基于其他国家课程的国际学校。美国高中的类型也呈多样化趋势，包括综合高中、学术性中学、职业中学、磁石学校、选择性学校等，其中综合高中占大部分，综合高中内部又有普通科、职业科、学术科的专业分化，为学生个性、创造力、独立思维、专业能力的发展提供平台。除了建立完备及多样化的教育体系，各级各类互通衔接的教育体系，也是重要的特征。如澳大利亚国家资历框架涵盖了基础教育、高等教育、职业教育和培训的 10 个资历层级和 14 种资历类型，其中高中毕业证书不纳入资历级别。通过明确的资历标准、灵活的资历转换路径与多样的资历衔接方式，支持各级各类教育的互通衔接。

（三）高素质教师队伍赋能教育高质量发展

教师队伍是教育强国的硬实力，强国必先强师。世界各国的教育发展始终将教师队伍建设作为重要内容。例如，德国和法国是世界上较早建立专门师范教育和实行教师专业化的国家。德国教师教育主要由研究型大学承担，成绩优秀的文理中学毕业生才能选择教师教育专业；法国要求只有经过 3 年高等教育并获得学士学位的毕业生才能报考师范学院；2011 年，加拿大教师教育机构提出构建“学习型社会，强化教师教育创新”的目标，提出“推行卓越教师教育”计划；芬兰教育成功的最重要经验之一是教师的专业化成长和发展。

另外，从世界范围来看，各国为增强本国竞争力，首先关注的是优

化教师队伍结构、提高教师队伍质量。为了从源头上保证教师队伍的质量，各国通过提升教师学历门槛、提高入学选拔标准等方式，选择与保障从事中小学教师职业的优秀生源。例如，芬兰要求中小学教师都要接受研究生教育，法国教师资格考试的基本学历要求是教育硕士。为了加强职前教师的实践学习经验，各国对教师教育实践模式进行了改革与创新。例如，法国开发了循序渐进的实习模式。将硕士两年的教学实习分为观察实习、陪伴实习和责任实习三类，以提升“准教师”的教学能力。为了引领教师终身专业发展，明确不同发展阶段的目标和路径，各教育强国出台了教师专业标准和发展框架。《澳大利亚教师专业标准》对教师专业水平进行了纵向和横向的划分。英国教育部发布《世界一流教师发展方案》，根据教师职业发展阶段及岗位将教师划分为四个类别，针对每类教师的不同需要，安排相应的发展框架与培训内容，致力于打造贯穿教师生涯全过程的专业发展“金线”。

二 强大的教育创新能力

世界教育强国大多是在继承本国教育传统和教育理论的基础上，结合本国政治、经济、文化特点而进行教育理念、教育政策、教育制度上的创新且教育体制机制灵活，能够主动适应经济社会的变化且不断实现自身的更新变革。

（一）先进的教育理念

教育发展总是伴随着特定的教育理念引导，教育理念的发展既有赖于教育科学自身的发展，更离不开其置身的经济社会发展水平。教育理念体现了教育的价值取向和理想追求，是教育改革发展的重要价值引领和实践导向。教育改革首先是教育理念的创新，教育强国首先强在创新的教育观念和先进的办学理念。教育强国建设要有先进的教育理念为指导。综观英国、法国、德国、美国等世界教育强国的诞生与发展，均是在符合其国情的先进教育理念的推动下，逐步奠定世界教育强国的地位。

英国的科学主义理念。17 世纪，欧洲建立了以开普勒、伽利略、牛顿为代表的近代自然科学体系，确立了知识在教育中的地位，促进了教育内容的科学化和教学方法的科学化。英国教育家斯宾塞提出“科学知识最有价值”，主张以科学知识为中心，以科学教育代替古典主义教育，

对冲破古典教育传统的禁锢发挥了重要作用，同时，对欧美其他国家产生深刻影响，极大地推动了科学教育的发展。

法国的理性主义教育理念。以伏尔泰、孟德斯鸠和卢梭为代表，法国理性主义教育理念反对教会和君主专制，提倡天赋人权，认为人生来就是平等和自由的。理性主义教育理念深信教育的力量，要求发展受教育者的理解力、判断力，培育了具有现代意义的科学研究精神，奠定了法国科学教育和工程教育强国的基石。

德国的国家主义教育理念。19 世纪初，以费希特为代表的德国教育学者提出教育应普及国民，认为国家统一和复兴的唯一希望在于发展文化教育事业，提高国民的精神力量。施泰因、洪堡等教育学者大力推进统一学校运动和高等教育改革运动，促进了德意志国家教育体制的形成，将教育发展与国家统一强大紧密结合，最终改变了欧洲的格局。

美国的进步主义教育理念。20 世纪初，美国通过制定和实施国家教育战略，提升国家战略竞争力。美国教育的理论根基源自美国本土产生的实用主义哲学，以进步主义教育为特色，反映了当时美国资本主义发展必须发展职业教育、高等教育、促进生产发展的时代需求，逐步推动美国成为世界第一教育强国。

（二）教育政策和制度创新

政策导向和制度创新是国家提升教育创新能力的基础。以色列是全球最具创新活力的国家之一，并享有“创新国度”的美誉。在 2020 年“全球创新指数”排名中，以色列“创新关联”位居全球第一，其中的“高校与产业合作”“产业集群发展情况”等指标均处于世界领先水平。对以色列的创新发展进行考察，可以看到教育对创新的支撑作用。与其他国家相比，以色列的特点就是注重营造创新创业环境和注重创新创业人才教育。以色列通过加强制度支持和管理服务营造了教育与创新创业融合的浓厚氛围。在制度支持方面，通过在相关经济和科技政策与法规中制定鼓励自主创新的条文和具体措施，促进高校和行业领域的技术创新和成果转化。如出台《资本投资鼓励法》《工业研究与发展促进法》《国家民用研究与发展理事会法》《专利法》《以色列科学院法》《2000—2010 年生物技术产业规划》《纳米技术：以色列的国家战略》等。

（三）信息技术在教育中的创新应用

信息技术在教育领域的广泛应用加速了教育强国的崛起。美国总统克林顿在 1993 年提出信息高速公路后，美国的教育即进入教育信息化时代。1998 年，美国前副总统戈尔提出“数字地球”概念。2008 年，美国 IBM（International Business Machines Corporation，国际商业机器公司）总裁兼首席执行官彭明盛提出“智慧地球”概念，催生数字教育、智慧教育等教育信息化发展新方向，并对教育教学带来革命性冲击和影响。现阶段，教育信息化已经成为世界各国教育竞争的主赛道。2017 年 9 月，法国开启为学生全面配备可移动数字化学习设备的计划，旨在构建智能化教与学环境，推进基础设施建设与信息化教育装备水平。2021 年，法国推出“教育数字领地”项目，对教师和学生家庭的数字设备、教育内容和培训系统进行全方位部署。当前，席卷全球的教育数字化转型浪潮仍在延续和深化，新一代信息技术对教育的影响特别是以 ChatGPT 为代表的人工智能深刻影响并将决定未来教育强国的基本特征。

（四）教育体制机制灵活，助推人力资源数量与质量

灵活的教育体制机制是世界各教育强国典型的特征。灵活的教育体制机制对整个国家的人力资源水平及人力资源质量的提升有着深远的影响。在人力资源数量方面，教育强国注重普及教育，努力提高国民受教育的整体水平。教育可以给更多人提供接受教育的机会，推动人力资源的数量不断增加，为国家的发展提供更多的人才储备。在人力资源的质量提升方面，教育系统通过科学、灵活的课程设置和教学方法，培养学生全面发展的能力，为未来的职业发展打下坚实的基础。优质的教育可以提升人力资源的素质，培养出更多具有创新能力、批判性思维和解决问题能力的人才，为国家的创新和发展提供有力支持。

以美国为例，美国重视早期英才教育，为天才儿童发展提供通道。1958 年，《国防教育法》颁布后，美国开始实施一项“最优秀、最聪明”人才的引进和教育计划，旨在培养新一代科学和工程方面的领军人物。之后的各个时期，美国都有关于精英教育的法案、项目、计划出台。“1988 年，首部针对英才教育的法律诞生，美国国会在《初等和中等教育法》中增加了《天才与有才能学生教育法》”，为英才教育提供法律和物质保障。2015 年，《让每个学生成功》为英才教育提供了新的发展契机。

“从某种程度上来说，20 世纪美国的强势崛起乃至称霸全球，与其英才教育战略的成功实施密不可分。”综观美国早期英才教育的发展，大致采取了以下举措：一是灵活、多样化的人才甄别与选拔；二是提供适合的学习模式；三是加强英才教育师资培养。

三 完善的教育治理体系及强大的教育治理能力

教育治理是国家治理体系的重要组成部分。完备的教育治理体系，强大的教育治理能力的构建体现教育强国建设基本特征。

教育治理体系是由一系列教育政策、实践、组织机构和制度等组成的完整体系，旨在促进教育工作的有效实施，保障教育质量的有效提高，实现教育发展的高效进步。教育治理体系的完善能够提升教育质量、确保教育工作的有效实施和教育事业的可持续发展和教育体系的运行。

教育治理能力是教育高质量发展的核心。教育管理者对教育机构的管理思路决定了教育组织的发展方向及发展样态。强大的教育治理能力能对教育强国建设起到更加关键的作用。目前以美国、澳大利亚、加拿大、新加坡、以色列、芬兰、德国和荷兰等国家为代表的世界教育强国，在教育治理体系和治理能力方面都有着显著特征。

（一）教育治理体系完善

教育治理体系的基本结构可概括为“上层政策 + 中层组织 + 下层实践”[①]。上层政策以法律、政策出台为基础；中层组织则是政府部门、学校管理机构和个人等，负责组织实施教育政策，促进教育发展；下层实践是指教育者和受教育者共同实施或接受的教育行为，包括教学实践、管理实践、社会实践等。这三个层面相互联系、互相协调。根据目前世界对教育强国的相关分析，世界上的教育强国在建设和发展过程中就上层政策方面有如下特征。

1. 教育法治系统完备

国家教育立法要求覆盖全面、惠及全体公民，注重全面发展，注重公平与质量。普世意义上的教育强国注重终身教育、早期教育、精英教育、职业教育、劳动教育等。教育强国具有完备终身教育体系。以美国

---

① 孙绵涛：《现代教育治理体系的概念、要素及结构探析》，《教书育人》2016 年第 10 期。

为例，国家层面颁布有关终身教育的重大法律有三部，分别为《终身学习法》《美国2000年教育目标法》及*No Child Left Behind Act*。《终身学习法》详细阐述了终身学习产生的原因和特点，规定了终身学习的范围及终身学习的活动内容。《美国2000年教育目标法》对从儿童到成人的所有教育都提出了相应的要求，强调基础教育培养儿童继续学习的能力，重视对教师的继续教育，确定了教育与训练在美国未来发展中的关键角色，并表明了联邦政府为完成目标的决心与魄力。《美国2000年教育目标法》更加提出要保证每个18岁青年都能进大学学习、获得终身受教育的机会。其次，教育强国重视早期教育以及精英教育，为天才儿童发展提供通道。

在职业教育方面，澳大利亚、德国、英国等教育强国极具代表性。三国中以澳大利亚的职业教育政策与法律最具有代表性。澳大利亚关于职业教育的立法特征主要在于其整全性，其立法能够不断调整适应时代需要，既具体又全面。具体是指每种法律都针对某个职业教育与培训问题，全面是指其涉及了职业教育乃至与之相关的各个领域。澳大利亚政府出台的《马丁报告》《坎甘报告》致力于高等教育学院、TAFE学院等学院组织的建立；《培训保障法》解决的是职业教育与培训经费的投入问题。在法律颁布之后，澳大利亚能够对教育法律进行补充完善，对现存教育法律多次进行修订，且立法过程结合社会背景，反映当时社会劳动力的需求，解决了社会实际问题，促进了本国职业教育与培训的有效开展。

教育强国关注劳动教育立法。芬兰的劳动教育历史悠久，是世界上第一个以法律形式将劳动教育纳入国民教育体系的国家，确立并始终坚持以培养学生的劳动能力和生存能力为教育目标。芬兰于1998年颁布的《基础教育法》中将教授儿童生活所需的基本知识和技能，培养儿童自主学习的能力作为培养目标。自2021年秋季，芬兰将义务教育的年限延长至12年，年龄延长至18岁，这也为劳动教育立法的推进提供坚实的基础。

2. 中层组织实施教育政策

教育强国保障教育立法的推进和实施。在教育政策出台后，国家通过政府部门、教育集团、组织机构等实施推进。以美国终身教育立

法为例，相关条款出台后，美国议会设立终身学习委员会、各州和地方政府设立终身教育处、联邦设立终身教育局等具有代表性的管理机构，并建立了政府财政拨款、企业捐赠、地方财政税收、奖学金以及基金会等多元化的经费保障机制。这些机构落实教育立法的法律条文的相关规定，执行政策法律要求并维护法律地位，保障教育立法的推行。

教育强国为推行教育政策和立法建立系统规范的组织建构。以美国戴维瑞教育集团为例，作为美国最早公开且规模最大的营利性高等教育机构之一，该教育集团依照美国教育立法的相关规定，采用现代企业制度运行教育集团，构建相对完善的内部治理体系，“通过制定规章条例，界定董事会及各委员会的成员构成、职责及其与股东会、管理层之间的互动关系并采取有针对性的激励措施减少集团内部的委托代理问题，从而在制度上保障了集团的有序、高效运行”[①]。教育集团的建设和发展在相当大的程度上促进了教育政策的有效实施，并在组织机构设置、董事成员选拔、规章条例制定、激励机制建立等方面提供国际参照。

3. 下层实践落实教育政策

教育强国的建设本质上是通过教育更好地培养适应社会发展的人，通过学校教育为学生升学或进入职场做准备。为达到这一目的，世界上教育强国更加注重各阶段教育质量的提升。在培养学生的综合素养方面，以美国为例，美国教师和学生具有超强的规划意识，学校、教师和学生自主制订年计划、月计划和周计划。走班制将“选课权”交给学生，锻炼学生自我规划和自我教育能力。不同功能的教室设置、多样化的课程设置，以及学科整合和大课形式，都提高了学生动手实践和沟通交流能力。在职业教育落实层面，德国采用“双元制”的教育模式[②]。企业与学校紧密结合，让学生在企业和学校两个环境中学习与实践，实现理论与

① 陈春梅、石猛、陈涛：《美国戴维瑞教育集团的内部治理体系及其启示》，《黑龙江高教研究》2023 年第 11 期。

② 王丹亚：《德国“双元制”对我国高职现代学徒制模式的启示》，《现代商贸工业》2024 年第 3 期。

实践的有机结合。学校借鉴学徒制度，使学生在实习期间不仅能够获得实际工作经验，还能与导师密切互动，接受个性化指导。这种模式在培养技能的同时，注重培养学生的职业素养和工作态度，为产业界输送了高素质人才。

在高等教育治理方面，美国高等教育的治理体系呈现出自主性，即政府实行有限治理，高等院校拥有充分的自主权；政府为高等教育提供有力的财政支持；注重信息化技术与政府高等教育治理的创新性有机融合，以优化高等教育资源配置。与美国相同，英国高等教育的治理也体现自主性。英国政府有限引导，大学具备独立法人资格。除此之外，英国具备健全的高等教育法律体系，具有依法治教理念。英国注重教育发展方面的资金投入与美国的侧重点不同，英国致力于高等教育资源优化配置，破除精英教育理念，建立规模更大、公正、平等的高等教育体系。

（二）教育治理能力现代化显著

教育治理是指国家机关、社会组织、利益群体和公民个体，通过一定的制度安排进行合作互动，共同管理教育公共事务的过程①。教育强国的教育治理能力现代化，是指通过创新教育管理体制和机制，优化教育资源配置，提高教育管理效率，实现教育治理的科学化、民主化和法治化。具体来说，它包括以下几个方面。

（1）管理体制现代化：建立适应时代发展的教育管理体制，明确各级政府和学校的管理职责，实现教育管理的科学化和规范化。

（2）资源配置现代化：优化教育资源分配，提高资源使用效率，确保教育的公平和可持续发展。

（3）决策过程现代化：增强决策的科学性和民主性，广泛吸收社会各界的意见和建议，提高教育决策的质量和公信力。

（4）监督评价现代化：建立健全的教育监督和评价体系，对教育质量和效益进行科学评估，推动教育的持续改进。

---

① 查建国、陈炼：《推进新时代教育治理现代化》，《中国社会科学报》2022 年 8 月 10 日第 1 版。

四　适切性强的教育服务引领能力

服务与引领是教育的核心功能。教育要服务人和经济社会的发展，要体现教育的影响和贡献，更要充分发挥教育在师生、学校、区域、国家乃至人类发展中的引领作用，在政治、经济、社会、文化、生态建设中的灯塔和领航作用。

（一）教育服务引领政治强

高质量的教育可以培养良好的公民责任感和法治观念。这种政治意识的提升有利于构建稳定、成熟的政治环境。通过高水平的政治教育，可以为国家输送具有全球视野、创新能力和服务精神的政治领导人才。政治强国需要确保教育资源的公平分配，让不同地区、不同背景的人们都能接受优质的教育。这有助于减少社会分裂，促进社会公正和均衡发展。教育可以强化国家文化传承与创新，通过国民教育弘扬国家文化、传承爱国主义精神，同时鼓励创新与批判性思维，为政治发展提供文化支撑。教育促进国与国之间的人文交流和教育合作，通过国际化的教育体验，培养国民的国际视野和跨文化沟通能力，提升国家的软实力和国际影响力。教育是塑造国民共识和社会主义核心价值观的重要工具。通过教育服务传递正确的价值观念，形成对国家制度和政策的认同，有利于促进社会秩序和政治稳定。

（二）教育服务引领经济社会强

教育强国与经济社会强国具有内在一致性。一方面，不存在教育强而国家不强的现象。如果只有教育强，但国家不强，表明高水平的教育没有为国家强大提供有效支撑和服务，这样的教育强国本身就是不真实的。另一方面，真正的经济社会强国一定会为强大的教育提供支撑。

教育强国建设是教育与经济社会互动发展的生动实践。一方面，在人类历史长河中，教育始终是社会经济发展的重要动力和基础；另一方面，科技、产业和经济等对教育的需求与影响毋庸置疑。人类社会的每次跨越式发展都会带来教育大变革。在经济快速发展时期，教育事业得以充分发展，教育形成的知识、经验和技能得到重视和广泛应用。以教育在产学研结合中转型发展为例。大学已从最初传授经典知识和高深学问的“象牙塔”转变为服务经济社会、支持学生职业发展的动力源；大

学教育的定位从博雅教育到高深教育再到专业教育，愈加重视面向社会、面向大众和面向现实。例如，第二次世界大战后美国大学的“学术研究—课堂教学—商业咨询—创新创业”成为产学研融合发展的经典模式。以斯坦福大学为代表的新型高校的崛起是大学—政府—企业合作的典范，在产学研结合中诞生了惠普（HP）、雅虎（Yahoo）、谷歌（Google）等世界知名企业，进一步推动了国家经济的大力发展。

（三）教育服务引领科技文化创新发展

一是以教育为基础，推进科技创新发展。通过教育让全体人民掌握基础知识和能力，为科学进步打下坚实的社会基础；通过教育培养创新型专业化科技人才，尤其是高等教育本身把科技创新创造作为重要使命，直接创新创造科技知识。二是以教育为依托，全面提升人才培养质量，建设人力资源强国。教育是从自然人走向社会人，提升全体人民的科学文化素养、提高科技与文化的创新水平和质量的主渠道，是从人口大国走向人力资源强国的基础途径。三是科技强国、人才强国与教育强国存在共生关系。以教育强国建设为基础，全方位支撑科技强国和人才强国建设。科技强国和人才强国建设反过来观照、引领教育强国建设。科技发展、人才涌现必然会对教育的设施、手段、方式，甚至制度产生影响，推进教育理念和模式变革，进而引领和推进教育强国建设。

（四）教育服务引领物质、精神、生态文明协同发展

教育不仅启迪心智，为个人终身学习和发展提供保障，还通过能力培养支撑个人获得稳定的工作和收入，建立和谐的社会关系，推进共同富裕的实现。通过生态文明教育，提高个人的环境认识水平，建立人与自然的和谐共生关系，增强环境保护意识，帮助其在实现自身发展的同时推进生态文明建设。通过课程教学和实践活动，提高学生对生态环境保护的认识，培养尊重自然、保护环境的责任感和紧迫感，使其成为生态文明建设的积极参与者。通过教育体系内的研究和创新活动，推动环境科技的发展，提供解决环境问题的新理念、新技术、新方法，为生态文明建设提供科学支撑。教育不仅使人掌握技术技能、改进生产和生活方式，创造物质财富，还通过潜移默化的影响提升综合素养，推进精神文明建设，为物质文明、精神文明、生态文明协同发展提供保障。

五　高水平的教育国际化程度

教育强国是世界教育的高地，具备世界性的教育吸引力。教育国际化是世界教育强国保持本国教育优势的重要举措，也是其教育影响世界格局的体现。高水平的教育国际化程度主要是指教育对世界教育格局的影响力大、在全球教育治理事务中拥有重要话语权及教育对国际学生的吸引力强。

（一）教育对世界教育格局的影响力大

教育对世界教育格局的影响力是评判一个国家教育强国特征的重要指标之一。教育对世界教育格局的影响力大，主要体现在以下几个方面。

第一，国际引领能力提高。教育强国在教育领域的成就和经验对其他国家产生了积极的示范和引领作用。教育强国通过其先进的教育理念、教育制度、教育方法和教育模式，在全球范围内树立了良好的榜样。许多国家学习和借鉴教育强国的成功经验，以提升自身教育的质量和水平。如芬兰的素质教育、德国的职业教育等。

第二，经济实力增强。教育强国将培养出更多高素质、高技能的人才，推动经济的创新和发展。高素质的劳动力将提高生产效率，促进产业升级和技术创新，从而增强国家的经济实力，在全球竞争中占有更有利的地位。

第三，文化软实力提升。教育强国不仅仅是指硬实力的提升，更代表着国家的软实力。优质的教育将培养出更多懂得尊重和包容他人的人才，有利于国家在国际社会上的文化交流和互动，提升国家的文化软实力。

第四，教育对外开放总体布局扩大。教育强国通过不断开创教育对外开放新格局，全面提升教育国际合作交流水平，形成更全方位、更多层次、更加主动的教育对外开放局面，推动其教育的国际影响力和亲和力不断增强。

教育对世界格局的影响在于国际引领能力提高、经济实力增强、文化软实力提升、教育对外开放总体布局扩大等方面。除此之外，教育国际化程度也影响了世界格局的变化发展。以美国为例，教育国际化是美国保持本国教育优势的重要举措，也是美国教育影响世界格局的体现。

在教育国际化方面，美国有三项举措：一是大力吸引国际学生和国际学者；二是积极举办跨国教育，在海外建立分校；三是加强国际教育，培养学生的全球胜任力①。

（二）教育在全球教育治理事务中拥有重要话语权

教育在全球教育治理事务中拥有重要话语权，是教育强国高水平的国际化程度的重要体现。目前，全球教育治理已经成为各国共同关注的重要议题。在世界历史进程中，“世界高等教育中心的历次转移本质上就是高等教育国际话语权在不同国家的转移，甚至可以认为高等教育国际话语权是高等教育国际竞争的时代性话语表达”②。世界教育强国应该在全球教育治理事务中发挥积极的作用，拥有重要话语权。

教育强国在全球教育治理事务中拥有重要话语权是因为其教育体系和教育治理体系得到了广泛认可。教育制度系统的完善使得该国的教育政策和法规能够有效地指导教育实践，确保教育质量。教育治理体系的完善意味着该国有能力对教育资源进行科学的配置和管理，使得教育资源能够最大限度地发挥作用，满足社会的教育需求。教育强国通过完善的教育体系和治理体系获得全球教育治理事务中的话语权，为全球教育发展贡献智慧和经验。

教育强国在全球教育治理事务中拥有重要话语权代表其在教育领域的贡献和影响力。教育强国通过助推人力资源数量与质量的提升，为全球提供了丰富的人力资源。同时，教育强国对知识的贡献程度也很高，不仅是将大量的知识贡献给全球，同时也能够帮助其他国家提升其知识产出能力。教育强国的教育模式和教育理念具有示范和借鉴的意义，能够有效地推动全球教育改革和发展。

（三）教育对国际学生的吸引力强

教育对国际学生的吸引力强，是评判一个国家教育强国特征的重要指标之一。世界教育强国的发展过程中，不仅在内部培养优秀的本国学

---

① 霍巍、石书奇、王永丽等：《美国建设世界教育强国的历史进路、外部推力和典型经验》，《基础教育参考》2023 年第 8 期。

② 林杰、王儒雪、陈妍君：《高等教育国际话语权的世界格局与中国行动方略》，《大学教育科学》2024 年第 1 期。

生，在吸引国际学生方面也表现出色。以美国为例，美国作为教育强国，以哈佛大学、耶鲁大学、麻省理工学院、斯坦福大学等一流大学为代表，其在全球范围内吸引留学生等方式，促进美国成为世界教育中心。美国凭借抢先占据教育国际化赛道的优势，以高水平的高等教育为先机，建立面向全世界的“人才收割机”模式，吸引全世界人才，成就其教育强国地位。自 1990 年以来，澳大利亚各级各类学校接收海外学生的数量呈大幅上涨趋势，其教育国际化水平保持高速优质发展。2000 年相关资料显示，澳大利亚 42 所大学的国际学生数量超过其学生总数的 20%。这些学生的到来不仅丰富了教育强国的国际化程度，还促进了国际交流与合作。

教育质量与声誉也是吸引国际学生的重要因素。教育强国的教育质量普遍较高，高等教育系统完善，教育资源充足，师资力量强大，教学科研水平处于国际领先地位。这些优越的教育条件和环境吸引了许多国际学生前往留学。例如，美国的哈佛大学、麻省理工学院、斯坦福大学等顶尖名校拥有世界一流的师资力量和学术研究成果，这些学校的声誉和排名吸引了众多国际学生前来学习。同样，英国的剑桥大学、牛津大学等也是国际学生梦寐以求的留学目标。这些国际知名大学的优良教育质量与声誉，成为吸引国际学生的重要因素。

留学政策也对教育对国际学生吸引起到重要作用。教育强国注重完善留学政策，为国际学生提供便利与支持。例如，澳大利亚实施了开放的留学签证政策，并提供了各种奖学金和资助计划，吸引了大量国际学生。同样，加拿大也通过灵活的工作签证政策和留学生工作计划，吸引了众多国际学生前往。这些留学政策的改革与完善，为国际学生提供了更多就业与发展的机会，也增加了留学的吸引力。

六　可持续的教育发展潜力

可持续发展是一种全新、协调、整体的发展观。由最初的经济、环境范畴扩展到目前的整个社会范畴，其定义有很多种，但概括起来其基本内涵主要有两点：一是强调发展的协调性，即将人口、资源、环境、经济、社会看作密不可分的整体，在充分考虑系统之间和系统内部的联系及制约关系的基础上，注重人与自然、经济、资源、环境和社会的协

调发展；二是发展的持续性，即保证后代人和当代人有同样多的发展，强调发展的可持续性，注重现有发展状态下发展潜力的培育。[①] 教育的可持续发展是指教育系统在满足当前需求的同时，也要考虑到未来的需求，以确保教育的长期发展。

（一）社会可持续性发展是教育可持续发展的重要驱动力

随着社会的发展，人们对教育的需求也在不断增长，而教育的可持续发展需要满足这一需求。社会可持续性发展存在一定程度的风险，风险类型来自以下几个方面：一是人的风险，二是文化建构视角下的风险，三是系统与环境视角下的风险。要保证社会的可持续发展，就需要努力克服以上风险。新加坡作为世界公认的教育强国之一，其本身的资源条件并不充足，可以说是一个资源匮乏的小国。新加坡政府为保证教育的可持续性发展，克服社会风险，灵敏且快速地应对气候变化，做好资源回收利用和环境建设，将高校建设与社会可持续发展紧密联系。“一方面，从 2006 年的《公共部门引领环境可持续性倡议》（PSTLES）到 2014 年《PSTLES2. 0》的颁布，再到 2021 年 2 月绿色计划的出台，无不体现新加坡建立绿色政府努力实现可持续发展目标，并积极成为绿色计划的积极影响者和推动者的决心。另一方面，新加坡高校正在努力将理念层面的概念付诸行动，并作为主力进一步推动该国的可持续发展行动。”[②]

新加坡教育可持续发展的案例验证了教育强国分析社会发展存在的风险，采取相关的可持续发展教育行动来规避和应对，体现出社会可持续发展与教育的关系紧密。社会可持续发展作为教育可持续发展的动力，同时也深受教育可持续发展的影响。教育强国的社会可持续性发展为教育提供了坚实的基础。也正因如此，教育强国具有极大的教育可持续发展潜力。

（二）教育产业规模发展是教育可持续发展的重要支撑

教育产业是指以教育为核心，涉及教育学、心理学、管理学、信息技术等多个领域的产业群体。教育产业规模的发展与一个国家的教育事

---

① 周海林：《可持续发展原理》，商务印书馆 2006 年版，第 561 页。

② 黄丹阳：《风险社会理论视域下新加坡高校可持续发展教育的实践路径及启示》，《黑龙江高教研究》2024 年第 1 期。

业发展密不可分，它不仅可以为经济增长提供支撑，也有助于提高国家的综合竞争力和人民的素质水平。国民经济支撑教育产业规模的发展壮大。经济的快速增长为教育投入提供了充足的资金来源，促进了教育产业的发展。随着国家经济实力的不断增强，教育投入逐年增加，为教育事业的发展提供了坚实的经济基础。

人口基数影响教育产业规模的扩大。人口是教育产业发展的重要推动力量，庞大的人口基数为教育产业提供了巨大的市场需求。特别是在人口结构发生变化的情况下，教育产业可以满足各个年龄段人群的不同需求，进一步推动教育产业规模的发展。

科技助推教育产业规模扩大。现代教育已经逐渐融入信息技术和人工智能的发展中，教育产业也需要不断引进和应用先进的科技手段。科技的进步不仅可以提高教育教学效果，还可以促进教育产业的升级和转型，推动教育产业规模的进一步发展和壮大。

教育产业规模的扩大需要教育市场的健康运作。市场经济条件下，教育产业需要充分发展其市场功能，引入竞争机制，提高办学效益。同时，还需要加强对教育市场的监管，保障教育质量和学生权益，防范市场失灵和教育资源过度集中的风险。

总之，教育产业规模的发展壮大作为教育强国建设的特征之一，需要充分发挥经济的支撑作用，利用人口红利，加强科技创新，并且需要教育市场的良性运作。随着教育产业规模的不断扩大，教育事业将进一步向纵深发展，为国家的发展和人民的幸福做出更大的贡献。

(三) 学习型社会建立，是教育可持续发展的重要举措

学习型社会的建立对于教育强国的发展起到了至关重要的作用。2023 年 9 月，我国教育部发布了《关于印发〈学习型社会建设重点任务〉的通知》，该通知指出要把建设学习型社会、学习型大国作为建设教育强国的战略举措，把教育数字化作为推进学习型社会建设的“倍增器”，聚焦关键单元和重点群体，点线面结合、近中远统筹，推动各种教育类型、资源、要素多元结合，调动社会上一切可利用的学习资源，打通家庭教育、学校教育、社会教育各环节，完善政府统筹、教育牵头、部门协同、社会参与的全民终身学习推进机制，构建网络化、数字化、个性化、终身化的教育体系，为教育强国建设提供有力支撑。学习型社

会注重知识的传播与共享，倡导个体和组织通过不断学习、成长和创新，来适应社会快速变革的要求。在学习型社会中，人们不仅要进行传统的教育学习，还要持续进行自主学习、社交学习等，以不断更新知识和提升技能。教育需求逐渐走向高质量、高科技、多样化、多领域的形式转变，这也更加凸显学习型社会对教育强国建设的支撑。

（四）互联网及人工智能助推教育可持续发展

当前，新一轮的科技革命方兴未艾，数字化变革发生在社会生活的各个角落，教育领域的数字化改革也正在发生。互联网及人工智能技术的发展为教育强国建设提供了新的契机。党的二十大报告首次将“推进教育数字化”写入“办好人民满意的教育”部分，提出“推进教育数字化，建设全民终身学习的学习型社会、学习型大国”，因此互联网和人工智能的发展在达成数字化共识、促进教育优质均衡发展以及形成数字教育的中国方案等方面都多有建树。

目前，我国基础化设施日趋完备，为教育数字化创造有利条件。国家智慧教育公共服务平台于2022年3月28日正式上线。经过多次迭代升级，该平台定位精准、功能全面，基本建成世界第一大教育教学资源库。截至目前，平台用户覆盖200多个国家和地区。同时，数字化在促进教育公平，提高教育质量方面更加大有可为。通过国家智慧教育公共平台实现师资、课程、场地等优质资源在城乡之间、区域之间、学校之间的持续有效流动，每位学习者都平等享有了接受优质教育的机会。不仅如此，在新冠疫情蔓延的三年期间，中国高等教育充分利用前期建设的慕课、虚拟仿真实验等数字资源，开展了一场世界高等教育史上前所未有的大规模在线教学实践。这一举措领跑世界，以开放姿态分享中国利用互联网和人工智能助力在线教育的建设成果，为世界高等教育应对世纪疫情和数字时代教育变革提出了中国方案，作出了中国贡献。

（五）高素质技术技能人才培养、高层次人才培养为教育可持续发展提供坚实基础

高素质技术技能人才培养和高层次人才培养是教育强国建设的关键。随着科技的不断发展和创新的加速，对于高素质技术技能人才的需求日益增长。教育强国需要培养具备创新思维、工程技术能力和实践操作技能的高素质技术技能人才，以满足国家科技创新与社会发展的需要。同

时，高层次人才的培养也是教育强国建设的重要任务。通过建立一流的高等教育体系，培养具备创新精神和国际竞争力的顶尖人才，为国家的创新驱动发展提供坚实的支撑。

由此可见，国民经济腾飞，教育产业发展给教育事业注入不竭动力。学习型社会建立、互联网及人工智能助推、高素质技术技能人才培养和高层次人才培养提供的坚实基础，是教育可持续发展潜力的重要体现，也是教育强国建设的重要因素。教育强国需要不断创新教育思想和方法，积极适应科技进步和社会需求的特点和要求。通过有效利用互联网及人工智能技术，培养出更多的高素质技术技能人才和高层次人才，以推动国家的教育事业取得更加优异的成绩。

第二节　中国特色社会主义教育强国的特征

根据全球视域下教育强国建设指数的测算结果，美国、澳大利亚、加拿大、新加坡、以色列、芬兰、德国和荷兰等国属于全球性教育强国，英国、爱尔兰、新西兰、韩国、日本和马来西亚等国属于区域性教育强国。这些国家在各自的语境下，依据国情提炼出了推动其教育发展的建设经验，然而，这些经验并非全部适用于中国国情。这些国家具有的教育强国的特征也不能完全代表着中国特色社会主义的教育强国特征。

2023 年 5 月，习近平总书记在中共中央政治局第五次集体学习时强调："我们要建设的教育强国，是中国特色社会主义教育强国，具有中国特色的重点任务"①，该讲话揭示了建设教育强国最突出的特征，即"中国特色社会主义"，同时也表明了建设中国特色社会主义教育强国的重点任务，就是总书记强调的服务高质量发展。高质量发展客观上要求始终坚持教育优先发展，而能否始终坚持优先发展，关键在于能否深刻理解和把握我国建设教育强国的政治优势，能否坚定不移地按照党中央决策部署，把教育强国建设时时刻刻地放在心上，落实在具体行动上，落实在资源优先保障、经费优先投入上，落实在引领人民群众积极投身教育

① 《中共中央 国务院印发〈关于新时代加强和改进思想政治工作的意见〉》，《人民日报》2021 年 7 月 13 日第 1 版。

强国的实践中。因此，中国特色社会主义教育强国的特征，即坚持党对教育事业的全面领导，以立德树人为根本任务，以为党育人、为国育才为根本目标，以服务中华民族伟大复兴为重要使命，以教育理念、体系、制度、内容、方法、治理现代化为基本路径，以支撑引领中国式现代化为核心功能，最终形成结构合理、特色鲜明、人民满意、世界领先的现代化教育强国。

一 坚持党对教育事业的全面领导

建设中国特色社会主义教育强国，必须坚持党对教育事业的全面领导为根本保证。坚持党的全面领导为中国特色社会主义教育强国建设指明前进方向，提供了根本保证。党的全面领导深刻彰显了中国特色社会主义教育强国建设的根本特征与优势。党的全面领导是扎实办好中国特色社会主义教育的根本保证。中国共产党的领导是中国特色社会主义的最本质特征，是中国特色社会主义制度的最大优势。“党政军民学，东西南北中，党是领导一切的，是最高的政治领导力量。”① 正是凭借其社会主义制度的独特优势，我国教育事业在近几十年的历史发展进程中取得了伟大成就，建立起了世界上规模最庞大的教育体系，在基础教育、高等教育和职业教育等各领域都取得了世界瞩目的发展成就。坚持党对教育事业的全面领导，这是对我国教育事业规律性认识的深化，来之不易，要始终坚持并不断丰富发展。努力办好人民满意的教育，最根本的就是要坚持和加强党对教育工作的全面领导，牢牢把握立德树人根本任务，并将之贯穿教育工作的全过程。教育强国建设要进一步加强和完善党对教育事业全面领导的制度，始终把加强党的全面领导、坚持正确办学方向作为根本前提。

二 以立德树人为根本任务

培养什么人、怎样培养人、为谁培养人，历来是党和国家教育的根本问题，习近平总书记的重要讲话深刻回答了这些根本问题，为各环节、各领域、各方面更好地立德树人指明了方向，为新时代建设教育强国提

① 习近平：《论坚持党对一切工作的领导》，中央文献出版社 2019 年版，第 9 页。

供了遵循。

育人的根本在于立德。培养担当民族复兴大任的时代新人，德是首要、是方向。立德树人，关系党的事业后继有人，关系国家前途命运。新时代以来，党中央始终把德育放在教育的核心地位。从党的十八大明确“立德树人”为教育的根本任务，到党的十九大强调要“落实立德树人根本任务”。再到党的十九届四中全会提出完善中国特色社会主义制度和推进国家治理现代化，对完善立德树人体制机制提出了新的具体要求，以及党的二十大把全面贯彻党的教育方针、落实立德树人根本任务放在教育工作统领位置，这一系列决策部署都体现了党中央对德育工作的重视。加快建设教育强国，要坚持把立德树人作为教育的中心环节。牢牢把握育人为本、德育为先的要求，把思想政治工作贯穿教育教学全过程。同时，把立德树人成效作为检验学校一切工作的根本标准，不断健全全员育人、全过程育人、全方位育人的体制机制，不断提高学生思想水平、政治觉悟、道德品质、文化素养。此外，还要采用以德育人、贯穿融入的方法，将立德树人融入思想道德教育、文化知识教育、社会实践教育各环节，贯穿基础教育、职业教育、高等教育各领域。确保学科体系、教学体系、教材体系、管理体系围绕这个目标设计，教师围绕这个目标来教，学生围绕这个目标来学，真正将立德树人根本任务落实落细。

三　以为党育人、为国育才为根本目标

习近平总书记指出，我们要建设的教育强国，必须坚持“以为党育人、为国育才为根本目标”。这一论断是对“为谁培养人”这一核心问题的深刻解答，是我国教育改革发展的根本遵循，凸显了中国特色社会主义教育的核心价值。新时代新征程的教育强国建设，需要坚持社会主义办学方向，坚守为党育人、为国育才的初心使命，引导青少年增强“四个意识”、坚定“四个自信”、做到“两个维护”，不断强化他们作为中国人的自豪感和荣誉感。

新时代，党和国家明确提出了教育为人民服务、为中国共产党治国理政服务、为巩固和发展中国特色社会主义制度服务、为改革开放和社会主义现代化建设服务。这“四为方针”的践行，必然要求为党育人、为国育才。坚持为党育人、为国育才要紧抓学生思想政治工作，习近平

总书记强调：“思想政治工作是学校各项工作的生命线，各级党委、各级教育主管部门、学校党组织都必须紧紧抓在手上。”① 通过强化思想政治工作，能够确保培养的人才不仅具备专业知识与技能，更拥有坚定的理想信念和强烈的社会责任感。坚持为党育人、为国育才是建设教育强国的关键所在。我们要以此为指导，全面提升教育质量，为实现中华民族伟大复兴和第二个百年奋斗目标提供坚实的人才保障。

四 以服务中华民族伟大复兴为重要使命

建设中国特色社会主义教育强国，首先要铭记的，就是我们的初心和使命——为中国人民谋幸福，为中华民族谋复兴。这不仅是党的承诺，也是教育领域的行动指南。一个民族的振兴靠的是人才，人才是强国之本、富民之基、发展之源。教育强国的建设是实现中华民族伟大复兴的关键，这一目标的实现需要大量高素养、专业化、创新型人才的支持。实现中华民族伟大复兴，关键在人才，确保人才工作的顺利进行是中华民族伟大复兴根基牢固、基础扎实、力量不竭的重要源泉，拥有坚实的人才基础，中华民族才能屹立于世界民族之林。

习近平总书记在全国教育大会上强调，新时代教育发展要以凝聚人心、完善人格、开发人力、培育人才、造福人民为工作目标。这是习近平总书记立足教育服务中华民族伟大复兴的重要使命，对新时代教育工作提出的新目标新要求，也是对教育功能在新时代的全新定位。“教育是国之大计、党之大计”，要不断使教育同党和国家事业发展要求相适应、同人民群众期待相契合、同我国综合国力和国际地位相匹配，切实把优先发展教育事业作为推动党和国家各项事业发展的重要先手棋；在党的二十大报告中，强调“教育、科技、人才是全面建设社会主义现代化国家的基础性、战略性支撑”，必须深入实施科教兴国战略、人才强国战略、创新驱动发展战略，到2035年建成教育强国、科技强国、人才强国。总书记和党中央的战略思维和战略决断的核心，是全党全社会都需要从中华民族伟大复兴战略全局和世界百年未有之大变局的角度来理解、谋划和落实建设教育强国的任务。

---

① 习近平：《扎实推动教育强国建设》，《求是》2023年第18期。

五　以教育理念、体系、制度、内容、方法、治理现代化为基本路径

现代化是高质量教育体系的内核。实现教育理念、体系、制度、内容、方法、治理的现代化，是教育强国建设的基本要求。首先，建设高等教育强国，理念现代化是关键，需要从传统的教育观念中解放出来，以创新和开放的态度迎接新的教育挑战。从教育大国到教育强国需要系统的变革和质的飞跃，而这需要我们以改革创新为动力。其次，制度的现代化主要体现在建立和完善教育法律法规和政策体系上。这需要构建不同学段、不同领域的教育法律体系，通过法治建设推动教育的规范化和科学发展。同时，在法律引导下，建立各种行政法规、部门规章和地方性教育政策的协同体系，形成良好的教育运营机制。再次，内容的现代化主要体现在确保教育内容既符合知识发展的内在规律，又能适应学生的身心发展特点。最后，还需要根据不同地区、学校的独特历史、文化和经济社会发展需求，制定具有地方特色和需求的教育内容。方法的现代化是指充分利用传统的教育教学方法，如班级授课制和教师讲授法，同时也要积极引入现代教学方法，如合作学习、小组学习和探究学习等，探索适合学情、教情、教育内容和教育设施的高质量教学方法。治理体系的现代化体现为建立科学的层级治理和部门协同体系。科学合理地划分教育事权和教育资源配置权力，并确保各层级和各部门之间的协调配合，达到权事匹配的状态。只有这样，才能真正实现教育治理的现代化，为建设教育强国提供坚实的保障。

六　以支撑引领中国式现代化为核心功能

习近平总书记强调，建设教育强国，要“以支撑引领中国式现代化为核心功能”。这一重要论断，指明了在中国式现代化进程中建设教育强国的核心定位，强调了以教育强国建设支撑引领中国式现代化的重大意义。

教育强国建设要“以支撑引领中国式现代化为核心功能”，体现为在教育强国建设中紧密对接中国式现代化的发展要求，在中国式现代化进程中更好地发挥教育作用，落实立德树人根本任务，着力推进和实现人

的现代化，为推进中国式现代化塑造主体力量、提供智力支持、厚植文明底蕴、形塑价值引领。中国式现代化强调的是全体人民的现代化，而教育现代化则是实现这一目标的关键环节。高质量的教育体系不仅有助于解决人的现代化问题，更是实现人的全面发展的基础。当前我国发展进入战略机遇和风险挑战并存、不确定难预料因素增多的时期，中国式现代化持续推进、长期坚持，有赖于通过教育事业的发展，不断提升人口素质、强化创新驱动、传承中华文明、优化社会治理。

建设中国特色社会主义教育强国，必须充分把握教育作为社会主义现代化强国重要支撑和基础工程的特殊意义、特殊价值、特殊战略，提升教育在加快构建新发展格局、推动高质量发展中的支撑力、贡献力。教育作为一项具有社会功能、文化属性、人本内涵的实践活动，能够以自身发展服务于强国建设、民族复兴。此外，中国式现代化之所以独特，能够打破“西方化”的观念，主要原因在于其深厚的文明底蕴。中华文明拥有五千多年的历史，为中国式现代化的推进和拓展提供了坚实的基础。拓展中国式现代化这一文明新形态，必然要求不断推动马克思主义基本原理同中国具体实际、同中华优秀传统文化相结合。总的来说，以支撑引领中国式现代化为核心功能的教育强国建设，既体现了教育的社会功能和文化属性，又凸显了教育在推进中国式现代化中的重要地位和作用。我们要深入贯彻落实习近平总书记的重要指示精神，以教育强国建设为契机，全面提升我国的教育质量和水平，为推进中国式现代化提供强有力的人才保障和智力支持。

第四章

教育强国的历史、理论、政策与实践逻辑

在探讨建设教育强国的历史、理论、政策与实践逻辑时，我们不仅仅是在谈论一个国家教育发展的现状与前景，更是审视一个国家未来的命脉和希望。教育，作为培养人才、传承文化、推动社会进步的重要力量，承载着国家繁荣发展的使命。历史的长河告诉我们，教育从来都不是一蹴而就的过程，而是需要历经沧桑、持续探索、不断创新的征程。理论的引领、政策的支持、实践的检验构成了建设教育强国的重要逻辑链条。因此，深入探讨教育强国的历史轨迹、理论支撑、政策导向以及实践路径，不仅有助于我们更好地理解教育事业的本质和意义，更能够为构建具有全球竞争力的优质教育体系提供有力的借鉴与指引。

第一节　教育强国的历史逻辑

历史逻辑是历史规律性和必然性的辩证统一，揭示着历史事件之间的规律、联系和趋势。它强调历史进程中某个重要制度、重大事件或其他要素对当前制度形塑所产生的内容、方向等方面的影响，往往通过政策变迁中存在的关键历史节点表现出来。习近平总书记在2018年全国教育大会上强调，教育是“国之大计、党之大计”，[①] 对新时代培养什么人、怎样培养人、为谁培养人的我国教育改革发展的重大理论和现实

① 孟筱等：《新时代教育发展的历史逻辑、理论意涵与实践路径》，《北方民族大学学报》（哲学社会科学版）2019年第6期。

问题作了深刻回答，其丰富的理论意涵体现了新时代教育塑造灵魂、塑造生命之根本，为开创新时代美好教育生活之路指明了方向。

一　中国维度的历史逻辑：从弱国到大国，再到强国

习近平总书记指出，“建设教育强国是中华民族伟大复兴的基础工程，必须把教育事业放在优先位置，深化教育改革，加快教育现代化，办好人民满意的教育。”① 在人才资源领域，教育的发展能够有效地充实人才储备库，进而促进社会主义的发展与建设；在经济发展的层面，教育的进步能够通过人才的培养提高企业的经济效益；在社会主义文明建设方面，教育的发展能够通过提升全民的精神文明水平，助力实现社会主义现代化强国的目标。

自中华人民共和国成立以来，中国由人口大国逐步转变为人力资源大国，进而发展为文化、政治、军事、经济等方面有着质的突破的发展中国家。教育兴则国家兴，教育强则国家强，教育在国家建设与治理过程中起着基础性作用。中华人民共和国的成立与突飞猛进的发展，让中国社会从“站起来”到“富起来”，再到“强起来”，即从弱国到大国，再到强国。

（一）弱国初始：中华人民共和国成立

中华人民共和国的成立是中国历史上的一个里程碑。《中国人民政治协商会议共同纲领》确定了中华人民共和国的文化教育为新民主主义的，即民族的、科学的、大众的文化教育。中华人民共和国成立后，建立起一套新的教育体系。新的教育体系实现了党对教育的统一和集中的领导，为社会主义革命和建设培养大批各级各类专门人才，有力地推动了国家建设和社会文明发展以及人民文化水平的提升。

党成立之前，国家山河破碎、民族四分五裂、人民历尽苦难、前途渺茫。为了改变积贫积弱的凄惨境地，无数仁人志士和众多进步力量进行了前仆后继的探索和不屈不挠的斗争。

（二）大国崛起：改革开放

改革开放之初，我国百废待兴，财政薄弱，经济社会发展急需大批

---

① 《习近平谈治国理政》（第3卷），外文出版社2020年版，第35—36页。

人才。在此情况下，我国教育破旧立新，1995 年，党中央确定实施科教兴国战略，全面落实科学技术是第一生产力的思想，坚持教育为本，把科技和教育摆在经济、社会发展的重要位置，提高全民族的科技文化素质，把经济建设转移到依靠科技进步和提高劳动者素质的轨道上来。① 我国优先办好一批重点中小学、优先发展一批重点高校，以国家意志推动九年义务教育普及，以立法形式推进高等教育健康快速发展，不断加大各级教育经费投入，积极调动社会力量参与教育事业发展，为我国现代化建设、中国经济社会的高速发展储备数以亿计的高素质人才。

（三）教育强国：党的十八大的召开

党的十八大以来，教育强国建设为中国式现代化奠定了坚实支撑。国家发展、国际竞争越来越依赖于教育、科技和人才的支撑，教育从来没有像今天这样深刻影响着国家前途命运，影响着中国式现代化进程，影响着人民生活福祉。以习近平同志为核心的党中央将教育定位为“国之大计，党之大计”，从战略高度明确教育是事关中华民族伟大复兴的关键点，教育事业取得历史性成就、发生历史性变革。到 2022 年，义务教育实现全面普及，巩固率 95.5%，高中阶段毛入学率 91.6%，高等教育毛入学率达到 59.6%。教育部统计数据显示，接受高等教育人口达到 2.4 亿人，新增劳动力平均受教育年限 14 年，劳动力素质结构不断优化。劳动力素质提升、人力资本不断优化，为经济高质量发展提供了强大智力支撑。

二　世界维度的历史逻辑：世界中心的转移

世界中心随着教育技术的转移而转移。在科技发展的历史长河中，全球科技中心经历了五次重大转移，从古代中国开始，依次转移至意大利、英国、法国、德国，最后落脚于美国。这五次科技中心的迁移，与世界经济中心的转变密切相关。每次转移的发生都有其深刻的历史背景，体现了科技与政治、经济、文化的紧密联系。

---

① 薛二勇：《教育，从大国到强国的历史逻辑、理论逻辑与实践逻辑》，《人民政协报》2022 年 11 月 2 日第 9 版。

（一）古代中国曾是科学技术的中心

在封建社会，中国的科学技术发展达到了巅峰，这主要归功于以农业为中心的科学技术在世界上处于领先地位。自秦汉时期起，中国的科技和经济实力在相当长的一段时间内稳居世界之巅。然而，随着时间的推移，特别是进入唐朝之后，中国的封建统治者逐渐忽视了科学技术和知识分子的重要性，未能给予科技足够的地位，导致科技工作者长期处于社会底层。此外，长期实行的科举制度使得知识分子将大量精力投入追求功名上，客观上削弱了他们对自然科学和技术科学的关注。这严重束缚了人们的思想，阻碍了科技进步。尤其是在明清时期，一些王朝统治者采取了闭关锁国政策，导致科技发展滞后、国防力量薄弱。在这种政治和社会环境下，科学技术的发展速度逐渐减缓。明清时期，中国的科技和经济实力开始走向衰落，并很快被欧洲超越。

（二）第一次转移：意大利成为近代世界教育技术中心

自13世纪起始，中国的四大发明陆续传入欧洲，对欧洲的社会发展产生了深远影响。这些发明催生了欧洲的资产阶级，为欧洲文艺复兴奠定了基础。在文艺复兴中，人们摆脱封建思想的束缚，开展反封建、反神学的活动，引发欧洲的思想解放潮流。随着思想的解放，欧洲人开始以科学的眼光和方式认识和探索世界，尝试用科学解释生活现象。在这个过程中，意大利凭借其优越的地理位置，在当时兴起了最为活跃的思潮，伽利略就是其中的集大成者，极大地推动了意大利的科学发展。

中国古代的科技成果在欧洲演化和推进，例如火药演变为火炮，提高军队战斗力；指南针拓展航海者活动范围；印刷术扩大信息传播范围和速度。这些科技成果的演进推动了意大利的科技发展，促进了经济繁荣。意大利逐渐成为全球经济的中心，实现了从古代中国到意大利的世界科技中心的转移。

（三）第二次转移：英国成为近代世界教育技术中心

16世纪末，意大利因战争而分裂为多个小国，科技与经济发展遭受严重阻碍。与此同时，英国经历宗教革命，部分进步思想家从哲学角度阐述自然科学的重要性，并强调知识的价值。在他们的推动下，英国政府开始提倡科学实验和研究，并成立了皇家学会等学术机构，专门进

行自然科学研究。这一时期，英国在自然科学领域取得了举世瞩目的成就，如牛顿发现三大定律、瓦特完善蒸汽机等。这些成就不仅提升了生产效率，还催生了第一次工业革命，彻底改变了生产和生活的面貌。在先进的科学理念和技术支持下，英国资本主义得到极大发展，经济进入繁荣期。科技实力为英国海外扩张提供了重要支持，如轮船、火炮和高效生产设备等，使其得以积累大量资源和资本。经济和社会的迅速发展，开启了英国的“日不落”时代，并使其成为当时的全球科技和经济中心。

（四）第三次转移：法国成为近代世界教育技术中心

从18世纪初开始，法国开始了一场声势浩大的启蒙运动，宣扬人权和自由，反对封建神权和特权，开始了一次全新的思想大解放，并在经济自由、政治平等、法治建设等方面不断完善制度，促进建立了一个成熟的资本主义社会。同时，在牛顿的学说的影响下，这一时期的法国出现了一批定量分析科学家，拉瓦锡是这一时期科学家的典型代表，创立了燃烧氧化学说，推翻占据化学百年之久的燃素说，也成就了其“现代化学之父”的称号。同时期产生了公制度量衡、科学教学制度等一系列较为完善的制度，在法国人各项制度的保证下，科技发展速度稳步提高。而这一时期英国科技投入不断下降，加之其学术界重理论轻应用、重科学轻技术的传统，致使英国在国际经济、科技等方面的地位不断下滑，法国逐渐超越英国成为新的世界科技和经济中心。

（五）第四次转移：德国成为近代世界教育技术的中心

19世纪40年代后，德国涌现了一大批著名的科学家，如高斯、欧姆、李比希、克虏伯、西门子等，这些优秀的科学家和发明家极大地促进了德国的煤化学工业、钢铁工业等的发展，德国的有机合成工业更是在世界上遥遥领先。德国发明家应用电磁理论，发明实用型的发电机，其意义和作用相当于瓦特改良蒸汽机，由此导致以电气化为特征的第二次技术革命。同时期的德国还出现了联合企业，成立了康采恩式的生产体制。德国的经济发展势头保持了一个相当长的时期，德国工业化的进程，充分地证明了科学技术是第一生产力的论断。

（六）第五次转移：美国成为近代世界教育技术的中心

美国独立战争后，明确了对科学技术的方针。在早期发展中，美国

政府很早就明确以教育带动科研，对教育采取特殊优惠政策，在资金、土地、政策等方面给予强大的支持。另外，美国历任领袖都十分重视科学技术的发展，更有一些当时的总统本身就是科学家，例如富兰克林。再加上美国积极应用移民政策吸引大量的科技人才贡献本国科技、经济发展，诸如爱因斯坦、费米等一批著名的科学家被吸引到美国。正是在这一积极鼓励和引进科学发展的大环境下，出现了一大批发明家，建立了世界上第一个发电厂，引起了一场新的电力革命。第二次世界大战后，美国政府利用战争中获得的资金大幅度地增加对科技的投入，一系列的措施促使美国完善了钢铁、化工和电力三大技术，发展了汽车、飞机和无线电技术这三大文明，促使了以原子能、计算机、空间技术、微电子技术为代表的第三次技术革命在美国产生。70 年代以来，随着以微电子技术和基因重组技术为代表的高新技术的研究在美国飞速发展和高新技术产业群形成，美国领导了一场世界范围的技术革命，成为信息高速公路的主导者，其新材料、新能源技术、航天技术和海洋技术迅速发展，并且在较为成熟的资本运作下，迅速得以商业化，其经济得到了极大的发展。美国成为这一时期世界科技和经济的中心，并在较长时间内占据着这一地位。

教育技术中心的国家地位通常与其对科学的重视程度、先进的教育体制和教育硬件设施，以及吸引国内外人才的能力密不可分。在全球科学发展的背景下，抓住机遇、积极竞争并取得独立地位，对任何国家而言都是不可多得的发展良机。

回顾历史，法国在 18 世纪末逐渐失去科学中心的地位，主要原因在于有影响力的科学家团队老化。现实情况也表明，现代各国科学发展的核心因素在于杰出科学家数量的增加。科学家队伍的素质对科学中心转移的影响至关重要，而素质的提升关键在于教育。因此，一个国家在成为科学中心之前，必须先成为素质教育的中心。

剖析当下，从国家政策层面看，我国已构建了一套引领世界科学中心的政策体系。近年来，我国将教育强国作为重大国策，加大教育和科研经费投入，引进高端科研设备，并在全社会倡导崇尚科学、应用科学和尊师重教的风气。这些举措将营造一个有利于我国科研人员冲刺世界科技高峰的社会环境，从根本上提升我国科研队伍的整体实力。

展望未来，随着人工智能时代的快速发展，教育技术作为推动教育创新和发展的重要力量，正逐渐成为各国竞相争夺的制高点，对中国而言，这是挑战，更是机遇。随着科技的迅速发展和全球化的深入推进，世界教育技术的重心正在发生变化。以中国为代表的发展中国家，正通过自身的努力和不断的技术创新逐渐缩短与发达国家的差距。中国在人工智能、大数据、云计算等新兴技术领域取得了举世瞩目的成就，这些技术为教育技术的创新提供了强大的支持。中国在成为下一个世界教育技术的中心方面具有明显的优势和巨大的潜力。但要实现这一目标，还需要付出更多的努力和时间。只有通过不断创新、深化改革、加强国际合作，中国才能在全球教育技术的竞争中立于不败之地，成为真正的世界教育技术中心。

第二节　教育强国的理论逻辑

习近平强调，我们要建设的教育强国，是中国特色社会主义教育强国，必须以坚持党对教育事业的全面领导为根本保证，以立德树人为根本任务，以为党育人、为国育才为根本目标，以服务中华民族伟大复兴为重要使命，以教育理念、体系、制度、内容、方法、治理现代化为基本路径，以支撑引领中国式现代化为核心功能，最终是办好人民满意的教育。[①] 因此，教育强国的理论逻辑包括性质、目标、思想、任务、理念、内容、意义等多个要素。

一　以坚持党对教育事业的全面领导为根本保证

习近平总书记说过“我们要建设的教育强国，是中国特色社会主义教育强国，必须以坚持党对教育事业的全面领导为根本保证”。[②] 这表明了教育强国的根本性质。教育强国建设不是一个自发、偶然与不确定的过程，而是在党领导下遵循教育发展规律的社会实践活动。我们建设教育强国不是为了建设而建设，我们的教育强国最终输出的教育，必须是

① 怀进鹏：《以教育之强夯实国家富强之基》，《人民日报》2023年8月31日第9版。

② 习近平：《扎实推动教育强国建设》，《求是》2023年第18期。

人民满意的教育，因此必须坚持党对教育事业的全面领导，坚持中国特色社会主义教育发展道路，确保教育强国的社会主义性质，确保教育强国的中国特色社会主义方向。

二 以办好人民满意的教育为终极目标

培养什么人、怎样培养人、为谁培养人是教育的根本问题，也是建设教育强国的核心主题。建设教育强国，目的就是培养一代又一代德智体美劳全面发展的社会主义建设者和接班人，在社会主义现代化建设中可堪大用、能担重任的栋梁之材，以确保党的事业和社会主义现代化强国建设后继有人。教育强国战略和办好人民满意的教育是党的二十大报告的两大主题。要办好人民满意的教育就必须坚持以人民为中心，不仅要加强公平与优质教育资源的供给，使人们能够随时获得所需要的教育资源，而且还要实现教育资源和成果全民共享。新时代背景下，教育强国的新使命是教育资源和成果必须全民共享，让全国人民共同享有教育发展的成果，提高教育的社会效益和教育贡献，以优质且有质量的教育促进社会公平，使改革发展成果更多更公平地惠及全体人民，这是教育强国建设的根本出发点和终极目标。①

三 以习近平新时代中国特色社会主义思想为行动指南

习近平新时代中国特色社会主义思想彰显了与时俱进的理论品格和实事求是的精神实质，对我国教育事业的发展有着直接的指导意义，以习近平新时代中国特色社会主义思想为行动指南，尤其是深入学习贯彻习近平总书记关于教育的重要论述，教育强国建设才能行稳致远。这一思想强调实践创新、人民至上和全面深化改革，为我国教育事业的发展指明了方向。在教育强国的建设过程中，我们需要坚持以学生为中心，注重培养学生的创新精神和实践能力；加强教师队伍建设，提高教师的专业素养和教学水平；深化教育改革，推进教育公平，让每个孩子都能享受到优质的教育资源。这与教育强国的目标高度契合，即通过优质教育培养具有创新能力和综合素质的国民。只有坚持以习近平新时代中国

---

① 刘向兵：《教育强国的核心要义思考》，《中国人民大学教育学刊》2023 年第 6 期。

特色社会主义思想为指导，我们才能更好地适应新时代的发展要求，推动我国教育事业不断迈上新的台阶。

四　以高素质人才队伍为核心支撑

要实现中华民族伟大复兴的必由之路首先就是要重视人才的培养。教育、科技、人才是全面建设社会主义现代化国家的基础性、战略性支撑。教育是提高国民综合素质、促进人的全面发展、推动科学技术不断进步的重要途径。要培养出优秀人才，不仅要有高质量的教育体系支撑，也离不开高水平的科学技术，而科技创新体系要不断完善，必须保证人才的不断输出，由此体现，教育是培养高素质人才的关键。建设教育强国、科技强国、人才强国具有内在一致性和相互支撑性，只有把三者有机结合起来，不断提升教育对高质量发展的支撑力，才能形成推动高质量发展的优质循环。

五　以创造性文化为关键动力

建设教育强国，是理论与实践的统一体，既是加快推进教育现代化的实践创造，也是发展教育事业新的思维观念。创新精神是教育强国的重要动力。教育要培养学生的创新思维和实践能力，激发学生的创新潜能。在教育强国的建设过程中，首先要抵制一切制约教育高质量发展的思想观念，以此推动教育强国战略的高质量落实。其次要加强创新性文化和教育创新统筹协调，积极构建学校、家庭、社会紧密合作、同向发力的协同育人机制，推动义务教育优质均衡发展和城乡一体化，优化区域教育资源配置，建设生态协同的新型国家创新体系。并且要适当增加创新性文化的中国要素，在各级各类学校传播、弘扬劳模精神、劳动精神、工匠精神和家国情怀等，并通过开展各种创新创造活动将创新性文化渗透到教育教学活动的全过程。如推进教育数字化，充分发挥教育利用数字技术的优势与效能，推动教育与互联网、大数据、人工智能等现代信息技术更好地融合，更新教育形态，创新教育模式，打造教育智慧化平台，为学生提供更为便利、灵活的学习条件。

六　以教育内容、方法为基本路径

建设教育强国，需要综合考虑教育的内容与方法。首先，教育的内容应当注重素质教育，强调学生全面发展，包括智力、体魄、美感、劳动等多方面的素养。培养学生的创新能力、批判思维和团队合作精神是教育强国的关键。其次，教育方法应当注重因材施教，关注个体差异，采用多样化的教学手段和评价方式，激发学生的学习兴趣和潜能。引入现代科技手段，促进教育信息化和智能化发展，提高教育的效率和质量。只有内容与方法相辅相成，教育才能真正实现强国梦想。

建设教育强国，抓手是加强教师队伍建设。强教必先强师，要健全中国特色教师教育体系，努力建设一支师德高尚、业务精湛、结构合理、充满活力的高素质专业化教师队伍。①

在建设教育强国的过程中，除了关注教育的内容与方法，还应该注重教育的公平与包容。教育公平是教育强国的基石，要实现每个学生有机会接受优质教育，无论其家庭背景还是地域位置。通过政策倾斜、资源调配等措施，缩小城乡、区域、校际的教育差距，确保每个孩子都能享有平等的发展机会。同时，要注重教育的包容性，尊重个体差异，鼓励多元文化的交流与融合，培养学生的社会责任感和国际视野，使教育真正成为连接人心、促进社会和谐发展的纽带。以公平与包容为原则，才能构建一个真正强大的教育体系，助力国家走向繁荣与进步。

七　以广泛深入的国际交流与合作为重要推力

加快建设教育强国，目标在于从教育层面提升国家综合国力，拥有具有国际竞争力和影响力的教育实力。由此最重要的就是处理好“引进来”与“走出去”的相互关系。一方面，国际交流与合作可以帮助我们吸收借鉴国际先进经验和做法，为我国教育改革创新提供启发和思路。充分发挥“引进来”的优势，主动学习各国教育经验，有效利用世界一流教育资源和创新要素，不断优化我国高素质人才培养体系，逐步提高

① 项久雨：《初步构建教育强国建设的理论体系》，《人民教育》2023 年第 12 期。

我国教育影响力。另一方面，国际交流与合作可以将我国教育的优秀资源与世界分享，有利于加强我国与发达国家、发展中国家和国际组织的深度合作。要利用好“走出去”的世界机遇，着眼服务综合国力竞争的战略需要，积极推进全球教育治理体系改革，打造全球教育治理新格局，讲好中国故事、传播中国经验、发出中国声音、贡献中国智慧，增强教育的国际影响力和话语权。

因此，建设教育强国需要政府、学校、教师、家庭和社会各方的共同努力和支持，也需要不断适应时代的发展需求和教育改革的要求。只有坚持教育优先发展、全面贯彻素质教育、加强师资队伍建设、推进教育改革创新，才能实现教育强国的目标，为国家的繁荣发展提供有力支撑。

第三节　教育强国的政策逻辑

党的二十大报告提出，到 2035 年建成教育强国。教育强国是我国教育改革和发展的蓝图和目标，必然要求建设高质量的教育政策体系，通过明确领导体制、战略地位、根本任务保障教育强国的正确方向、资源配置和推进路径等。

一　教育强国政策的领导体制

中国特色社会主义的本质特征是中国共产党的领导，这是中国特色社会主义的大前提；中国教育是中国特色社会主义的教育，这是教育改革和发展的小前提。由此可见，中国特色社会主义教育的本质特征是中国共产党对教育的全面领导。

党对教育的领导体制是决定性的、引领性的。中国特色社会主义教育的本质特征是中国共产党对教育的全面领导，这一理念深刻反映了党的十九大报告中的指导思想。党的领导地位贯穿于社会各个层面，其中教育则被视为国家发展和社会进步的重要引擎。党政军民学，东西南北中，党始终是领导一切的核心力量，而教育则是这一体系中至关重要的一环。党的领导不仅是在形式上的层级关系，更是一种思想、意识形态的引领。在教育领域，党的领导不仅体现在教育方针的确立上，更体现

在对教育思想、教育体制、教育内容和教育方法的全面引导。

教育强国政策中，党的领导体制是确保教育工作有效实施的核心。党的领导在中国特色社会主义教育事业中具有决定性作用，这一领导体制在整个教育体系中得以全面体现，体现了政治领导和思想引领的重要性。

首先，党的领导体制在教育强国政策中的核心地位彰显了中国共产党对于国家教育的高度重视。党的中央领导层明确提出“党是领导一切的”，进一步指出“党是领导教育的，党是领导教育的一切的”，强调了党在教育事业中的主导作用。这一观点在教育强国政策中得到深刻体现，凸显了党的领导是确保中国特色社会主义教育发展的基石。

其次，党的领导体制强调思想政治工作在教育中的重要性。教育不仅是知识的传递，更是价值观念和思想观念的培养。党的领导强调在教育中加强思想政治工作，推动学生在德智体美等方面全面发展，使其成为积极向社会主义核心价值观靠拢的新时代建设者。

最后，党的领导体制注重地方差异和实践创新。在教育强国政策中，地方政府的党委负有领导和组织教育工作的责任，但也拥有一定的自主权，应根据地方实际情况制定相应的教育政策。这种地方差异的考虑既能够更好地适应各地的特色和需求，也有助于推动教育体制改革的实践创新。

综合而言，教育强国政策中的党的领导体制是中国特色社会主义教育事业取得成功的关键因素。这一体制在政治领导、组织协调、思想引领和实践创新等方面都发挥了关键作用，为中国教育体系的健康发展和人才培养提供了坚实的保障。在党的坚强领导下，中国教育强国的目标正不断向前迈进。

二 教育强国政策的战略地位

习近平总书记在中共中央政治局第五次集体学习时强调：“建设教育强国，是全面建成社会主义现代化强国的战略先导，是实现高水平科技自立自强的重要支撑，是促进全体人民共同富裕的有效途径，是以中国式现代化全面推进中华民族伟大复兴的基础工程。”我们要站在实现中华民族伟大复兴的战略全局高度，深刻认识建设教育强国的重大战略意义，

加快建设高质量教育体系，大力推进教育现代化。党的十四大以后，历届中国共产党全国代表大会都提出了教育优先发展；党的十九大报告把"优先发展教育事业"作为主题，提出建设教育强国是中华民族伟大复兴的基础工程，必须把教育事业放在优先位置。党的二十大报告指出，坚持优先发展教育，加快建设教育强国，第一次把教育作为独立部分，列为中国式现代化的重点之一。优先发展教育是建成社会主义现代化强国的必然要求，是"以人民为中心发展教育"的必然选择；优先发展教育不是简单的发展次序问题，而是从推动党和国家各项事业发展的全盘谋划中作出的战略决策。教育被视为国家发展和中华民族伟大复兴的关键因素，建设教育强国被认为是国家建成社会主义现代化强国的战略先导，是中国式现代化全面推进中华民族伟大复兴的基础工程。这一目标的实现需要全社会的共同努力，以教育为核心，培养高素质的人才，推动科技创新，促进全体人民共同富裕。教育强国战略是全面建成社会主义现代化强国的战略先导，是高水平科技自立自强的重要支撑，是全体人民共同富裕的有效途径，是全面推进中华民族伟大复兴的基础工程，是人才现代化发展的基础支柱①。

教育强国战略是全面建成社会主义现代化强国的战略先导。教育强国战略作为全面建成社会主义现代化强国的战略先导，充当着连接过去、现在和未来的桥梁。在这一引导思想下，必须深刻认识教育强国的重大战略意义，理解其在构建现代国家体系中的独特地位。党的十八大以来，我们党高度重视教育事业和教育工作，以高度的历史自觉和坚强的战略定力，坚持把教育作为国之大计、党之大计，作出加快教育现代化、建设教育强国的重大决策，推动新时代教育事业取得历史性成就、发生格局性变化。2023 年，我国已建成世界上规模最大的教育体系，教育现代化发展总体水平已跨入世界中上国家行列，教育强国指数已位居全球第 23 位，比 2012 年上升 26 位。这些事实雄辩地证明，把建设教育强国作为全面建成社会主义现代化强国的战略先导，坚持走中国特色社会主义教育发展道路是完全正确的，充分体现了我们党对社会主义建设规律的

---

① 范国睿：《教育强国的战略地位：基于战略需求的分析》，《中国高等教育》2023 年第 19 期。

深刻认识和科学把握。①

教育强国战略是高水平科技自立自强的重要支撑。坚持把教育的重点放在高科技创新拔尖人才的培养上。培养什么人、怎样培养人、为谁培养人是教育的根本问题，也是建设教育强国的核心问题。党的十八大以来，我们党始终把培养德智体美劳全面发展的社会主义建设者和接班人作为教育的根本任务。教育强国战略为科技自立自强提供了人才保障。教育强国战略的实施，将确保国家在各个领域都有充足、高素质的人才储备，从而为科技自立自强提供了强大的智力支持。有了这样的支撑，国家在科技创新的过程中更能够应对各种挑战，实现科技领域的独立和强大。现代社会科技创新竞争愈演愈烈，国家强盛的根本在于创新力量的不断涌现。教育是培养创新人才的摇篮，唯有通过全面的、高质量的教育体系，我们才能培养出适应时代要求、具备前瞻性思维和创新精神的人才，推动国家持续在科技领域取得突破性进展。教育强国战略作为高水平科技自立自强的支撑体系，不仅培养了具备专业素养的科技人才，更激发了创新潜能，引领着国家科技发展的方向。这一策略的成功实施，将为国家实现科技的自主发展提供可靠的智力和人才基础。

教育强国战略是全体人民共同富裕的有效途径。共同富裕体现着全体人民的福祉，是社会主义的本质要求，是中国式现代化的重要特征。共同富裕是人民群众物质生活和精神生活都富裕。全体人民共同富裕要取得实质性进展的显性指标是，到2035年我国基本实现社会主义现代化，人均国内生产总值迈上新的大台阶，达到中等发达国家水平，为了达到这一人均国内生产总值目标，需要推动经济由高速增长转向高质量发展。教育强国战略为人力资源的优化配置提供了基础。全体人民共同富裕需要有足够的人才支持，而教育正是培养和造就人才的关键渠道。通过强化教育体系，提高全体人民的受教育水平，国家能够拥有更多高素质、高技能的劳动者，形成更为优越的人力资源结构，从而推动全体人民共同富裕的实现。教育是一个平等的平台，它为每个人提供了获取知识、发展才华的机会。通过实施教育强国战略，国家能够更好地确保全体人民都能享有优质的教育资源，不论其社会背景、经济状况，都能够有机

① 怀进鹏：《新时代加快建设教育强国的重大战略意义》，《新教育》2023 年第 4 期。

会获得平等的教育，从而为共同富裕创造公平的竞争环境。教育强国战略作为实现全体人民共同富裕的有效途径，通过优化人力资源、提供平等机会、培养全面人才、促进科技创新、弘扬正确价值观等多方面的作用，为国家发展和全体人民共同富裕目标的实现提供了关键支撑和有效途径。

教育强国战略是全面推进中华民族伟大复兴的基础工程。习近平总书记强调，我们要建设的教育强国，是中国特色社会主义教育强国，必须以坚持党对教育事业的全面领导为根本保证，以立德树人为根本任务，以为党育人、为国育才为根本目标，以服务中华民族伟大复兴为重要使命。中国要实现社会主义现代化，中华民族要实现伟大复兴，归根结底靠人才、靠教育，任何时候任何情况下都离不开建设教育强国这项基础性工程。通过强调教育强国战略是中华民族伟大复兴的基础工程，体现了对中华优秀传统文化的传承和发扬光大的决心。培养具有中华优秀传统文化素养的新一代，是构建具有创造力、责任心、国际竞争力的中华民族的必要条件，也是实现中华民族伟大复兴的重要支撑。实现中华民族伟大复兴需要具有创新意识和国际竞争力的高素质人才，而这些人才的培养离不开教育。教育强国战略将培养创新人才、领军人才作为重要目标，旨在通过优质的教育体系，培养一代又一代有志之士，推动中华民族走向复兴的前沿。总的来说，教育强国战略是全面推进中华民族伟大复兴的基础工程，传承文化、培养领军人才、推动科技创新、提升国际影响力等多方面作用，为中华民族伟大复兴提供了不可或缺的支撑和保障。这一战略的实施将为中华民族的繁荣昌盛、文明复兴打下坚实的基础。

教育强国战略是人才现代化发展的基础支柱。首先，教育作为人才培养的主渠道，对人才现代化发展具有不可替代的基础性支持作用。人才的培养过程始于教育，而人才的现代化发展离不开全面、优质的教育。教育强国战略将培养高素质、全面发展的人才作为重要目标，通过构建多层次、多领域的教育体系，满足不同层次、不同领域的人才需求，为人才现代化发展提供了强有力的保障。其次，教育作为创新人才培养的基础，对人才现代化发展有着至关重要的推动作用。现代化的人才需要具备创新精神和创新能力，而这正是教育系统应当培养和激发的品质。

教育强国战略强调创新驱动，倡导培养具有创新意识和实际动手能力的人才，通过优化创新教育，激发学生的创新潜能，推动人才现代化发展走在时代前沿。最后，教育作为全球竞争的制高点，对人才现代化发展有着重要的国际影响。在全球化时代，国家的竞争力在很大程度上取决于其教育水平和培养出的人才。通过实施教育强国战略，提升国家的教育水平和国际声望，有助于吸引全球顶尖人才，推动人才现代化发展在全球范围内取得更高地位。此外，教育作为社会发展的引领者，对人才现代化发展有着深刻的社会影响。教育不仅是人才现代化的培养地，更是社会发展的推动者。教育强国战略通过强调德育、智育、体育全面培养人才，为构建和谐社会、推动人才现代化提供了全方位的支持。综上所述，教育强国战略是人才现代化发展的基础支柱。培养、引领、推动、影响和组织等多方面手段，为国家人才现代化发展提供全方位、多层次的支持和保障。在新时代，教育强国战略的实施将为国家的繁荣昌盛和人才现代化发展奠定坚实基础。

三　教育强国政策的根本任务

党的十八大报告提出，把立德树人作为教育的根本任务；在此基础上，党的十九大报告提出，落实立德树人根本任务；党的二十大报告指出，全面贯彻党的教育方针，落实立德树人根本任务，培养德智体美劳全面发展的社会主义建设者和接班人。党对教育工作的根本要求是立德树人，把立德树人作为教育的根本任务。立德树人，把“德”置于教育的首要和中心地位，直指教育的本源价值，强调以德立人、树人以德，凸显了“德”对人的化生、完善和成全。立德树人明确了教育改革发展的本质追求和核心使命。习近平总书记在中共中央政治局第五次集体学习时发表重要讲话指出，“以立德树人为根本任务，以为党育人、为国育才为根本目标，以服务中华民族伟大复兴为重要使命”，“培养什么人、怎样培养人、为谁培养人是教育的根本问题，也是建设教育强国的核心课题”。[①] 习近平总书记的重要讲话揭示了人才在强国建设、民族复兴中的极端重要性，深化了对人才培养和教育强国建设的规律性认识，是做

① 习近平：《扎实推动教育强国建设》，《求是》2023 年第 18 期。

好新时代教育工作的根本遵循。新征程上，必须一以贯之地落实好立德树人这一根本任务，坚持为党育人、为国育才，不断培养更多可堪大用、能担重任的栋梁之材。教育强国政策的根本任务体现在立德树人的方向性、立德树人的法制性、立德树人的规划性。具体如下。

教育强国政策的根本任务体现在立德树人的方向性。立德树人的方向性要求教育体系以价值引领为核心。在教育中注重德育，培养学生正确的人生观、价值观和世界观。这不仅是为了满足个体的精神需求，更是构建社会主义核心价值体系的需要。立德树人的教育实践，让学生成为社会主义核心价值观的坚定信仰者，为国家长治久安奠定深厚基础。教育强国政策的首要任务是明确教育的战略目标，如培养德智体美全面发展的社会主义建设者和接班人。通过设定具体的教育目标，政策能够引导全社会的教育实践，确保教育的效果符合国家发展的需要。在教育强国的战略布局中，立德树人的方向性是具有深远意义的。它不仅关乎个体的人生价值追求，更关系国家的长远发展。通过培养拥有正确价值观、强烈社会责任感的新一代公民，教育强国战略方向性不仅有助于社会的和谐稳定，更是实现国家伟大复兴的战略支撑。因此，将立德树人的方向性作为教育强国的根本任务，是建设富有活力、创新能力的社会主义现代化强国的必然选择。

教育强国政策的根本任务体现在立德树人的法制性。实施教育强国离不开相关法规、法律文件的制定。这有助于政策的执行，确保各级政府和教育机构依法履行教育任务。通过教育，使每一位学子在接受知识的同时，深刻领会法治精神、树立正确的价值观。这不仅有助于形成公民的合法意识，更是社会治理的重要前提。法制性的教育理念可以引导青少年在成长过程中明晰是非曲直，增强社会责任感，最终培养出对法治社会的信仰和自觉遵循法规的公民。教育强国的法制性立德树人，不仅是对个体道德观念的引导，更是对整个社会法治观念的潜移默化。这样的法制性教育理念有助于培养有法治思维的人才，为国家的长远发展提供可持续的智力支持。因此，将教育强国的根本任务置于立德树人的法制性理念中，不仅是对国家治理体系的优化，更是对社会主义核心价值观的传承和弘扬。

教育强国政策的根本任务体现在立德树人的规划性。教育强国政策

的任务之一是提供长期、中期和短期的教育规划。长期规划需要深入洞察国家未来的发展方向，结合社会需求和国际竞争趋势，为培养适应未来挑战的复合型人才制定战略。中期规划则应灵活应对当前社会、科技和经济环境的变化，以适时调整政策举措，确保教育体系具备适应性和创新性。而短期规划则可快速反映社会发展的最新动向，为学校和教育机构提供具体操作策略。这需要考虑国家未来的发展方向、社会的需求以及国际竞争的趋势。教育强国政策需要及时反映社会发展变化，确保其与时俱进。这要求政策在实施过程中能够灵活调整，适应新的社会、科技、经济环境的变化。规划性政策有助于更好地引导学校和其他教育机构的发展，确保教育系统与国家整体规划协调一致。为了实现教育强国目标，其相关政策需保持灵活性，能够适应各类变革和新兴挑战。在推动教育现代化的过程中，政策应及时调整，引入先进的教育理念、技术手段，以确保教育体系始终处于国际竞争的前沿，从而为国家培养更多具备国际竞争力的人才提供战略指导，为国家的长期发展提供可持续的智力支持。

四 教育强国政策的主要内容

中国的教育政策在各个时期都受到国家整体发展战略的引导，尽力适应时代需求。中华人民共和国成立初期，我国教育政策致力于基础教育的普及，强调社会主义教育的理念，为提升国民素质起到积极作用。改革开放以来，教育政策相应调整，重点放在基础教育的普及和提高上，为中国社会的现代化提供了坚实的基础。21 世纪以来，中国教育政策越来越强调创新、素质教育，并推动新型教育方式的发展，提出了符合时代发展的教育政策。2020 年以后，政府关注人工智能等科技发展对教育的影响，强调培养适应时代需求的人才。在努力提高基础教育水平的同时，也在不断调整政策以适应新的社会、科技和经济环境。

现阶段教育政策依旧是以国家整体发展战略为引导。以人民为中心，办好人民满意的教育，是中国共产党人进行中国特色社会主义教育事业的初心和使命。教育强国政策坚持人民的主体地位，把人民对美好生活的向往作为奋斗目标，体现了教育为人民服务的根本宗旨。以习近平同志为核心的党中央在坚持以人民为中心发展教育、办好人民满意的教育

的理论创新与实践探索上不断迈开新步，制定实施数十项战略规划和重大政策举措，为加快推进教育现代化、深化教育领域综合改革增添强大动力，推动我国教育事业取得新的历史性成就、发生新的历史性变革。

教育强国的具体政策体现了多方面的努力，旨在全面提升国家的教育水平、培养高素质人才，推动社会经济的可持续发展。教育强国政策的主要内容有如下7个方面。

（一）增加教育投入

增加教育经费是确保教育质量和公平的基础。政府增加对教育的财政支持，包括提高教育部门的经费拨款和国家财政中教育经费的比例，以及鼓励社会资本投入教育领域，确保更多的资金用于改善教育资源和提升教育质量。在教育强国政策中，增加教育投入是关键举措，旨在构建更为均衡、高效、创新的教育体系，以推动国家整体发展。这一政策反映了中国政府对教育事业的高度重视和对未来人才培养的战略考量。首先，提高教育经费的投入是确保教育质量和资源供给的基础。通过增加对教育领域的财政拨款，政府能够更好地满足学校、教师以及学生的各类需求。这包括改善学校基础设施、更新教育技术设备、提高教师待遇等多个方面，从而全面提升教育教学质量。其次，政府鼓励社会力量参与教育事业，这体现在引导和激励企业、社会组织等非政府部门，使得更多社会资源能够注入教育系统。这种多元化筹资的方式，有助于打破单一财政来源的限制，促使教育经费更为广泛、灵活地运用，推动教育事业的全面发展。教育投入的增加也是与国家整体发展水平息息相关的，它反映了政府对未来发展的长远眼光。在全球化和知识经济的时代，一个国家的繁荣不仅依赖于物质产出，更取决于其人力资源的素质和创新能力。通过提高教育投入，中国政府致力于培养具备创新思维和综合素质的高素质人才，以适应未来社会的发展需求。增加教育投入是教育强国政策的核心之一，它不仅是为了提高教育质量，更是为了塑造具有国际竞争力的人才队伍，推动中国成为真正的教育强国。这一政策的实施将在未来推动中国教育事业蓬勃发展，为国家整体发展注入源源不断的智力动力。

（二）改善教育资源

通过均衡配置教育资源，特别是关注农村和贫困地区的教育状况，

解决不同地区之间的不平等问题。提高基础教育的师资力量和教学条件，使每个学生都能享受优质的教育资源。

首先，着眼于农村和贫困地区的教育问题，这些地区通常面临教育资源匮乏、师资力量不足等方面的挑战。通过改善这些地区的教育条件，政府有望消除城乡和区域之间的差距，实现教育公平。这包括投入更多资源用于改善学校基础设施，提高农村教师的教学水平，以及促进校本教材的研发，以更好地适应当地的实际情况。其次，提高基础教育的师资力量是改善教育资源的重要一环。政府应该加大对教师的培训力度，提高他们的专业素养和教育教学水平。此外，吸引优秀的教育人才前往农村和贫困地区任教也是一个重要方向。通过提高教师待遇，建立激励机制，政府可以更好地留住和吸引一流的教育人才，从而提升教育质量。同时，改善农村和贫困地区的教育状况也需要注重技术手段的运用。在数字化时代，政府可以通过加强信息技术基础设施建设，推动远程教育、在线教育等创新教学方式，使教育资源更加灵活地覆盖每一个角落。这有助于解决地理位置和资源分布不均等问题，提高教育公平性。

综上所述，改善教育资源特别是关注农村和贫困地区的教育状况，是教育强国政策的一项重要措施。这一措施的实施将有助于打破不平等问题，促使全国范围内每个学生都能享受到公平、优质的教育资源，从而为国家的可持续发展奠定坚实的人才基础。

（三）提升教师待遇

师资队伍是教育强国的硬实力，是影响教育质量、教育贡献度和教育国际化水平的重要因素，是学校发展与人才培养的支撑力量，是教育强国战略实施的重要保障。[①] 优化教师队伍结构，提高教师待遇，以吸引更多优秀人才从事教育工作。同时，通过加强教师培训和建立科学的评价机制，提升教师的专业水平和教学质量。这一政策反映了政府对于教育事业的高度重视，认识到教师是推动教育进步、培养人才的中坚力量。

首先，提升教师待遇直接关系到吸引和留住优秀教育人才。教育是国家的根本大计，而优秀的教育人才是推动教育创新和提高教育质量的核心。通过提高薪酬水平、改善福利待遇，政府能够更好地留住教育领

① 刘向兵：《教育强国的核心要义思考》，《中国人民大学教育学刊》2023年第6期。

域的优秀人才，激发他们的工作积极性和创造力。其次，提升教师待遇有助于提高整个教育体系的质量。教育事业的发展需要一支高素质、富有经验的师资队伍。通过提升教师的待遇，政府可以鼓励更多人选择从事教育工作，培养更多具备专业素养和责任心的教育工作者，从而提升教育体系的整体素质。此外，提升教师待遇还有助于改善教育环境，为学生提供更好的学习氛围。教师是学生成长道路上的引路人，他们的教学态度、职业精神直接影响学生的学业成绩和人生发展。优厚的待遇可以提高教师的职业满足感，激发他们更多地投入教学工作，为学生成绩的提高、全面素质的培养提供更有力的支持。最后，提升教师待遇是对教育价值的一种肯定。这一政策体现了社会对于教育事业的重要性认知，是对教师这一职业的社会尊重和鼓励。提高教师的社会地位，可以激发更多人从事教育工作的热情，形成全社会对教育的共同关注和支持。

综上所述，提升教师待遇是教育强国政策的一项重要战略，具有深远的影响。通过此举，政府可以更好地引导和推动整个教育事业的健康发展，为培养更多高素质的人才奠定坚实基础。

（四）推进教育改革

坚持深化改革扩大开放，进一步激发教育发展的动力和活力。习近平总书记反复强调要深化教育体制改革。近年来，聚焦重要领域和关键环节，以评价改革为牵引，统筹推进育人方式、办学模式、管理体制、保障机制改革，一大批基层改革创新的经验做法不断涌现，一些“老大难”问题正在得到历史性解决。中央出台新中国第一个关于教育评价系统性改革的纲领性文件，破解唯分数、唯升学、唯文凭、唯论文、唯帽子等“顽瘴痼疾”。深化“放管服”改革，落实和扩大学校办学自主权，加快推进依法治教、依法治校，强化督政、督学、评估监测功能作用，教育战线的创新创造热情竞相迸发，聪明才智充分涌流。坚持扎根中国大地办教育，把服务中华民族伟大复兴作为重要使命，推动高等教育内涵式发展，加快“双一流”建设，瞄准“卡脖子”问题加快关键核心技术攻关，打造支撑国家长远发展的硬实力。

这一系列举措旨在培养高素质人才，提升国际竞争力，为中国长远发展提供坚实支持。

（五）发展职业教育

党的二十大报告明确提出，“加快建设国家战略人才力量，努力培养造就更多大师、战略科学家、一流科技领军人才和创新团队、青年科技人才、卓越工程师、大国工匠、高技能人才”，首次把大国工匠和高技能人才纳入国家战略性人才，成为国家教育链、人才链、创新链中不可或缺的一环。发展、优化职业教育体系，就是优化人才培养结构，使得培养的人才在规模、结构、质量等方面适应经济转型要求。[①] 新时期，如何落实好党和国家提出的这一战略人才的培养，以职业教育之为，贡献教育强国、制造强国之力，成为职业教育高质量发展的重大挑战和关键问题。经过长期实践，目前初步探索出八种高技能人才培养模式。稳步推进现代职业教育是教育强国主要内容，是深入学习贯彻习近平总书记关于职业教育工作重要指示精神的具体行动，是全面推动落实中共中央办公厅、国务院办公厅《关于深化现代职业教育体系建设改革的意见》的现实举措。重视培养具备实用技能的人才，加大对职业教育和技能培训的支持。与企业合作，使培训更符合市场需求，提高学生就业竞争力。经过长期实践，职业教育探索出中高职衔接培养模式、“3 + 4”中本贯通培养模式、“本科 + 技师”培养模式、“3 + 2”专本衔接培养模式、高级技工学校培养模式、技师学院培养准技师模式、校企联合开展学徒制培养模式、高技能人才培训模式。

我国在高技能人才培养方面取得了初步的成就，构建起了与中等职业教育人才培养相互衔接、类型层次多样、内涵形式丰富的培养制度。特别是职业本科教育，虽然刚刚起步且数量相对较少，但其稳步发展已经成为不可逆转的趋势。

观察各类高技能人才培养模式，一个共同规律是高技能人才的培养是一个由新手到熟手再到专家，由低级到高级的技术技能积累的过程。这需要较长时间，通常需要实施分段培养，而这过程离不开行业企业的协同配合。这也凸显了培养高技能人才需要整个社会体系的积极参与和支持。为更好地落实国家战略性人才的培养，各培养院校或单位需要进

---

① 褚宏启：《教育强国建设的底层逻辑与顶层设计——教育如何推动中国成为世界强国》，《教育研究》2024 年第 1 期。

一步加大探索力度。这包括深化产教融合、校企合作，创新校企双制、校中厂、厂中校等方式。其中，中国特色学徒制的积极探索被提出，这是一个有潜力的方向。同时，鼓励行业企业通过大师工作室名师带徒、技能研修、岗位练兵、技能竞赛、技术交流等形式解决实际问题，培养高技能人才。在这个过程中，校企合作被强调为关键因素。逐步构建以行业企业为主体、职业学校（含技工院校）为基础、政府推动与社会支持相结合的高技能人才培养体系是一个可持续发展的路径。这种体系能够更好地满足不同行业对于高技能人才的需求，也有助于确保培养出的人才更符合实际用工需求，推动技能人才的升级与行业的可持续发展。

（六）加强科研创新

教育科学研究是教育事业的重要组成部分，对教育改革发展具有重要的支撑、驱动和引领作用。改革开放特别是党的十八大以来，我国教育科研工作取得长足发展和显著成就，学科体系日益完善，研究水平不断提升，服务能力明显增强，为推进教育改革发展发挥了不可替代的重要作用。进入新时代，加快推进教育现代化，建设教育强国，办好人民满意的教育，迫切需要教育科研更好地探索规律、破解难题、引领创新。2023 年，习近平总书记在主持中共中央政治局第五次集体学习时再次强调了“建设教育强国，是全面建成社会主义现代化强国的战略先导，也是以中国式现代化全面推进中华民族伟大复兴的基础工程”。[①] 提出要按照国家教育现代化总体部署，构建更加健全的中国特色教育科研体系，力争用 5 年左右的时间，重点打造一批新型教育智库和高水平教育教学研究机构，建设一支高素质创新型科研队伍，催生一批优秀教育科研成果。教育科研体制机制更加完善，科研机构和科研人员更有活力，组织形式和研究方法更加科学，科研成果评价更加合理，原创研究能力显著增强，社会贡献度大幅提升，推进建设教育科研强国。

其关键方向之一是建设一批新型教育智库，这将成为教育决策的智囊团。这些智库应该拥有广泛的专业知识和深厚的研究实力，能够对各层次、各领域的教育问题提供深刻见解。而高水平教育教学研究机构则应致力于推动教育教学理念的创新，提升教育质量，满足社会对于高素

① 习近平：《扎实推动教育强国建设》，《求是》2023 年第 18 期。

质人才的需求。培育一支高素质创新型科研队伍是实现科研体系健全的基础。这需要对科研人员进行系统培训，提升其研究水平和创新能力。同时，引入更多的激励机制，激发科研人员的积极性，使其更加专注于有重大影响的教育科研项目。在组织形式和研究方法方面，科研体系应更加科学，采用跨学科的研究方法，综合性和系统性地解决问题。科研成果的评价也应更加合理，注重原创性研究的贡献，而非仅仅着眼于论文发表的数量。

最终，这一系列努力的目标是提升教育科研的原创研究能力，使得国内的教育科研水平能够更好地服务于国家的教育现代化总体目标。通过科研成果的社会贡献，推动建设教育科研强国，使我国在全球教育领域更具竞争力。

（七）促进国际交流

国际交流与合作有助于我们吸收借鉴国际先进经验和做法，为我国教育改革创新提供启发和思路；也可以将我国教育的优秀资源、先进经验、模式和成果与世界分享，讲好中国教育故事，增强中国教育自信，扩大我国教育的国际贡献度、影响力和认可度。[①] 鼓励学生参与国际留学和交流项目，以提升国际视野。加强国际教育交流与合作，引进国际优秀教育资源，促进中外教育的共同发展。

积极服务大国外交，形成更全方位、更宽领域、更多层次、更加主动的教育对外开放新格局。与 188 个国家和地区、40 多个重要国际组织建立教育合作与交流关系，我国成为全球最大的留学生生源地国，亚洲最大的留学目的地国，中国教育日益走向世界舞台中央。向改革开放要动力、要活力、要特色、要增长点，这是实践经验，更是实践启示。必须更加注重改革系统性、整体性、协同性，完善充满活力、富有效率、更加开放、有利于高质量发展的体制机制，为建设教育强国打下良好治理基础。

要强化民间教育合作伙伴关系，发挥民间组织的优势，联合举办论坛、会议，开展人才联合培养、联合科研、学生交流等项目。巩固深化与主要教育发达国家的合作，积极扩展与东北亚、拉美和加勒比地区的

---

① 刘向兵：《教育强国的核心要义思考》，《中国人民大学教育学刊》2023 年第 6 期。

交流。还要发挥平台作用，进一步发挥中国—中东欧国家高校联合会、中国—东盟职业教育联合会、金砖国家职业教育联盟等平台作用。扩大对外交流“朋友圈”，探索中外融通、产教融合的合作新模式。更要推动中国教育“出海”，稳妥有序地推进中国教育的国际化进程。完善“鲁班工坊”发展规划，强化风险防范，提升师资水平，高质量推动“鲁班工坊”建设。继续实施“未来非洲—中非职业教育合作计划”，扩大中非职业教育联合会规模，打造高质量对非职教品牌。

这些措施旨在促进国际教育资源的共享与合作，推动我国教育水平的国际化提升，同时加强与各地区的文化、科技、经济等方面的交流与合作，可以全方位助力中国教育国际影响力提升。

第四节　教育强国的实践逻辑

在学界，我们普遍认为，“教育强国”既是指“教育强的国家”，也是指“通过教育使国家强盛”，两者是相互交融与相辅相成的。没有“教育强”也就无所谓“强的国家”，因为一个强盛的国家不可能存在教育短板的现象，而存在教育短板的国家也不可能是真正强盛的国家。因此，无论是“教育强的国家”还是“通过教育使国家强盛”，都对教育的发展水平和国家的综合实力提出较高的要求。问题的关键在于，我们怎样从实践逻辑的层面来思考教育是如何使自身强大、使国家强盛和为未来服务的。

一　教育自身强的实践逻辑

（一）指向学校强的实践

党的十九大报告指出，建设教育强国是中华民族伟大复兴的基础工程。教育强国就是要使教育能够全方位地服务于国家政治、经济、军事、社会、文化、生态等各个领域的战略发展需要，能够为国家各领域的战略发展提供人才支持和智力保障。教育强国的建设，离不开每一所学校的强盛发展，学校强则教育强，教育强则国家强。[①] 强校发展是建设教育

① 曾天山、杨颖东：《新时代科研强校的使命、基本特征与推进策略——以北京市科研强校实践为例》，《教育理论与实践》2018 年第 22 期。

强国的重要基础，对于提升我国的教育实力和国际竞争力具有重要作用。

我们认为，我国强校产生于经济与社会发展的特定历史时期，具有鲜明的时代特征，必须遵循实事求是的原则，按照教育评价的科学做法，把握好以下几个衡量的准则：第一，提高价值取向。高质量发展是这个时代的主旋律。学校高质量存在与发展，不仅要观其“形”，而且要重其“神”。一所学校，其质量的首要呈现是有“精气神”，必须忠诚于党的教育事业，同时有育人成才的坚定正确导向。为此，学校应有清晰的办学理念，包括教育信条、办学目标、办学方式以及“一训三风”的明确表述；同时，学校的办学理念还应该有传承渊源，譬如悠久的办学历史、深厚的地域文化、长期形成的办学特色，这是一所学校历久弥新、永续发展的动力机制。此外，办学理念不能仅仅挂在墙上，还必须形成向下渗透和向外扩散的机制，即不仅课程建设、课堂教学、社团育人要渗透学校的办学理念，而且，学校对外向社会公众展示，包括家长会、媒体会和区域学校共建会、集团办学融合会，都应该具化贯穿办学理念，让多年沉淀的学校精神成为师生成长的风向标，也成为学校向社会公众展示教育情怀的磁铁石。第二，增强办学质量。办学质量的提高不是一朝一夕的事情。强校是由先进教育因子有机组成，具有强大的发展内驱力和灵动的活力，总是在不同阶段提出持续发展的目标；同时具有随机的自动纠错力，能够克服自组织活动过程的各种偏差；另外，还具有突出的凝聚力，总可以让各种分歧达成共识、形成合力，使得学校发展一直处于行稳致远、笃定持恒的状态，确保新优质学校从优质走向卓越。所以，这里必须强调，学校质量是否高，并不在于建校时间的长短，而在于办学成效的高低；不在于学校行政级别的高低，而在于治校治学水平的优劣；不在于生源及所在社区的条件是否丰厚，而在于校长、教师在教书育人方面是否专注。有些学校虽然体量大、教师多、设施全，在地方上很有影响力，但教书没有品位、育人没有品质；相反，一些条件不太好的中型甚至小规模学校，却因为在教学方面下功夫、有创新，屡屡获得专业奖励，并且，教师在育人方面花心血、有探索，从而形成了丰富而宝贵的经验，也获得学生与家长的敬重。所以，学校不论大小，只要教书育人站在前沿，就应该成为社会大众心目中的好学校。第三，更新治理方式。学校的良性运行体现为人、财、物和教、学、考等活动处

于有机结合、和谐共处、良性互动、可持续运转的状态。传统学校的运行主要依靠管理实现，具体表现为从权威管理、制度管理、技术管理、道德文化管理的形态排序和与工业化时代相适应的泰罗制、法约尔制、韦伯的科层制，转向后工业化时代体现人性要求的梅奥的环境改善、马斯洛的价值实现、德鲁克的组织行为优化等，但都离不开自上而下的管理。然而，学校治理现代化则要求学校发展理念与组织方式彻底更新。学校治理更加强调发展主体的多元性、参与性、协同性，要求从学校控制走向协调，从封闭走向开放，妥善处理好校长和书记、领导班子和教职员工、学校和学生、学生和家长、学校和社区之间的关系，形成相互促进、彼此监督、相辅相成的治理体系。这不仅可以激发全校师生自主发展的内生动力，而且有助于校内校外各个层面、各个方面、各种主体都发挥聪明才智，让学校的发展呈现和谐共生、善治善能的良性格局，是一所学校建立现代学校制度的必要前提。所以，高质量学校要求从"人治"走向"法治""共治""善治"，从传统的"火车跑得快，全靠车头带"转变为学校共同体公开、公正处理学校重大事务的协商组织行为，使学校从传统的"绿皮火车"变成了现代化的"动车组"，更有利于实现新优质学校的发展。

（二）指向教师强的实践

教育是国之大计、党之大计；教师是立教之本、兴教之源。只有建设一支政治过硬、品德高尚、业务精湛、治校有方的高素质教师队伍，才能培养出更多更优秀的人才，培养出德智体美劳全面发展的社会主义建设者和接班人。教师作为学校教育工作的中坚力量，决定着能否建成高质量的教育。高质量的教师有赖于高质量的教师队伍建设，教师队伍建设在教育强国建设中发挥着基础性、先导性作用。因此，我们要把加强教师队伍建设作为建设教育强国最重要的基础工作来抓，健全中国特色教师教育体系，大力培养造就一支师德高尚、业务精湛、结构合理、充满活力的高素质专业化教师队伍。

第一，高质量教师队伍建设需要重构教师教育新体系。近几十年来，我国的教师教育综合改革不断深化，教师教育体系发生了结构性和战略性转变，不仅破除了独立封闭的教师教育体系，而且朝着灵活开放的一体化教师教育体系阔步前行。但我们必须清醒地认识到，灵活开放的教

师教育体系还只是一个松散的雏形，不仅高质量的内涵支撑严重不足，而且还缺乏高质量的内生动力。构建高质量教师教育体系，首先要重建教师教育理论体系，强化中国特色教师教育的理论建设，为中国教师教育的整体发展提供必要的理论基础、价值选择和方向引领，以有效指导高质量教师教育实践和高效服务教育强国建设的战略需要；其次要重建高质量教师专业发展标准体系，按照高素质、专业化、创新型教师的总体要求，全面厘定高质量教师专业发展的核心内涵，重构高质量教师专业发展的分级、分类、分段标准，全面提升高质量教师的培养规格；最后要重建高质量教师教育专业体系，全面提高教师教育专业的基础门槛，严格规范教师教育机构的培养条件，一方面主要依托高质量师范院校和高水平综合大学基于高质量教师专业发展标准重点建设一批高质量教师教育专业，另一方面建立教师教育专业退出机制，严格教师教育质量评价，从而为高质量教师培养提供制度性保障。

第二，高质量教师队伍建设需要创新教师培养新模式。教师培养是教师质量的关键环节，建设高质量教师队伍必然要求教师培养模式的变革与创新。由于教育环境的复杂性和变动性，教师工作不仅具有极强的专业性，而且具有很大的不确定性。因此，高质量教师不能只是基于传统的教师专业标准，而是要具备自主发展和可持续发展的意识和能力；不能只是局限于学科知识和教学能力，而是要形成基于反思和研究的教育智慧。首先要树立一体化教师培养理念。教师职业的特殊性决定了教师必须是终身学习者，终身持续不断地专业学习是高质量教师的基本保障。因此，教师培养不能只管教师职前阶段，还必须包括教师职后持续不断地专业发展。高质量教师不仅要立足专业化的培养过程，而且要基于一体化的学习体系。其次要构筑教师培养新生态。高质量教育发展对教师整体素质提出了新的挑战，教师不仅要具备政治素养、学科素养、教育素养、社会素养和技术素养等核心素养，而且要树立新型的教育观、人才观、教师观，在反思能力、研究能力和创新能力等方面实现根本突破。因此，幼儿园和小学教师应全面实现大学化培养，中学教师应实施本科与硕士阶段的贯通培养，以有效培养教育强国和现代化建设所需要的高质量教师，特别是面向未来的创新型教师。最后要重构创新型教师培养新方式。近些年来，在深化教师教育综合改革的背景下，教师培养

方式发生了比较大的变化，但总体而言还不能支撑创新型教师的培养要求。培养目标上既要破除知识本位的传统，又要避免能力本位的局限，在注重知识与能力基础上更多地注重创新素养，并以创新素养为核心进行目标重构，将自主性、探究性、反思性、创造性等要素融入目标体系。培养内容上不能只局限在学科专业领域，而要有效融入中华优秀传统文化和对接教育强国建设的国家需求，注重综合基础、创新发展和家国情怀等方面的内容。培养方式上要破除知识灌输式的简单方式，而应更多地采用研究型、情境式、智慧化等高阶方式，真正让创新贯穿于教师培养的全过程。

第三，高质量教师队伍建设需要探索教师治理新机制。教师治理是制约教师发展的重要因素，对高质量教师队伍建设有着直接的影响。一方面，无论是政府还是学校，都承载着教师治理的重要职责，既要维护教师权益，又要加强教师管理，以保证规范的教育秩序和合理的教育质量；另一方面，如果政府、学校对教师管理得过多过细，教师就会缺少自主权，导致教师的主体性和创新性缺失。如何保持两方面的平衡，既能够让教师真正承担起相应的教育责任与义务，又可以促进教师的专业自主和专业发展，这需要探索和创建教师治理的新机制。首先要建立教师自主发展的激励机制，通过激励机制创造一定条件激发教师成长和发展的可能性力量。事实上，尊重和强化教师的专业自主，不仅可以调动教师自身对于专业发展的主动性和创造性，而且有助于增强教师对于自身专业发展的内生动力，还能够激励教师不断改进教学策略，不断完善专业形象，争取卓越的教育表现。其次要建立教师发展的评价机制，通过评价机制既严格规范教师的教育责任和引导教师的行为表现，又不断重塑教师的角色和促进教师的专业自觉。一方面要建立一个系统性的教师表现性评价体系，以规范教师的专业形象，引导教师的专业发展；另一方面要适应教师职业生涯不同阶段实施连贯性的增值性评价，鼓励教师的专业参与，激励教师的专业成长。教师发展评价不仅可以及时反馈教师发展中的实际问题，而且对教师专业的持续进阶发展起到积极的引导作用，从而不断提高教师的发展质量和水平。最后要建立教师发展的协同机制，通过协同机制充分调动政府、教师教育机构、教师专业组织、学校、社会等教师教育多元主体有效履行教师培养与教

师发展的职责义务，充分发挥各自的功能和作用，实现教师管理的精细化。

（三）指向学生强的实践

“少年强，则中国强”的呼喊，至今回荡国人耳畔。“少年强”来自哪里？来自教育。教育强，则少年强；少年强，则国家强。学生是教育的主要对象，是知识和技能的接受者。一个教育强国的学生应该具备良好的学习能力和积极的学习态度，能够主动学习，善于思考，勇于创新。此外，学生还应该具有健全的人格，尊重他人，遵守规则，有良好的社会责任感。因此，教育要使少年强，应把握以下几个准则。

第一，要树立立德树人的教育理念。人是教育的对象，教育面对每个人，这是普及化教育发展的基本要求；人的发展首先在于“德”的养成，包括理想信念、道德品质和行为规范，尤其是价值观养成。建设教育强国就是回答“培养什么人、怎样培养人、为谁培养人”的根本问题。习近平总书记强调，“要坚持不懈用新时代中国特色社会主义思想铸魂育人，实施新时代立德树人工程。不断加强和改进新时代学校思想政治教育，教育引导青少年学生坚定马克思主义信仰、中国特色社会主义信念、中华民族伟大复兴信心，立报国强国大志向、做挺膺担当奋斗者。”①《中国教育现代化2035》中的基本理念中有“更加注重以德为先”与“更加注重全面发展”，这些都是立德树人理念的基本内涵与具体要求。因此，建设教育强国首先必须明确立德树人的教育理念，将党的教育方针作为立德树人理念的根本原则，将国家教育改革发展的“九个坚持”内化成立德树人理念的行动策略，将人的发展作为立德树人理念的核心内容。总之，立德树人教育理念是建设教育强国的指南与要求；不断完善立德树人理念，则又是建设教育强国的任务。

第二，要坚持五育并举的方针。“五育并举”理念是教育思想家蔡元培提出的概念，意为兼顾军事国民教育、实利主义教育、公民道德教育、世界观教育和美感教育。随着社会发展，国家对人才需求和教育内容的要求不同，“五育并举”理念的内容内涵也有所变化，新时代的“五育并

① 习近平：《在全国教育大会上强调 紧紧围绕立德树人根本任务 朝着建成教育强国战略目标扎实迈进》，《人民日报》2024年9月11日第1版。

举”理念是指学校教育兼顾德育、智育、体育、美育、劳动教育，以培养德智体美劳全面发展的社会主义建设者和接班人为育人目标。这是新时代中国特色社会主义发展的必然要求，也是中华民族实现伟大复兴的必然要求。

第三，要培养学生创新能力。基础教育在强国建设中的作用，有两种论证方式。其中一种是“聚焦式”的，在论证时不是笼统言之，不是面面俱到，而是聚焦重点、痛点和堵点，攻坚克难。但是聚焦不是随意的，而是有内在的逻辑链条，即先找到作为世界强国内核的先进制造业，进而找到影响先进制造业的高等教育的两个关键点，即科技创新与科技类拔尖创新人才培养，然后从高等教育这个龙头向前延伸到基础教育这个基点。我们可以发现，世界强国建设、教育强国建设对于基础教育的核心要求就是“学生创新能力培养”，进一步展开则可以包括以下几个方面。一是聚焦培养目标。在促进学生全面发展和培养学生核心素养的基础上，要把学生创新能力的培养作为基础教育的主要培养目标。为此，要切实解决“唯分数”的顽瘴痼疾，把学生从重视机械记忆、重视标准答案中解放出来，重视学生批判性思维、创造性思维、创造性人格的培养，从分数挂帅走向创新为王。二是改进育人方式。不仅要优化课程内容结构，加强科学教育，进一步提高科学教育在课程中的比重，加强项目化学习、STEM 或 STEAM 课程，提升综合实践活动、劳动教育、10%的跨学科主题学习的科技含量，在促进学生掌握科学知识的同时，重点是要培养学生的科学精神、科学思维、理性精神。还要改进评价方式，不以分数论英雄，而以创新论高低，要把创新能力的测试引入中高考，引导学校、教师、学生、家长形成新的发展导向。三是改进学校管理方式尤其是学生管理方式。中小学要推进学校民主管理与多元共治，给教师、学生更多的自主权，给教师、学生、家长更多参与决策的机会。学校要建好教代会、少代会、学代会、班委会、家委会等民主参与平台，通过民主管理激发各类主体活力，形成民主平等的师生关系，形成课堂上浓厚的教学民主氛围，从而提升学生的创新能力。总之，提升学生的创新能力是建设世界强国、教育强国对基础教育提出的核心要求，基础教育要聚焦重点并实现突破。

二　教育使国家强的实践逻辑

（一）指向人现代化发展的实践

人的发展问题是教育研究中的核心问题，“人是教育的目的和归宿”也几乎成为学界普遍认同的教育理念。尽管我们常提到教育是促进社会进步的基石，但实际上也是必须通过“培养人”即教育促成人的发展来实现这一目的。无论什么样的社会，都需要通过人的发展才能实现。在我国古代，《学记》就曾提出“建国君民，教学为先”的主张，指出教育是关系到治国安邦的头等大事。在西方，柏拉图也曾在《理想国》中指出教育是实现理想社会的战略措施，教育的主要任务是造就治国之才。马克思主义从“现实的人”的角度出发，通过辩证历史唯物主义方法论述了“人的自由而全面发展”的问题。马克思主义设想，实现人的自由而全面的发展需要彻底消灭私有制，需要建构“自由人联合体”即共产主义社会，并实施普遍、全面和自由的教育。20世纪中叶以后，“人的自由而全面发展”成为我国教育政策制定的主导思想，也成为教育改革与发展的主要目标。教育与国家的关系，在人的发展尺度上得到进一步强化。教育作为一种指向人的发展的实践，在“教育强国”语境中被赋予新时代的人学内涵。习近平总书记在主持中共中央政治局第五次集体学习时强调，建设中国特色社会主义教育强国“必须以坚持党对教育事业的全面领导为根本保证，以立德树人为根本任务，以为党育人、为国育才为根本目标，以服务中华民族伟大复兴为重要使命，以教育理念、体系、制度、内容、方法、治理现代化为基本路径，以支撑引领中国式现代化为核心功能，最终是办好人民满意的教育”。① 中国特色社会主义教育强国的建设，除了要坚定不移地坚持中国共产党的领导、坚持社会主义办学方向，以及以中华民族伟大复兴为重要使命，还需要从“立德树人”和“为党育人、为国育才”的角度去促进人的发展，而“办好人民满意的教育”，更是集中体现中国特色社会主义教育的人民属性。同时，习近平总书记强调“以教育理念、体系、制度、内容、方法、治理现代

① 习近平：《加快建设教育强国　为中华民族伟大复兴提供有力支撑》，《人民日报》2023年5月30日第1版。

化为基本路径，以支撑引领中国式现代化为核心功能”，进一步指出中国式教育现代化在中国式现代化建设中的重要性。因此，围绕“教育强国”的目标和任务，应该要认识到中国式教育现代化如何促进人的现代化这一重要命题。

第一，教育促进人的身体素质的现代化。人的身体素质发展主要由遗传素质的成熟与差异所决定，但是现代化的健康生活理念和生活方式仍然起到重要的作用，而这需要通过现代教育才能实现。第二，教育促进人的文化素质的现代化。文化素质是人之为人的决定性因素，文化素质的现代化是人的现代化的重要组成部分。没有文化素质的现代化，人的现代化也不可能真正实现。教育对文化进行选择、重组和改造，使其现代性因素得到增强，进而通过文化观念的现代化、文化精神的现代化、文化制度的现代化和文化实践的现代化来促进人的文化素质现代化。第三，教育促进人的实践方式的现代化。人的实践方式的现代化，既包括劳动和工作等生产实践方式的现代化，也包括学习和生活等社会实践方式的现代化，还包括科学研究等科学实践方式的现代化。实践方式的现代化，反映和塑造着人的现代性生成的过程与结果，在本质上也是教育现代化的过程和结果。

（二）指向文化发展的实践

对于我国而言，教育促成文化传承与创新进而实现教育强国，需要主动嵌入推进中国式现代化宏伟目标以凸显其战略价值。习近平总书记在中国共产党第二十次全国代表大会上指出：“中国式现代化的本质要求是：坚持中国共产党领导，坚持中国特色社会主义，实现高质量发展，发展全过程人民民主，丰富人民精神世界，实现全体人民共同富裕，促进人与自然和谐共生，推动构建人类命运共同体，创造人类文明新形态。”① 推进中国式现代化对文明发展的要求，就是要在实现物质文明、政治文明、精神文明、社会文明和生态文明相互协调发展的进程中创造出人类文明新形态。人类文明新形态既是对西方资本主义文明形态的历

① 习近平：《高举中国特色社会主义伟大旗帜 为全面建设社会主义现代化国家而团结奋斗——在中国共产党第二十次全国代表大会上的报告（2022 年 10 月 16 日）》，《人民日报》2022 年 10 月 26 日第 1 版。

史超越，也是在对中华优秀传统文化的返本开新中实现与社会主义文明的有机结合。人类文明新形态内在包含坚持中国共产党的领导、坚持以人民为中心、坚持共同富裕、坚持协调发展、坚持人与自然和谐共生，以及构建人类命运共同体等核心要义。在促进中华民族伟大复兴、实现国家富强、增进人民福祉的中国式现代化进程中，源远流长而又饱经风霜的中华文明需要赓续自身的文化血脉、彰显民族自信和文化自信，也需要放眼世界，充分吸收世界文明发展的优秀经验和成果，这样才能真正实现凤凰涅槃，开创出人类文明的新形态。因此，指向中国式现代化的教育强国，需要促成教育对文化的传承与创新，这不仅包括通过教育来传承中华优秀传统文化，而且需要在此基础上充分吸收社会主义优秀文明和世界各国推进现代化建设所创造的优秀文明。只有通过中华优秀文化教育，我们才能实现文化寻根，才能实现文化自信；只有放眼世界和充分吸收社会主义优秀文明，我们才能在比较和借鉴中开创人类文明新形态。

（三）指向科技创新的实践

党的二十大报告强调，“教育、科技、人才是全面建设社会主义现代化国家的基础性、战略性支撑”，首次将教育、科技和人才进行统合论述，强调“要坚持教育优先发展、科技自立自强、人才引领驱动，加快建设教育强国、科技强国、人才强国”。科技自立自强需要实现创新发展，而教育就是确保科技创新发展的基础性前提。教育、科技和人才之间具有直接与密切的关系，三者的协调发展对推进中国式现代化具有重要的作用。从空间形态分类而言，教育体系包含了家庭教育、学校教育和社会教育。学校教育为家庭教育和社会教育提供了基础知识和技能，同时也需要家庭教育和社会教育的支持和配合。学校教育对实践投入具有显著影响，对实践创新的影响程度大于对理论创新的影响程度。科技创新人才培养的关键路径为“学校教育—实践创新—人才培养”。[①] 可见，家庭教育、学校教育和社会教育在科技创新人才培养方面是相互协同的，而且学校教育作为有目的、有组织、有计划地培养人的教育体系，在其

---

① 张小红、郭威、李思经等：《科技创新人才培养的关键路径——来自结构方程模型的经验证据》，《中国科技论坛》2021 年第 12 期。

中发挥着极其重要的作用。在教育强国的宏伟战略中，教育数字化转型是重要一环，而科技创新则是加快教育数字化转型的前提。同时，教育数字化转型也为科技创新人才的培养提供了教育支持。指向科技创新的教育实践，既要求不同类型的教育实现高质量的发展，也要求在教育经费投入和数字化转型方面实现新的突破。

（四）指向社会统合的实践

在教育强国战略的框架中，一定包含着能够体现国家强盛的社会和谐风气与精神风貌等内容。社会和谐、社会文明和社会公正等都是国家强盛的题中之义。然而在发展的过程中难免会出现各种各样的社会矛盾，其中的原因既有客观意义上的社会结构变迁，也有观念意义上人们对民族、文化和国家等认知的多元化倾向。因此，在社会治理的过程中如何凝聚社会共识和实现社会统合，从而促进社会的和谐发展，是国民教育所要面对的重要问题。

第一，教育促进中华民族认同，为社会统合强化身份认同。身份认同在一定意义上是社会统合的本体基础，因为个体将自己归于何种民族，在很大程度决定了他如何看待自己的民族身份并怎样参与社会实践。中华民族是在历史的发展中由56个民族形成的多元一体的共同体，理应成为全体国民的共同民族身份。因此，只有加强中华民族认同和铸牢中华民族共同体意识的教育，才能使个体更好地融入社会、融入国家，从而形成良好的个体、社会和国家的关系，进而实现社会统合。第二，教育促进中华民族文化认同，为社会统合夯实融合基础。教育促进中华民族文化认同，应该着眼于中华民族文化共同的图腾、共同的节日和共同的符号等文化基因，使全体国民形成共同的文化记忆和文化认知。只有通过承载着中华民族文化的教育来激活中华民族文化基因，才能使个体的文化经验和记忆融入中华民族文化场域，才能建构起共同的中华民族文化心理场，才能使全体国民在参与社会实践的时候形成内在的文化自觉，才能促进社会的统合。第三，教育促进国家认同，为社会统合提供精神指引。国家是个体和族群最强有力的共同保障，在本质上是一个拥有共同种族、共同语言、共同文化、共同历史和共同领土的社会群体所建构的共同体。国家认同意味着个体具有强烈的国民意识、民族意识和文化意识。同时，国家认同作为一种集体精神力量，时刻维系和促进着社会

的统合与发展。

三 站在未来对现实需要的逻辑

建设教育强国是一条曲折之路、竞争之路和卓越之路。英、法、德、美四大教育强国，继续拓展和发挥其战略领跑与人才高地优势，巩固其教育强国地位，进而长久维护其作为世界经济强国、科技强国和军事强国的地位。普识的认知是，教育是人类非常重要的实践活动，“教育强国从概念内涵上说，既包含了‘教育强的国家’这个意思（‘强’在这里是一个形容词），也包含了‘通过教育使国家强盛’（‘强’在这里是一个动词）”。[①] 体现在实践层面，教育强国对内就是要加大高质量教育体系建设的力度和步伐，推动各级各类教育高质量发展，以教育的高质量发展来推动中国社会的高质量发展。对外就是要在国际教育事务中发出中国声音，贡献中国教育智慧，为人类教育的健康可持续发展做出积极贡献，最终实现人类社会文明的不断进步、发展、繁荣。

（一）指向人才培养计划的实践

为适应世界高等教育质量竞争和一流大学建设趋势，2006 年，德国政府启动著名的“卓越计划”（Excellence Programs），即《联邦与各州促进德国高校科研发展的卓越计划》（*Federal and State Excellence Programs for Promoting the Development of Scientific Research in German Universities*），重点包括以卓越科研人才培养为目标的“研究生院”、代表顶尖科研领域和科研团队的“卓越集群”和扩展大学整体科研优势的“未来构想”三大战略项目，旨在“持续加强德国科研实力，提高国际竞争力，突出大学和科研领域的顶尖优势”，在德国打造若干所“哈佛大学式的精英大学”，提升德国大学在世界高等教育和科研中的地位，吸引世界范围内的优秀人才在德国学习和工作。发达国家“卓越计划”交错而行。2008 年，英国高等教育委员会发布的《2008—2011 年战略规划（Strategic Planning for 2008－2011）》，确定了未来一个时期高等教育发展的六大战略目标：追求教与学的卓越；扩大参与和机会公平；提升研究卓越水平；扩大高等

---

① ［英］安格斯·麦迪森：《世界经济千年史》，伍晓鹰等译，北京大学出版社 2022 年版，第 101 页。

教育对于社会经济的贡献；举办高质量的高等教育；保证卓越。以卓越为标志，整体提升培养学术精英人才水平，成为世界教育强国发展演进的新主题和新动力。2012 年 6 月，德国政府推进的精英大学创建工程——“卓越计划”第二轮评选揭晓，慕尼黑大学等11 所大学入选卓越计划子项目——“未来构想”，成为德国精英大学的代表。2013 年，在 *Robbins Report* 发表 50 年后，英国政府发布 *Robbins Revisited*：*Bigger and Better Higher Education*，明确提出，为适应2021 年起大学适龄人口将持续上升的趋势，逐步增加大学学习学位，到 2035 年，英国升入大学的学生数量将达到62 万人，以满足青年人接受高等教育的需求。

人才发展规划是落实国家人才战略的施工图。制定五年发展规划确定未来一段时间国家经济和社会发展的方向、走向，在我国发展历程中扮演着关键角色。党的十九届五中全会通过《中共中央关于制定国民经济和社会发展第十四个五年规划和二〇三五年远景目标的建议》，对未来一段时间经济社会发展进行擘画。与经济社会发展五年规划相适应，以人才发展规划引领未来五年人才队伍建设，也成为具有中国特色的人才发展治理方式和人才强国战略的“登山”手段。对于人才发展，“十四五”规划建议着重强调要进一步激发人才活力。这是以习近平同志为核心的党中央立足我国人才队伍“大而广”、“多而全”、世界顶尖人才孕育基础处于质变临界点的基本判断，聚焦科技创新核心人才队伍建设而做出的前瞻性部署安排。

（二）指向技能强国的实践

进入21 世纪，持续技能开发是教育强国的不改初衷。2017 年 1 月，美国联邦教育部发布《国家高等教育技术规划》（*National Higher Education Technology Planning*），并成立高等教育共同体，以技术变革支撑高层次人才资源开发，促进学习者的学业成就与社会成就。2018 年，德国政府发布《2018 年职业教育报告》（*The Vocational Education Report for 2018*），首提“职业教育 4.0”（Vocational Education：4.0）理念，以数字化课程、数字化技能和数字化管理为主要内容，旨在推进和提升德国职业教育的竞争力。通过“职业教育 4.0”，德国将继续引领世界职业教育发展。

技能在经济学中被界定为一种人力资本,① 高技能人才是国家人力资源的重要组成部分。党的十八大以来，以习近平同志为核心的党中央高度重视高技能人才队伍建设，大力推动人才结构战略性调整，实现了高技能人才队伍规模快速壮大、素质大幅提升。《关于加强新时代高技能人才队伍建设的意见》以问题为导向，重点从政策整合、多元协同、破解痛点、畅通路径、注重激励等方面施策，构建了覆盖高技能人才培养全周期的政策体系。以技能人才培养规律为遵循，应从增加高质量就业岗位、提升职业教育育人水平、压实企业主体责任、充分发挥工会作用、优化技能生态等维度持续发力，畅通统筹推进新时代高技能人才队伍建设的实施路径。推进强国战略离不开高技能人才的支撑，教育高质量发展与高技能人才队伍建设存在彼此依赖、相互支撑的逻辑关联。

（三）指向教育信息化的实践

为持续保持教育强国的领先地位，2015 年 5 月，法国正式确立“数字化校园”教育战略规划，明确提出全法初中学生个人移动设备实现全普及。2019 年，英国教育部发布的《教育技术战略：释放技术在教育中的潜力》（*Education Technology Strategy*：*Realising the Potential of Technology in Education*）提出，支持教育行业开发新技术，提升教学效果，缩小数字鸿沟；提供高质量的技术产品，满足教育需求，稳固英国教育技术的国际领先地位。2020 年 9 月，欧盟颁布《数字教育行动计划（2021—2027）》（*Digital Education Action Plan 2021 - 2027*），描绘了数字教育的愿景，旨在建立适应数字化时代发展的教育和培训系统，实现更加有效、更加公平和更可持续的发展。2019 年，《美国人工智能计划》（*American AI Initiative*）明确将培养人工智能时代的研究者和“培养人工智能时代劳动力”作为双重优先领域。2020 年，德国联邦教研部与各州文教部长联席会议和莱布尼兹教育研究与教育信息研究所共同发布了《德国 2020 年教育报告》（*The German Education Report for 2020*），在总结教育发展成就的同时，进一步提出推进教育数字化亟须加强数字基础设施建设、加强师资队伍数字能力建设并由教职员工融入学校日常工作中。

---

① 王星：《从技能经济学到技能社会学：技能形成研究的多元面向》，《社会学评论》2022 年第 4 期。

我国于2012年发布《教育信息化十年发展规划（2011—2020年）》；2018年发布《教育信息化2.0行动计划》，并提出到2022年实现“三全两高一大”的基本目标；2022年2月，发布《教育部2022年工作要点》，明确提出实施教育数字化战略行动。习近平总书记始终高度重视信息化发展。党的十八大以来，党中央对我国信息化发展特别是教育信息化作出了全面部署。党的二十大首次将“推进教育数字化”写进党代会报告，标志着推进教育数字化已经成为普遍共识、共同任务。时代巨浪袭来，我们勇立潮头，以数字化促进教育公平与高质量发展，担当起建设教育强国的历史使命。

（四）指向教育国际化的实践

尽管逆全球化浪潮此起彼伏，教育强国始终将教育国际化作为教育强国的重要支点。

2018年11月，法国政府公布高等教育吸引留学生的新战略，该策略旨在吸引更多留学生。2021年，英国政府发布《2021国际教育战略升级——支持复苏、驱动增长》（*International Education Strategy 2021 Update：Supporting Recovery，Driving Growth*）报告，推动国际教育从复苏转向可持续增长，努力实现两大目标，确保实现英国2030年国际教育战略。伴随着国际教育竞争，世界教育包括教育强国仍将不断演进和持续发展。当今世界正经历百年未有之大变局，国际经济、政治、科技与军事力量对比正在发生着深刻的调整。世界进入动荡变革时期，国际环境和大国竞争日趋激烈，不稳定性、不确定性明显增加。权力中心转移理论认为，社会周期是一个不可避免的自然现象。美国未来学家托夫勒（Tovler，J.）在《第四次浪潮》（*The Fourth Wave*）中预示：“我们正在目睹着一次文化、经济、政治权力由大西洋向太平洋的全球性大转移”，“从纽约—伦敦—巴黎轴心到洛杉矶—东京—北京轴心的转移”。[①] 这种文化、经济、政治权力中心的转移，是中国经济、文化和教育发展面临的最大战略背景和战略机遇。我国是亚太地区的主要国家和亚太文化的主要代表，是世界第二大经济体。伴随着我国经济、政治、文化的崛起，必将出现中华文化的复兴。

---

① ［美］约翰·托夫勒：《第四次浪潮》，洪威译，华龄出版社1996年版，第1页。

我国教育国际影响力正持续提升，教育国际交流与合作新格局正在加快形成，我国已与188个国家和地区、40多个重要国际组织建立教育合作交流关系。《中国教育国际竞争力指数（2021年版）》分析了中国教育国际竞争力状况与演变趋势。中国教育规模竞争力指数在绝对数量上位居世界第一，在初等教育生师比、成年受教育人口比例这两项指数上中国的排名较为靠前。同时，中国教育质量竞争力指数同比显著增强，在38个国家中居第15位。其中，我国在数学、科学教育方面的科研机构数量与建设质量位列前茅，分别位列38个国家的第1名和第2名，反映出中国近年来在高质量教育和科研机构建设方面所作出的努力和取得的成绩。可以预见，未来世界教育强国将持续发展演进，以中国为代表的发展中大国的崛起，将进一步深刻改变世界教育强国的格局。

第五章

教育强国的建设基础、瓶颈问题及归因研究

教育是一个国家发展的基石，关乎国家的未来，要建设教育强国，就必须打下坚实的基础。中华人民共和国成立70多年以来，我国教育事业取得了巨大的成就，但必须看到，与实现中华民族伟大复兴和全面建成社会主义现代化强国的目标相比，我国在教育发展方面还存在诸多瓶颈问题，需要进一步分析其背后的原因。

第一节　教育强国建设的现实基础

党的十八大以来，中国特色社会主义进入新时代，在以习近平同志为核心的党中央坚强领导下，教育现代化取得重大进展，为奋力实现2035年建成教育强国的目标，我们需要从党的十八大以来教育改革取得的成就、经济社会发展对教育的要求、人民群众对教育强国的需求以及人工智能时代对教育的挑战这几个方面来分析教育强国建设的现实基础。

一　党的十八大以来教育改革发展成就的推动

我们党始终坚持教育发展的人民立场，历来强调发展教育为了人民。中华人民共和国成立以来，我国教育事业用70多年时间走过西方发达国家几百年的历程，基本实现了中华民族千百年来学有所教、有教无类的教育理想，开辟了中国特色社会主义教育发展道路。党的十八大以来，以习近平同志为核心的党中央把教育摆在优先发展的战略位置，习近平

总书记就教育发表一系列重要论述，在全国教育大会上明确了“九个坚持”的顶层设计、思路原则和任务要求，深刻回答了关系教育现代化的重大理论和实践问题，丰富发展了党对教育的规律性认识，引领教育改革更加深化、教育公平和质量不断提升，教育事业取得历史性成就、发生历史性变革。

（一）教育普及水平显著提升

我国现有各级各类学校 49.83 万所，在校生 2.91 亿人，各级教育普及水平达到或超过中高收入国家平均水平。2023 年，学前教育毛入园率达 91.1%，义务教育巩固率达 95.7%，比上年增长 0.18 个百分点，义务教育有保障全面实现。2023 年，高中阶段教育毛入学率为 91.8%，比 2022 年提高 0.2 个百分点。全国共有普通高中学校 1.54 万所，比 2022 年增加 35 所；在校生 2803.63 万人，增加 89.75 万人，增长 3.31%；招生 967.8 万人，比上年增加 20.26 万人。全国共有中等职业教育学校 7085 所；在校生 1298.46 万人，招生 454.04 万人。这些数字表明，我国各级教育普及程度达到或超过中高收入国家平均水平，国民素质得到显著提升。各级各类教育的加快普及，显著增强了我国教育的包容性、公平性、适应性。当前，我国接受高等教育的人口达 2.4 亿，新增劳动力平均受教育年限 14 年，为提升国民素质、推动社会主义现代化建设提供了有力支撑①。

（二）现代教育体系更加完善

高质量教育体系是解决新时代人的现代化问题与实现人的全面发展的体系基础。加快建设高质量教育体系是建设教育强国的奠基工程，是新时代我国教育改革创新必须要解决好的根本性、战略性问题②。为建设优质教育体系，中国强调职业教育与普通教育并重、协调发展，不断优化教育结构、专业结构、职业结构和人才培养结构，加快构建服务全民终身学习的教育体系。深化职业教育改革，推进产教融合、校企合作，

---

① 中华人民共和国教育部：《介绍 2023 年全国教育事业发展基本情况》，教育部发展规划司，http：//www. moe. gov. cn/fbh/live/2024/55831/sfcl/202403/t20240301_1117517. html，2024 年 3 月 1 日。

② 高书国：《加快建设中国特色社会主义教育强国》，《人民教育》2023 年第 C3 期。

不断发展本科层次职业教育，满足各类学生日益增长的需求。推进城乡义务教育一体化发展，全面实现农村基础教育均衡化目标；把研究生教育作为高等教育的最高层次和自主培养拔尖创新人才的主渠道。在研究生教育体系中学术学位、专业学位研究生教育分类发展的格局基本形成，具有中国特色的两种类型、三级学位协调发展的体系初步建成。党的十八大以来，在以习近平同志为核心的党中央的坚强领导下，我国的教育面貌正在发生格局性变化。目前，我国已经建成世界上规模最大的教育体系，教育现代化发展总体水平跨入世界中上国家行列，为教育强国建设打下了坚实基础。

（三）人民群众教育获得感不断增强

习近平总书记指出，教育公平是社会公平的重要基础，要不断促进教育发展成果更多更公平地惠及全体人民，以教育公平促进社会公平正义。“全面改薄”改善了832个脱贫县办学条件，99.8%的义务教育学校办学条件达到基本要求；学生资助政策体系覆盖各个学段，营养改善计划惠及3700万农村学生；“特岗计划”为中西部乡村学校补充103万名教师……针对“入园难、入园贵”问题，我国开展2万多所城镇小区配套园治理，增加普惠性学位416万个①，2023年，普惠性幼儿园在园幼儿3717.01万人，占全国在园幼儿总数的90.81%，比上年增长1.26个百分点。针对群众反映的义务教育校内作业和校外培训负担过重问题，坚定不移推进“双减”政策，并取得积极成效，作业总量和时长得到有效调控，课后服务基本实现全覆盖，规范民办义务教育稳步推进、免试入学、义务教育“择校热”明显降温，大部分家长教育焦虑有所缓解。压实地方政府举办义务教育责任，2022年秋季学期新增公办学位628.4万个、购买民办学位756.2万个，保持民办义务教育合理结构。这些教育民生工程，进一步优化了教育生态，支撑了教育高质量发展。

（四）教育服务发展能力全面提升

习近平总书记在中共中央政治局第五次集体学习时对扎实推动教育强国建设提出明确要求，强调“全面提升教育服务高质量发展的能力，要把服务高质量发展作为建设教育强国的重要任务”，10年来，我国大中

① 《坚持以人民为中心发展教育》，《人民日报》2023年3月8日第13版。

专院校向经济社会主战场输送上亿名毕业生，继续教育每年为各行各业培训上亿人次，为国家培养具备创新能力和适应能力的人才。支持高校建设科技创新中心和平台，高校承担了全国60%以上的基础研究、80%以上的国家自然科学基金项目。加大基础研究支持力度，实施强基计划，教育部依托77所高校建设288个基础学科拔尖学生培养基地，强化基础学科领域有组织拔尖人才培养。连续举办八届中国国际"互联网+"大学生创新创业大赛，直接或间接创造就业岗位591万个，培养与创造了"大众创业、万众创新"的主力军，同时也促进了教育与产业的融合。近年来，高职累计扩招413.3万人，为现代制造业、现代服务业、现代农业等产业一线输送高素质技术技能人才，成为产业走向全球中高端的生力军①。

（五）教育优先发展得到有力保障

党的十八大以来，以习近平同志为核心的党中央始终把教育摆在优先发展的战略位置。国家财政性教育经费占国内生产总值比例连续10年保持在4%以上，充分巩固了教育优先发展的战略地位，并优先向农村边远贫困地区教育发展倾斜，扎实解决教育发展不平衡不充分的问题，城乡教育一体化稳步推进。国务院办公厅印发的《关于构建优质均衡的基本公共服务体系的意见》中指出以城带乡、整体推进城乡义务教育发展，切实解决城镇拥挤、乡村弱问题。近年来，校园设施设备、教师的生活待遇、贫困生的资助情况等，都得到很大程度的改善和提升。"优师计划"每年为中西部欠发达地区定向培养1万名左右定向优秀教师，促进了贫困地区教育高质量均衡发展。教师地位待遇稳步提高，教师工资待遇保障长效机制基本建立，各地区教师平均工资收入不低于当地公务员平均工资收入水平，教师流动和住房、评聘、职业发展等情况持续改善，全社会尊师重教氛围更加浓厚。教育面貌的变化，从根本上说是教育领域管党治党全面加强，工作机制不断完善，教育改革发展始终沿着正确方向前进。

二　经济社会发展对教育提出的新要求

随着经济社会的飞速发展，教育作为国家发展的基石，正面临着前

① 孙春兰：《办好人民满意的教育》，《人民日报》2022年11月9日第6版。

所未有的挑战与机遇。经济社会发展对教育提出了新的要求，这些要求不仅关乎教育的质量和效率，更关乎教育的公平与和谐。

（一）现代化与教育变革

教育需求因时而异，邓小平同志说："教育要面向现代化、面向未来、面向世界。"这句至理名言本身就体现和坚持了教育必须与时俱进。我们已经进入了一个新的时代，必须重新审视我们的观念、认识和实践，以跟上瞬息万变的时代。教育与社会之间存在非常复杂的关系，一方面，教育受社会经济、政治、文化、科技、人口等因素的影响，这是根本原因；另一方面，教育通过提供科技文化支持对社会发挥直接作用，通过培养人才对社会发挥间接作用。教育是一种公共产品，具有公共性，同时又具有个体性。

现代化是历史上最重要的社会变革之一，也是当代社会发展的一个重要方面。其中个人的现代化是现代化新阶段最具特征和最具动力意义的一个方面。社会、国家、民族之间以及个人之间存在非常复杂而又相互联系、相互作用又相互制约的关系。社会发展和变革必然给教育带来影响和阴影。社会发展和变革必然要求教育主动适应社会发展和变革作出相应调整，必然要求教育自觉地把自身置于社会发展和变革之中。

（二）全球化和教育变革

全球化是指人类社会发展到一定历史阶段，由于生产力的发展和科学技术的进步，政治、经济、文化和社会生活的各个方面在经济的推动下，在全球范围内相互作用、相互融合，从而形成全球社会的历史进程和趋势。以经济全球化为核心的全球化，包含了国家、民族和地区之间在政治、文化、科技、军事、意识形态、生活方式和价值观念等多个层面、多个领域的互动和影响。在全球化的背景下，人类文明也在发生着变革。传统与现代的矛盾日益突出，文化的冲突与融合受到遏制，各国都面临着经济与文化上的交流与融合。教育作为文化传承与创新的重要载体，对各国的经济发展、社会进步、文化传承等方面都起着重要作用。随着全球化进程的不断加快，各国之间经济往来与文化交流日益频繁，各国之间的人员流动和贸易往来也日益频繁。在教育全球化的时代，任何国家的教育都不可能完全放弃自己的传统和优势，因此教育也呈现出多元化的趋势。

例如，美国、英国、加拿大等发达国家的教育比较重视教育的开放性和包容性，注重培养学生的创新能力和合作精神，鼓励学生独立思考；而发展中国家在教育方面则表现出一定的封闭性和保守性，教育上仍然存在文化冲突。可见，在全球化背景下，世界各国的教育都面临着如何生存、发展的问题。

（三）知识经济与教育变革

知识经济是以知识和信息的生产、传播和使用为基础的经济，简言之，就是邓小平所说的“科学技术是第一生产力”的经济。这体现了知识的资本化；在知识经济中，知识是经济增长的主要决定因素。知识经济的特点是经济发展不依赖于对劳动力和自然资源的占有和控制，而主要依赖于对智力资源的占有，依赖于科技成果向产品转化的加速，依赖于生产力以知识的形式物化，依赖于人类认识和开发新资源能力的极大提高。

教育是知识经济的重要组成部分。教育传播知识，生产人力资本，教育与生产之间的联系在知识经济时代从未如此紧密。教育对生产所产生的影响主要有两个方面：一是促进社会进步；二是推动社会发展。作为人力资本重要组成部分——教育对促进社会进步起到了至关重要作用。教育为生产提供了必要的人力资本，并将其转化为现实生产力。因此，教育与生产之间有着千丝万缕、不可分割的联系。在新经济时代，科学技术已经成为最重要的生产力要素，只有掌握现代科学技术才能实现经济发展目标，也只有掌握现代科学技术才能使教育获得最大收益。在新经济时代，在一个新体系中，知识将成为最重要、最根本、最有价值且最稀缺资源。要实现从工业经济向知识经济转变，必须在教育体制、人才培养模式、教师队伍建设等方面加大改革力度，实现教育观念现代化、人才培养模式现代化和教师队伍建设现代化；同时树立教育创新意识，建立教育创新体系。

（四）信息社会与教育变革

在信息社会中，开发和利用信息工具的信息经济活动迅速扩展，成为国民经济活动的主要内容，而信息社会的教育变革主要表现为教育信息化。教育信息化的主要特征是以计算机多媒体和网络通信为基础的现代信息技术在学习过程中的广泛应用，表现为教材多媒体化、资源全球

化、学习自主化、活动协作化、管理自动化和环境虚拟化。教育信息化可以达到省力化、机械化的效果，但这并不是教育信息化的目的，如果我们用传统的教育思想进一步应用信息技术，其结果就会和传统的“粉笔+黑板”的教学方式一样，信息化是为了实现创新型人才的培养，是为了实现教育的现代化。教育信息化的过程不仅仅是将计算机技术引入教育的过程，更是转变教育思想和观念的过程，是基于创新教育思想有效利用信息基础，实现创新人才培养的过程。

三　人民群众对教育强国的需求

随着时代的发展和社会的进步，人民群众对教育强国的需求也日益增长。这种需求不仅仅体现在对优质教育资源的追求，更包括对构建高质量教育、培养大批高精尖人才等多方面的期待，人民群众对教育强国的需求是多方面的、全方位的。只有不断满足这些需求，才能推动教育事业的持续发展，实现教育强国的目标。

（一）教育强国需要构建高质量的基础教育

基础教育是面向全体学生的国民素质教育，提高中华民族的素质、培养各级各类人才，促进社会主义现代化建设具有全局性、基础性和先导性的作用。习近平总书记指出，“建设教育强国，基点在基础教育。基础教育搞得越扎实，教育强国步伐就越稳、后劲就越足”①。基础教育之所以是教育强国建设的基点，是因为基础教育的好坏直接影响到中国式现代化能否实现，尤其是直接决定了人口规模巨大的现代化能否实现。

党的十九大报告明确指出：“中国特色社会主义进入新时代，我国社会主要矛盾已经转化为人民日益增长的美好生活需要和不平衡不充分的发展之间的矛盾。”从教育领域来看，基础教育已整体实现基本普及，“有学上”的问题基本解决，因此，建设更高质量、更加公平的基础教育成为人民群众共同期盼的一件事情。2023 年 6 月，中共中央办公厅、国务院办公厅印发《关于构建优质均衡的基本公共教育服务体系的意见》提出：“聚焦人民群众所急所需所盼，以公益普惠和优质均衡为基本方向，全面提高基本公共教育服务水平，加快建设教育强国，办好人民满

① 习近平：《扎实推动教育强国建设》，《求是》2023 年第 18 期。

意的教育[①]。”这更要求基础教育改革发展必须更多更公平地惠及全体人民，满足人民群众对优质教育的需求。从时代使命来看，世界正处于百年未有之大变局，亟须建成高质量的基础教育体系，夯实精神文明基础，促进人的全面发展。中国式教育现代化具有世界教育现代化共性与中国教育现代化特性，基础教育变革必然立足于中国式现代化和中国式教育现代化的基础之上，承担着为党育人、为国育才的伟大使命[②]。

（二）教育强国需要建设能培养大批高精尖人才的高等教育

教育强国建设是一个复杂的系统工程，各级各类教育都是其中的重要组成部分。高等教育作为教育、科技、人才“三位一体”的结合点，科技创新、人才培养的主力军，科教融合、产教融合的枢纽和关键点，肩负着特殊重要的责任与使命，在建设教育强国中发挥着龙头作用，承担培养大批支撑经济和社会发展人才的重要任务，为国家科技发展战略提供重要支撑。高等教育的发展与国家经济社会发展息息相关。特别是在知识经济和数字化时代，高等教育已然进入了社会的中心，人们对高等教育的新定位已经上升为“世界发展的动力之源”，可见高等教育的重要性。当前，世界教育强国特别是支撑强国的一流大学不断在培养、吸引、汇聚各类优秀人才特别是拔尖人才，开展前瞻性和颠覆性的高深研究、打造重大原始创新成果，在扩大国际影响、参与国际竞争上发力和角逐，高等教育成为推动科技强国、人才强国的关键性力量。我们对高等教育的需要比以往任何时候都更加迫切，对科学知识和卓越人才的渴求比以往任何时候都更加强烈。因此，建成教育强国，高等教育应该注重学科专业设置的深度和广度，具有前瞻性，培养具备创新精神的人才，以适应未来充满不确定性的社会。在国家发展的各个行业和各个阶段，都能为中华民族伟大复兴涌现提供卓越贡献的顶尖人才，在相关行业创新与实践领域发力、做出科学突破，在实现中国式现代化的宏伟事业中充分发挥龙头作用，加快推进中国特色高等教育强国建设。

---

① 《中共中央办公厅 国务院办公厅印发〈关于构建优质均衡的基本公共教育服务体系的意见〉》，中华人民共和国中央人民政府网站，https://www.gov.cn/zhengce/202306/content_6886110.htm，2023年6月20日。

② 孙杰远：《中国式教育现代化的基本问题》，《中国远程教育》2023年第6期。

（三）教育强国需要建成一批世界一流大学

一个国家的高等教育体系，必须要有一批一流大学作为强有力的支撑，一流大学的水平和质量决定着高等教育体系的水平和质量。建设世界一流大学，既是教育部门的重要任务，也是教育发展的重大机遇。经过这些年的努力，我们可以看到，在国家急需的领域和方向，在服务国家科技进步方面，双一流建设还有加强的空间。一流大学打造了人才交流和一流学术交流的赛道，吸引了志存高远的专业人才和专家落户，致力于解决长远发展问题，造福全人类。在人们的心目中，一流大学代表着教育的质量和水平，世界和国家有声望、有财富的人都希望把自己的下一代送到这样的大学接受高等教育。大学应该是人才的温床。大学要吸引国内外优秀的教授和学生，提供学术交流与合作的平台，鼓励学术创新和人才培养。世界一流大学应该拥有世界一流的师资队伍和科研人员、先进的教学手段和优质的教育资源。“国势之强由于人，人才之成出于学。”高校作为党领导下教育工作专门机构，是青年成长成才最重要、最直接、最有效的方式，高校只有牢牢把握培养社会主义建设者和接班人这一根本任务，才能引领办好中国特色世界一流大学。

四　人工智能时代对教育发展提出的挑战

随着人工智能技术的飞速发展，教育领域正面临着技术更新迅速的挑战。新技术的应用层出不穷，如智能教育平台、个性化学习系统、虚拟实验室等，它们对教育模式和教育资源产生了深刻的影响。然而，这种快速的技术更新也带来了问题，如人才培养的滞后性、教师角色转变的障碍、教育的伦理、社会及安全问题等。因此，如何在技术更新迅速的背景下，确保教育的公平性和质量，是教育领域需要解决的重要问题。

（一）人工智能时代下人才培养的滞后性

人工智能是科技发展的产物，它将推动社会发展，改变我们的生活和工作方式，对人们的影响将是巨大的。人工智能对教育产生重大影响，政府和学校应提供必要的支持。首先，政府应了解企业和社会对人工智能人才的需求，从而制定相应的人工智能人才培养目标和标准，并根据目标和标准协调相关机构，包括中小学、大学和职业培训机构，推动人

工智能人才的培养。其次，政府应为人工智能教育提供必要的资金支持，如增加人工智能专业研究生教育经费、更新人工智能课程开发贡献度、资助人工智能科研项目、向开展人工智能教育的高校和职业培训机构等拨付经费等，这些措施都能在一定程度上促进人工智能的发展。最后，学校也应继续加大培养人工智能人才的措施和力度。中小学教育阶段可以提高学生的科学素养，为人工智能的发展打下良好的基础，而高校作为人工智能发展的重要场所，可以组织人工智能相关人才，引进校外人工智能专家，充实人工智能师资队伍。然而，在当前的就业市场上，企业高薪招聘相关人才的广告随处可见，但该领域的人才却难觅踪迹。这也说明，在当今社会，相关人工智能人才的培养还明显不足和滞后，政府和学校的力度还不够。

（二）人工智能时代下教师角色转变的障碍

随着人工智能技术的发展，教育教学中师生之间的互动也发生了改变，从传统的"以教师为中心"转为"以学生为中心"，使得学生能够更好地参与课堂，与教师互动、讨论、探究，从而增强学生的学习效果。此外，教育教学中还可以采用更多的互动形式，如游戏化、竞赛等，激发学生的学习热情。然而，在教育技术日新月异的今天，人们常常会问，高科技在教育教学中的广泛应用是否会弱化师生之间的互动？是否不利于培养学生的语言表达和沟通能力？在这种质疑的背景下，人工智能研究案例表明，当人类智慧与人工智能技术相结合时，可以取得更好的效果。这意味着，在人工智能时代，教师与人工智能系统之间需要相互协同。而具体到现实生活中，我们发现，在翻转课堂和慕课的实施过程中，一方面部分教师不愿做出改变。另一方面教育领域的信息技术教师相对较少，而当越来越多的教师面对这个新生事物时，就需要有效地实施适当的教师培训。换句话说，要让人工智能在教育系统中真正发挥作用，让教师和人工智能系统之间形成合力，最大限度地发挥两者合作的优势。这也是当前人工智能在教育研究中面临的挑战之一。

（三）人工智能时代下教育的伦理、社会及安全问题

在互联网普及率极高的今天，越来越多的人加入了网络大军。在网络中，我们可以看到，随着互联网的不断发展，我们的生活也随之变得越来越便利。但是，我们也能看到，互联网在给我们的生活带来越来越

多便利的同时，也出现了一些隐患：网络暴力、信息泄露、网络欺诈行为等问题层出不穷。图像识别技术就是其中一种。为了保护当事人的隐私或保护某些信息，电视和网络会对文字或人脸进行像素化处理。然而，随着人工智能的发展，这种保护隐私的方法已不再可靠。

一些研究发现，在使用机器学习技术进行训练时，神经网络可以识别图像中隐藏的信息。在一些数据库和隐私技术中，神经网络的成功率达到了80%，甚至90%。对于像素化图像，神经网络的成功率会随着图像模糊程度的增加而降低，但仍能达到50%—75%。当我们谈论“教师泄密”时，我们并不是在谈论“教师泄密”这个现象本身。因为所有学生都可能面临“教师泄密”这个问题。因此可以说，伦理和安全也是人工智能在教育领域必须应对的挑战之一。

第二节　教育强国的瓶颈问题及归因研究

党的二十大报告对“教育、科技、人才”作出了统筹安排、一体部署，这是以新时代中国特色社会主义理论体系为指导，推进教育现代化、建设教育强国的重要举措，这是在世界百年未有之大变局下，在中华民族伟大复兴的战略全局下，在社会主义现代化强国建设中，加快建设教育强国的重要任务。在以上大背景下，要进一步对教育强国建设中面临的挑战进行深入的阐述，分析其形成的背景、原因。

一　教育强国的瓶颈问题

作为世界第二大经济体、拥有世界上规模最大的教育体系的发展中国家，我国高等教育也从精英化过渡到普及化，具有划时代意义。但是，我们必须清醒地认识到，当前教育水平和国际先进水平还有很大差距，在建设教育强国的道路上，仍有许多问题亟待解决。

（一）高端突破

建设教育强国，既要深刻认识到教育的战略属性，突出发挥“双一流”高校在教育科技人才一体化发展中的引领支撑作用；同时也要突破人才瓶颈，注重高端人才的自主培养。

1. 高校“双一流”建设需要突破瓶颈

建设世界一流大学和一流学科，是党中央、国务院作出的重大战略决策，是继“211 工程”“985 工程”后的又一战略工程。经过 2016—2020 年首轮建设，“双一流”建设取得了显著成效，同时在加速发展、创新发展的过程中也面临着新形势、新挑战。在实际建设过程中，各建设高校都遇到一些共性的困难和问题，需要突破瓶颈。

（1）在“双一流”建设的过程中，目前强调以一级学科为基础。但是随着科技发展以及新兴交叉学科的不断出现，一流学科建设更需要内涵拓展。部分高校为了保证一级学科主体建设院系的投入，往往会降低在相关前沿、急需领域的布局和投入；另外，如果在学科评价时只能按照现有一级学科拆分，可能导致学科壁垒进一步加厚。目前，教育部门和科研资助部门已分别在各自的学科布局当中增设了交叉学科门类，所以，“双一流”建设更应在聚焦一级学科发展的同时，注重构建更健康的学科生态，这样才会有利于推动学科的融合创新发展，并且使得一些新兴交叉学科得以脱颖而出。

（2）在评价方面，由于“双一流”愈发受到重视，各教育主管单位都将其关注的内容列入“双一流”建设考核指标，评价指标日益复杂。聚焦评价指标的改革，主观上是希望通过评价指导更好地发展，但是却容易导致一种结果，即按照评价的框架去发展。一些面向世界顶尖大学建设做的开拓性工作，在目前以数量为核心的评价模式下，既难以呈现，也很难衡量其产生的深远影响。由于高校的定位、类型、学科布局等各不相同，简单划一的横向比较不利于高校形成自身的发展特色。

2. 高端人才队伍建设需要突破瓶颈

高端人才对一个国家来说，是一种重要的战略资源。未来，高端人才的作用是不可替代的，战略需求越来越迫切，竞争的激烈程度也在不断升级。习近平总书记指出“现在，资本已经不那么稀缺了，但人才特别是高端人才依然稀缺”，并着重强调“我们的脑子要转过弯来”。扬弃“以量取胜”的思想，强化一流拔尖意识，着力加强高端人才队伍建设。高端人才具有稀缺、专精、差异化、长期性和高层次性的特征，而目前我国的高端人才队伍建设还面临着储备不足、释能不够、流失风险等问题。

(1) 高端人才储备仍不够

高端人才储备不足是一个全球范围内都存在的问题，尤其在快速发展的经济体中更为突出。中国作为世界上最大的发展中国家，虽然近年来在科技、经济、文化等领域取得了显著进步，但在高端人才储备方面仍面临一些挑战。首先，教育体制与市场需求脱节。其次，人才评价机制不完善。目前，对高端人才的评价主要依赖于学历、职称和论文等学术成果，而忽视了实践经验和创新能力等实际能力的评价。这种单一的评价机制不仅限制了人才的全面发展，也导致了一些优秀人才被埋没。此外，激励机制不足。在薪酬待遇、晋升机会、福利待遇等方面，与发达国家相比，我国仍存在一定差距。这使得一些高端人才选择到国外发展，加剧了国内高端人才储备的不足。

(2) 高端人才释能仍不足

目前，制约我国高端人才释能的因素有三个方面。一是人才选拔机制尚不健全。对高端人才缺乏准确的定位，笼统甄别他们的创新和创造能力，将高端与普通人才混淆一起，大量的行政化、关系化、泡沫化的东西，使得潜在高端人才很容易被埋没，个别高端人才得不到高位发展。二是评价标准的不完善。没有建立起以实际价值为核心的科学评价体系，对高端科研人才的评价，仍然存在唯论文、唯职称、唯学历、唯奖项的现象。三是缺乏有效的激励措施。高端人才主体地位不显著，行政干预程度较大，致使人才内生动力开发不足，自主创新效能低下；与此同时，在激励机制上也没有与高端人才的需要精准匹配，既存在物质激励度把握不好，又存在精神激励力度不够的问题。

(3) 高端人才仍存流失风险

改革开放以来，我国综合国力和国际地位都在不断提升，对高端人才的吸引力也越来越强。但在全球视野下进行横向比较，我国对人才特别是高端人才的吸引力仍处于不利地位，情况可能并不乐观。例如，虽然留学回国的数量与日俱增，但拿到理工科博士学位后回国的比例并不高。可见，高端人才的流失风险依然是值得我们重视。

(二) 补齐短板

教育是民族振兴、社会进步的基石，实现高质量教育发展，要聚焦教育突出问题，补齐中西部教育、区域教育、城乡教育、弱势群体教育

及特殊群体教育的短板，努力办好人民满意的教育。

1. 中西部教育发展不平衡

教育资源“三高一平”的失衡现象，即高质量教育资源、高质量教师、高质量学校的缺乏，以及义务教育入学率、教师平均课时数、学校建筑面积等教育基本条件的平均数值相近。在中国中西部地区尤为突出。目前，西部地区基础教育整体水平较低，尤其是少数民族聚居的地区。从小学到高中的义务教育普及率远远低于全国平均水平。长期以来，西部地区教育资源匮乏，许多孩子缺乏必要的教育条件和保障，导致教育水平普遍较低。而且，西部地区的高等教育发展也相对滞后，高水平大学和科研机构数量较少，导致人才流失严重。虽然中部地区本身发展相对较好，但教育质量整体上还是处于中下水平。这种分布现象如果不加以改进，会持续导致青少年学习能力不足、就业竞争力不足、发展前途不明的问题。

2. 区域教育发展不平衡

作为一个地域辽阔、地域差距较大的国家，我国在东中西部经济发展水平上有着明显的梯度，农业经济、工业经济和知识经济等多种形态并存，各区域在办学理念、投入、条件、标准等方面都有很大的差异，“孔雀东南飞”现象严重，这是我们无法回避的问题。一是政策支持不够。虽然国家出台了一系列促进教育均衡发展的政策措施，但在实际操作中仍然存在政策落实不到位、政策支持力度不够等问题。同时，一些地方政府对教育的重视程度不足，缺乏有效的统筹规划和管理机制。二是教育质量参差不齐。由于教育资源的分配不均，不同地区的教育质量也存在较大差异。三是师资队伍不稳定。由于城乡之间、东西部之间的薪酬待遇和发展机会的差异，导致优秀教师在城市和发达地区聚集，而农村和欠发达地区的师资队伍稳定性较差，难以吸引和留住高素质的教师人才。四是社会参与度不高。社会各界对教育的关注度和参与度也不够高，缺乏有效的社会监督和参与机制。这在一定程度上影响了政府和教育机构推进教育公平的努力效果。

3. 城乡教育失衡

中国的城乡教育失衡问题，一直以来都是一个备受关注的议题。城市与农村之间的差距不仅表现在经济发展和社会资源分配上，也深刻地

影响了教育领域。首先，经济水平是城乡教育差距的一个主要原因。城市地区通常拥有更多的财政资源，这使得城市学校更容易获得教育经费和设备投入，而农村学校往往因为缺乏经济支持而处于劣势。其次，师资力量不均衡。农村学校的师资力量相对不足，教师数量有限，教师的培训水平和教育背景也普遍较低。相比之下，城市学校拥有更多的高素质教师，他们的专业知识和教育经验更为丰富。师资的不均衡导致了不同地区的学生受教育质量存在差距。再次，基础设施和教育资源不足。农村地区的教育基础设施相对薄弱，学校建筑、教育设备和教材资源都较为匮乏。城市学校通常拥有更好的校舍、现代化设备和更多的教材资源，这为城市学生提供了更多的学习机会。最后，就业机会不平等。农村地区缺乏丰富的就业机会，这导致了一些村庄人口外流，尤其是年轻人前往城市谋求更好的就业机会。这也间接导致了农村学校的师资力量流失，进一步削弱了教育质量。

4. 弱势群体教育保障不足

随着教育的高速发展，教育资源也越来越丰富，但是在这个过程中，弱势群体的教育问题也日益凸显。在城乡教育的二元格局下，更多的异地务工人员希望将自己的子女送入优质学校就读，但受地域限制、教育资源等因素的制约，随迁子女很难像城市居民子女那样享有平等的教育机会，在择校、上学等方面面临诸多难题。有时他们不得不选择教学质量不高、师资力量薄弱、教学设施落后、地处偏远城郊的学校，使得教育的社会分层更加严重，教育生态环境更加恶化。

5. 特殊群体教育不完善

(1) 农村留守儿童。农村留守儿童是指那些未满16周岁，父母双方外出务工或父母一方外出务工而另一方无监护能力，无法与父母正常共同生活的农村居民。农村留守儿童是社会上的弱势群体，他们正处于受教育的关键期，由于缺少父母关爱，其学习、生活、性格和心理方面都面临着诸多问题。

(2) 特殊儿童。各级政府把特殊儿童教育作为重大民生工程来抓，残疾儿童接受义务教育的情况显著提高，国家对残疾学生的资助给予了优先保障。但特殊儿童教育仍面临许多困难和问题。首先，专业师资力量稀缺。特殊学校大多集中在县城区域，并且数量不多、规模不大，农

村地区较少甚至基本为零，师资力量薄弱，无法满足特殊儿童就学需要。其次，投入力度不够大。对特殊儿童需要的各种功能教室、康复训练室配备不足。最后，工作机制有待健全。

（三）整体提升

建设教育强国，是时代赋予我们的历史责任，是一场全新的实践探索，需要从综合实力、创新力、教育发展贡献力入手进一步提升，从而实现教育的整体提升，把我国建设成为教育综合实力强大、创新力强大、贡献力强大的社会主义现代化教育强国。

1. 综合实力需要进一步提升

（1）健全基本公共教育服务体系的优质均衡发展机制，提升教育公平普惠的温度。促进义务教育均衡发展和城乡一体化，要切实提升义务教育薄弱环节的改善，推进义务教育从基本均衡向优质均衡迈进。

（2）构建服务全民终身学习的教育体系，扩大教育服务全民的广度。推动学前教育、义务教育、高中阶段教育、职业教育和高等教育等各个学段在育人目标、教学标准、培养方案等方面进行有效的衔接；将普通教育、职业教育、老年教育、继续教育、社区教育等资源有机结合起来，使终身教育的资源供给更加多元化。

（3）构建适应技能中国建设需求的职业技术教育体系，提升教育支撑产业发展的力度。全方位提高职业教育的质量，深化产教融合，加强校企合作，为学校、教师、学生赋能，给产业增值，提高职业教育的适用性，大力培养技术技能人才，为“技能中国”打造作出贡献。

（4）构建助力科技自立自强的高校科技创新体系，增强服务创新驱动发展的强度。充分发挥高水平大学的主力军作用，建设一流大学和一流学科，突出人才培养质量、办学特色和实际贡献，大力培养世界一流人才。

（5）健全学校家庭社会协同的育人体系，提升汇聚全社会合力的广度。从制度上入手，建立一条畅通有序的社会参与教育治理的渠道和网络，形成全社会共同参与建设、共同参与治理、共同分享成果的教育发展新格局，为教育发展营造一个良好的生态和育人环境。

（6）构建中国特色世界水平的教育评价体系，增强教育领域综合改革的深度。统筹推进育人方式、办学模式、管理体制、保障机制等方面

的改革。聚焦提质增效、主动引领，形成更全方位、更宽领域、更多层次、更加主动的教育对外开放的新局面。

2. 创新力亟须进一步提升

(1) 原始创新不足。相较于国外，中国在关键领域的原始创新能力相对较弱。尽管在某些领域如高速铁路、5G 通信等方面取得了显著成果，但在基础科学研究、核心技术和关键零部件等方面仍依赖进口。

(2) 创新体系不完善。中国的创新体系存在一定程度的结构性问题，如科研与产业脱节、技术创新与商业模式创新分离等。此外，高校、科研院所等创新主体的活力尚未充分激发，创新资源分配不合理，导致创新效率不高。

(3) 人才培养与引进困难。优秀人才和创新团队的建设有待加强。在国内，一些优秀的传统文化难以传承，人才断裂现象严重。同时，中国企业在吸引海外高层次创新人才方面面临一定的竞争压力。

(4) 创新生态环境不佳，知识产权保护、创新激励机制、政府职能转变等方面仍存在不足。知识产权保护体系尚不完善，侵权行为较为严重。创新激励机制不足，导致企业和科研人员的积极性不高。政府职能转变尚未到位，在一定程度上限制了市场在创新资源配置中的作用。

(5) 创新文化氛围不浓。社会普遍缺乏创新意识和冒险精神，对失败的包容度较低。这在一定程度上制约了创新人才的成长和创新创业活动的发展。

(6) 企业管理创新不足。中国企业管理水平有待提高，尤其在企业管理科学化、系统化、规范化方面存在明显不足。例如，许多企业连 5S 管理都做不好，人性人本化管理也相对缺乏。

(7) 区域创新差距较大。中国各地创新水平存在明显差距，东部沿海地区和创新示范区相对领先，而中西部地区创新资源匮乏，创新氛围较弱。

3. 教育发展贡献力需要提升

为国家重大战略需求服务，提升支撑和贡献力量，促进教育高质量发展。加强对我国战略和急需领域人才的培养，输出高水平创新人才，为国家和地区高质量发展输出原创性科研成果。整合优势学科资源，围绕治国理政和国家战略需求，聚焦重大理论与实践问题，推进新型智库

建设。以拔尖创新人才自主培养服务高质量发展。随着新一轮科技革命的到来，国际上的科技竞争也变得越来越激烈。高校特别是高水平研究型大学，应该在拔尖创新人才培养上下更大的功夫，深化科学教育、工程教育改革，为关键核心技术攻关培养高端人才，提升自主创新能力，夯实科技自立自强的根基。

（四）特色发展

一系列改革举措纵深推进，我国教育全面进入高质量发展阶段，迈上加快教育强国建设的新征程，更需要迎接特色发展的挑战，为教育发展注入特色的底蕴，实现中国式现代化的教育强国。

1. 教育治理现代化

新中国成立 70 年以来，中国在教育治理方面取得令人瞩目的成绩，教育治理水平也达到了一个新的高度，这在世界教育发展史上是一个奇迹。但是，教育治理现代化仍然面临亟待突破的现实困境。一是全球教育治理的参与程度有待提升，在国际传播中国教育治理的经验和智慧还不够深入。二是教育治理的现代化不够完善，没能很好地利用信息化促进教育治理现代化水平的提升。三是教育治理科学化水平有待提升，未能较好地满足人们对教育治理的现实诉求。四是教育治理体系中，缺乏媒介素养教育、应急教育，致使大量虚假信息充斥网络，产生负面影响。五是多元教育治理新格局尚未形成，教育决策中多元主体参与不够充分。教育决策过程中明显存在经验决策的痕迹，教育政策实施对象调研不够，教育政策实施效果预测机制不足，严重影响了教育政策的公信力。

2. 教育公平

（1）城乡、区域、校级之间的教育发展差距大

一是城乡之间教育发展差距较大。城乡之间在财政拨款、师资水平和办学条件等方面仍有一定的差距，要从根本上解决这一问题，改变农村教育的落后面貌，仍然需要较长时间。二是区域之间教育发展差距较大。目前东部的经济发达地区，从学龄前到高中阶段的教育基本上得到了普及。但是，中西部欠发达地区，尤其是边远贫困地区和民族地区，财政自给率较低，尚未建立起一个稳定的教育投入增长机制，办学落后。三是学校之间发展差距较大。在区域内部，虽然已经有了免试就近入学

的规定，但择校问题依旧很严重。

（2）高质量、多层次、个性化的教育需求与有限优质教育资源之间的矛盾日益突出

随着社会主义市场经济的深入发展、社会利益格局的变化，人们对多层次、个性化的教育需求也在不断增加，这从中小学生课外辅导需求旺盛、择校盛行、出国留学的低龄化等方面就可以看出。但是，我国还处于社会主义初级阶段，人口众多，发展不平衡不充分，受到经济社会发展水平的严格限制，优质教育资源十分匮乏，短时内无法满足人们对教育尤其是高水平教育的需求，也很难兼顾不同群体对教育的个性化需求。

（3）快速城镇化对教育公平提出了严峻挑战

随着城镇化进程的加快，人口和劳动力向城市聚集的趋势日益突出，并将会长期持续下去。人口的频繁流动和教育属地化管理体制之间有着深刻的矛盾。总体来说，流动人口子女，特别是农民工子女求学成本过高，受教育机会十分有限。在流入地公办学校就读的农民工子女，在学习、心理等方面面临着一系列的压力，教育效果并不是很理想，这也造成新一代农民工就业技能低下。同时，在城市和农村之间的频繁流动也导致了留守儿童问题，因缺少父母陪伴，亲情缺失，在安全、学习、情感等方面仍面临短期内难以解决的问题。

3. 创新型教师队伍建设

（1）充分发挥教师的主体意识，促进其终身学习和专业自主发展。教师的发展除了依靠外在的教育和培训之外，更多的还是在于教师的自主学习、自我提升。

（2）教育行政部门为教师提供菜单式、自助式的选择，满足学校和教师多样化、个性化的发展需求。以学校为基础、以本校教师群体为主体，促进教师队伍的发展。通过教研组、年级组、备课组、青蓝结对等多种形式开展教研，激活教师群体内部的活力，给予优秀的团体表彰奖励，鼓励创新，引导教师们积极探索新的教育教学方法。

（3）对于获得“名师”“学科带头人”“特级教师”等荣誉的优秀老师群体，应由教育行政部门组织其通过定期举办讲座、定期进校进班讲授示范课、定期交流教育教学心得、开办工作室、指导年轻教师等多种

途径将个人的优秀做法进行辐射，带动更多的人变得优秀。

（4）依托高校丰富的科研资源，将专家请进中小学，指导老师们撰写课题、论文等。不仅更加科学系统地将理论与实践相结合，也更进一步转换角度，提升高度。

4. 教育信息化

（1）教育投资和软硬件建设。一是资源的配置和资金的投入不平衡，城乡和学校之间的教育信息化水平存在明显的差距，尤其是在农村地区、偏远山区的学校和教学点，其信息化发展相对缓慢。二是宽带资费成本高、运行速度低；有一些农村偏远学校由于学生太少，办公经费少故尚未接入专网，未实现“校校通”“班班通”。新型信息化教学与管理设备匮乏，陈旧设备运维难度较大。三是优质教育资源缺乏，区域和学校间的优质资源建设缺乏统一标准、共享渠道不畅通、共享机制不健全；教育平台和工具软件的技术规范也不够统一；对同一资源的重复建设，导致了大量的信息资源闲置。

（2）资源建设。一是国内现有的教育教学资源库与新课程教材体系不配套，不符合学生的年龄特点，教学针对性较差，没能二次开发，无法体现出校本课程和地方课程的特色，难以做到区域内资源的优势互补和整合，也不能满足师生需求，导致高投入、低效益的问题。二是现代教育技术指导还停留在笼统的远程指导和简单的报告或讲座上，并未真正地深入教学实践一线，没有针对性地、点对点地从理论、方法、技术等方面对教师的教学设计方案进行指导和培训，对于教师在教学中面临的各种问题，无法及时提供意见。三是多数学校把教育信息化做成“面子工程”，未能建立起“以学生为本”的信息化教育环境建设理念，无法满足学生的学习需要。

5. 教育国际化

中国教育国际化面临着一系列问题，这些问题既有内部因素，也有外部环境的挑战。首先，教育体制与国际化需求之间存在不适应。中国的教育体制长期以来注重知识传授和应试能力的培养，而在批判性思维、创新能力和国际视野等方面则有所欠缺。这种体制上的惯性使得教育国际化进程受到一定的制约。其次，教育资源分配不均。虽然中国整体教育水平在不断提高，但地区间、城乡间的教育资源分配仍然存在较大差

异。这导致部分地区和学校在教育国际化方面缺乏必要的支持和条件。再次，语言和文化障碍也是教育国际化的一大问题。尽管英语等外语教育在中国得到了广泛推广，但学生在实际运用中仍然存在困难。同时，不同文化背景下的交流和合作也可能因为文化差异而产生误解和冲突。此外，教师和管理人员的国际化水平有待提高。目前，中国高校中具备国际化视野和经验的教师和管理人员相对较少，这在一定程度上限制了教育国际化的深度和广度。最后，政策支持和国际合作也是影响教育国际化的重要因素。尽管中国政府已经出台了一系列支持教育国际化的政策，但在实际操作中仍需要进一步完善和落实。同时，加强与其他国家在教育领域的合作与交流也是推动教育国际化的重要途径。

二　教育强国问题的原因

当前建设教育强国，与实现教育由大到强还存在一定的差距，面临着一系列瓶颈问题，需要分析其形成的原因，正视加快建设教育强国的现实挑战。

（一）教育的功利化倾向

习近平总书记强调，“要在全社会树立科学的人才观、成才观、教育观，加快扭转教育功利化倾向，形成健康的教育环境和生态。”① 这其实是给教育强国提出了具体的建设方向。换句话说，教育的高质量发展依然面临着教育功利化以及不良的教育环境和生态等问题。对教育的功利性追求在一定程度上可以推动生产力的发展，但如果把教育仅仅看作经济增长的工具，很容易忽略教育的其他社会功能，使教育目标、内容、评价等走向异化，禁锢在效率的铁笼中。② 长期以来，由于应试教育造成的教育功利化和短视化行为，给整个社会带来了严重的负面影响，“唯升学”“唯成绩”的教育政绩观，在中小学违规争抢尖子生，在周末、寒暑假、法定节假日组织师生集体补课、不严格执行国家课程方案、早起晚睡严重剥夺学生正常睡眠的行为，提前结束课程备考、提

① 盛玉雷：《在全社会树立科学的人才观》，《人民日报》2023 年 8 月 31 日第 4 版。

② 李建民：《破除功利化　让教育回归育人本位》，《光明日报》2019 年 12 月 10 日第 13 版。

前教授高中课程的教育抢跑行为等，对我国基础教育生态造成了极大的损害，已成为推进教育现代化、建设教育强国、办好人民满意教育、落实立德树人根本任务的最大系统性障碍。[①] 教育功利化是一种扰乱教育节奏、无视教育规律、异化教育过程的现象。在功利化的导向之下，中小学校推崇急功近利式的教育教学，校外培训机构、社会用人单位等也在推波助澜，重视以分数、文凭、论文为代表的教育结果，忽视教育过程的育人价值。

（二）教育均衡发展不完善

十年树木，百年树人；百年大计，教育为本。教育事业关系国家兴亡。我国教育快速发展，教育质量不断提升，各级各类教育取得了很大成就，但当前，我国基础教育依然存在发展不均衡、不充分的问题。教育均衡发展不完善一直是社会关注的焦点，而这一问题的产生有其深刻的社会和历史原因，不仅是经济发展不均衡在教育上的反映，也是精英教育思潮影响下教育政策作用的结果；既有制度方面的直接制约，又有非制度性因素长期潜移默化的作用。具体而言可以归结为以下几个方面的因素。

在教育层面上，我国教育不均衡主要是因为教育政策和制度的安排，特别是“重点校”政策、“地方负责、分级管理”政策和“教育督导与学业水平评价城乡双重标准”政策等产生了很大的影响。

在制度层面上，义务教育发展不均衡现象具有鲜明的历史痕迹。改革开放之初，国家为了更早、更快地培养出更多的人才，在当时资源短缺、教育投入严重不足的情况下，将有限的教育资源集中配置，举办了一批重点中小学。随着市场经济的持续发展，人力资源和就业竞争越来越激烈，高等教育的竞争压力逐渐传递到基础教育，引发了义务教育阶段竞争的加剧，教育资源配置不均衡更加严重，导致公立学校教育不公平。

从社会对教育需求角度看，人们对教育的期望远远超出了教育的供给能力和发展水平，也超越了我国现阶段的经济社会发展水平。特

---

① 朱永新：《教育强国建设：内涵、挑战与实践路径》，中国远程教育出版社 2023 年版，第 43 页。

别是我国计划生育政策、劳动力价格分化等因素，以及东方文化传统的影响，更多人开始以发达国家的教育水平为参照物，希望以现代化的教育标准来衡量，从而造成了社会需求旺盛与教育资源供给有限的矛盾。

从教育资源供给的角度看，在相当长一段时间内，我国教育资源供给的总量性不足还将持续下去，并且在不同阶段、不同发展水平的地区存在不同的特征，例如，满足基本教育机会的资源供给不足、扩大和增加教育机会的资源供给短缺。

(三) 教育理论与实践的断裂

教育理论与教育实践，两者本应如同并蒂莲，相辅相成、共同完善，无法割舍。然而，随着新课程改革的推进和素质教育的深化，我们遗憾地发现，这两者之间出现了深深的裂痕，仿佛一道难以逾越的鸿沟。理论与实践的断层现象日益凸显，教育理论的呼声似乎越来越难以触及教育实践的土壤。这种本应紧密相连的体系，如今却显露出一种疏离和冷漠，这在我们追求成熟的教育体系中，无疑是一种令人痛心的现象。

教育理论体系的建构，原本应是为了更好地指导教育实践，然而如今却与教育实际渐行渐远。而教育实践者，他们的丰富经验本应成为教育模式的宝贵财富，却也渐渐与教育理论脱节。这种断裂最明显的体现，便是教育理论在教育实践中的指导作用的缺失。这引发了我们对教育实践究竟需要何种教育理论指导的深刻思考。对于这一问题，我们深知其成因复杂，涉及多个方面。但从根本上来说，这主要是由于各教育主体站在不同的立场上，缺乏足够的了解、对话和沟通。教育理论主体往往带有一种优越感，认为教育实践者缺乏理论知识，需要他们进行指导。然而，他们有时过于沉浸在理论研究中，缺乏对教育实践者的真实需求和整体教育实践的深入把握。这样的理论，即使再合乎逻辑，也难以在实践中发挥应有的作用。同时，我们也理解教育实践主体对于理论的复杂情感。他们或许认为理论离他们太远，与自己无关，或者对理论持有怀疑态度，认为其空洞无用。但这样的观念，实际上也阻碍了教育实践的发展和提升。

因此，面对教育理论与教育实践的断裂问题，我们不能简单地将责

任归咎于任何一方。我们需要以诚恳的态度，理性地分析教育理论主体和教育实践主体各自存在的问题，共同探讨如何缩小两者之间的鸿沟。只有这样，我们才能真正实现教育理论与教育实践的和谐共生，推动教育的持续发展和进步。

（四）学生主体地位不凸显

学生主体地位的凸显，确实是当前我们在教育强国建设中需要正视并亟待解决的重要课题。过去，我们过于强调教师在教育中的主导角色，甚至误解为学生的一切都应由教师来决策，这无疑是对学生主体地位的忽视。我们必须深刻认识到，教育的核心在于启发学生的主体性，必须在学生主体地位的问题上实现根本性的转变。我们的教育，应当从根本上提升学生的主体地位，让他们成为学习的真正主人。然而，反观传统的课堂教育，我们不难发现，过分追求理性化和知识的传授，往往忽略了学生的主体地位，对学生的问题意识的培养也显得不够重视。这无疑是与我们教育的初衷背道而驰的。

新课程标准已经明确指出，学生应当成为课堂教育的主体，他们应当是学习的主人，而教师则应当成为课堂教学的组织者和主导者。但在实际教学中，我们遗憾地发现，部分教师对“主导”作用与“主体地位”的理解存在偏差。他们过于追求教学进度，却未能充分考虑学生的认知能力和接受程度，这导致了教与学之间的脱节，使得学生的主体地位难以得到真正的体现。例如，小组合作教学方式，本是一种能够有效培养学生自主探究精神的教学方法，但在实际操作中，教师对其的应用却相对较少。大部分教师仍然采用传统的提问方式引导学生，这种问答式教学方法的效果并不明显，而且该种教学模式的主体仍然是教师，学生并未真正成为学习的主人。

在教学理念方面，我们也需要深刻反思。教师不能真正面向全体学生，不能因材施教，不能分层推进，这使得不同水平学生的学习需要无法得到满足，进而无法使每个学生都在原有基础上得到发展。这是对我们教育理念的严峻挑战，也是我们提升学生主体地位的重要突破口。

在教学方法方面，当前我国大多数的课堂教学还未能从传统教育思想的束缚中解脱出来，存在许多弊端。教学方式过于教条化，教学结构和教学具体行为过于模式化，教学目标、教学组织形式和活动角色单一

化，课堂氛围静态化等问题屡见不鲜。这些都严重制约了学生主体地位的凸显，阻碍了学生主体性的发挥。

因此，我们必须以更加诚恳的态度，正视这些问题，努力改进我们的教育方式和教学理念，真正做到以学生为中心，凸显学生的主体地位，让每一个学生都能在教育中得到充分的发展和成长。

第六章

国际比较下的教育强国

教育强国是指一个国家具有强大的教育能力，从内部表现为有服务于人的现代性增长和支撑国家综合国力的能力，从外部表现为这个国家教育的国际竞争力和世界影响力都相当强。因此，教育强国可以认为是国际比较分析的结果。作为一个国家教育发展水平的集中体现，教育强国的“强”是相对于其他国家而言的，即与特定国家教育发展水平的指标和数据进行比较之后，体现出更加明显的优势①。

教育指标是掌握教育发展的一项有力工具，发达国家和国际组织纷纷建构各自的教育指标体系。其中国际组织以经济合作与发展组织（OECD）、联合国教科文组织（UNESCO）等的指标体系，最具代表性。OECD 教育指标体系以人力资本理论为基础应用教育生产力供需模式，以 CIPP 评价模式为框架建立了包括教育背景（context）、输入与过程（input & process）及教育成果（product）的指标体系从整体上对教育系统进行投入产出分析②。UNESCO 教育指标体系建构方法是先确定一个理论框架，然后根据理论框架通过演绎方式形成指标集，再采用归纳方法对已有统计指标进行筛选、整理和再加工形成指标体系，内容包括教育供给（资源）、教育需求、入学和参与、内部效率和产出等五部分③。

关于教育强国指标体系的构建，有学者基于新人力资本理论（强调对非认知能力的投资价值）和 CIPP 框架，运用德尔菲法（Delphi Meth-

---

① 孙杰远：《教育强国背景下的基础教育变革：可为、应为与何为》，《学前教育研究》2024 年第 1 期。

② 张良才、孙继红：《国内外教育指标体系分析与比较》，《教育学报》2009 年第 6 期。

③ 徐玲：《国际教育指标体系的分析与思考》，《教育科学》2004 年第 2 期。

od，DM）建构了全球视域下教育强国建设指数（Index of Building a Global Powerful Country of Education）体系。IGPCE 在理论框架上与 OECD 的教育指标体系有一定的相似性，在具体指标内容上，背景指数包括：人均国民收入（GNI）、预期受教育年数、活跃人群中数字技能掌握程度；投入指数包括：教学经费投入占当年 GDP 的比重、人才市场的有效供给、R&D（研究与发展）投入占当年 GDP 的比重；过程指数包括：小学阶段生师比、教学中的批判性训练情况、职业教育和培训的质量、接受中等以上教育机会公平；产出指数包括：PISA 测试总成绩、毕业生专业技能水平、高等教育毛入学率、实际受教育平均年数。[①] 根据世界银行（WB）、UNESCO、联合国开发计划署（UNDP）、OECD 等主要国际组织的数据库或有影响力的国际报告中来源可信的数据、口径一致的指标，同时结合当前阶段的教育新需求，有学者从教育公平、质量水平、服务能力与可持续发展四个方面构建了教育强国指标体系。教育公平的具体指标包括：高中阶段毛入学率、高等教育毛入学率、教育基尼系数；质量水平的具体指标包括：初中毕业年级阅读/数学达标学生比例、适龄人口高中阶段教育完成率、高等教育留学生占全球留学生比例、三大高等学校排名平均前200 高等学校数、累计诺贝尔科学奖和菲尔兹奖获奖人数所占比例；服务能力的具体指标包括：高等教育毕业生中 STEM 学科学生比例、25 岁及以上人口平均受教育年限、每百万人口中研究人员数、全球高被引科学家占比、数字化人力资本、高技能人才占就业人员的比例；可持续发展潜力的具体指标包括：国家财政性教育经费占 GDP 的比例、中小学生师比、高等学校基础研究经费占基础研究总经费的比例[②]。

在 OECD 发布的《教育概览：OECD 指标》和 UNESCO 提供的 The UNESCO Institute for Statistics（UIS）以及美国国家教育统计中心（The National Center for Education Statistics，NCES）发布《2022 年教育统计报告》（*Report on the Condition of Education 2022*）中以上指标数据均有涉

① 张炜、周洪宇：《教育强国建设：指数与指向》，《教育研究》2022 年第 1 期。

② 马晓强、崔吉芳、万歆等：《建设教育强国：世界中的中国》，《教育研究》2023 年第 2 期。

及，世界教育强国在上述指标中均占优势地位①。关于教育强国的定义，学界仍有一些争论。但目前已形成一些关于教育强国基本内涵的普遍共识，比如：全过程的教育公平、高质量的教育水平、适切性的服务能力、较高的国际话语权和广泛的国际影响力。根据全球视域下教育强国建设指数的测算结果，排名前 15 的国家为美国、英国、德国、澳大利亚、荷兰、瑞典、新加坡、芬兰、俄罗斯、法国、加拿大、韩国、丹麦、瑞士和奥地利②。本章将从教育公平的保障、教育质量的高水平发展、教育服务能力的提高和教育国际化的加强四方面，考察和分析上述国家建设教育强国的经验，以期为我国教育强国的建成提供一定参考。

第一节　全过程的教育公平

保障教育公平，是教育改革的基本价值取向。整体来看，世界各国主要通过确保教育机会公平、注重资源分配公平、教育结果公平、重视数字教育公平等方式，着力缩小校际差距、改善学生处境尤其是弱势群体的处境和消除数字鸿沟，进而保障教育公平。

一　教育机会公平

不同国家在教育机会公平方面有不同的侧重点并制定了不同的措施，保障每个学生都有平等的接受教育并且是优质教育的权利。虽然措施不尽相同，但在教育理念上这些国家均重视教育机会公平。在 16 世纪早期，荷兰受到意大利人文主义的启发，强调教育全面发展，开始逐步推进教育公平。思想家如伊拉斯谟倡导不仅提供职业培训，还培养社会的文明一员。这促成了免费学校的兴起，免费学校特别关注孤儿和贫困儿童，改善了教学方法和教材。到 18 世纪，免费学校规模扩大，形式更多样。社会财富积累和经济需求的增加引发对教育投资的提升，理性主义强调技能培养，使贫困儿童脱离困境成为社会一员。这一时期，荷兰兴起“城市手工业儿童之家”，为贫困儿童提供基础教育和手工艺培训。伦

① OECD，*Education at a Glance* 2022：*OECD Indicators*，OECD Publishing，2022.

② 张炜、周洪宇：《教育强国建设：指数与指向》，《教育研究》2022 年第 1 期。

斯沃德基金会则突破传统，为有天赋的孤儿提供高端知识教育，成为底层接受高等教育的标志，为荷兰高等职业教育奠定基础，培养了专业人才。瑞典政府强调教育的目标是提高整个社会水平，而非个别人的水平。他们拒绝将学校视为培养个别天才的机构，强调社会不能容忍任何人被边缘化。在瑞典，儿童几乎不需要参加入学考试，而是根据平时表现来确定升入何种高一级学校。基础教育在瑞典是免费的，旨在进一步增加社会公平。瑞典教育法规定，受教育权利不受性别、家庭背景、经济状况、住址或残疾的影响。所有适龄儿童都有享受免费教育的权利，包括外国移民，后者只要在瑞典居住时间符合规定即可享受政府提供的免费教育。这种注重平等的教育发展思想推动了瑞典的教育公平，并体现了高福利国家政策的理念。奥地利在 2017 年实施教育改革："自治计划。"据悉，本次奥地利教育改革的最高目标是让所有奥地利的儿童和青少年，无论其社会背景、文化背景、性别差异或特殊需求，都能有平等的机会得到最优质的教育。这首先意味着，给予学生必要的自主空间，使每个人都能得到发展，并且还要为学校教育者和学校领导者开放必要的自由空间，使其尽可能地发挥作用促成学生的发展。为了实现上述目标，"自治计划"应运而生，以给予那些最了解儿童和青少年需求的人必要的自主决策空间。这项自治计划给予每所学校在教育方面、组织方面以及人事方面的自主决策空间。根据教育目标组建教研组的程序得到简化，学校自治的重点规划得以实现，常规课程计划和适应具体需求的课程也得到了协调的可能。校长在自治计划推出以后不仅有了更多自主权，他们也成为学校一切事务的最终负责人，需要作出决定并承担责任。学校自治的内容还包括灵活的课程安排、师资选择、教师的进修培训、发展学校合作伙伴等。芬兰出台系列政策逐步实现教育公平。1921 年，芬兰政府颁布《义务教育法》（*Compulsory Education Act*），普及免费的义务教育，为儿童提供平等入学机会。1998 年的《基础教育法》（*Basic Education Act*）提出，残疾儿童或有特殊教育需求的学生有获得特殊指导、协助服务及享有特殊辅助工具的权利，应为这些学生设计"个别教学安排计划"，保障特殊学生同等享有优质教育的权利。2021 年 8 月，新《义务教育法》正式生效，义务教育年龄延长至 18 岁，推迟分流年龄，大力减轻贫困地区和家庭教育负担，全面实现教育公平。

同时，不同国家根据本国自身的情况制定相应的教育机会公平的保障措施。美国试图以自由择校权保障教育机会公平。《不让一个孩子掉队法》（*No Child Left Behind Act*，NCLB）明确了在被评定为“需要改进的学校”中就读的学生有择校的权利。他们可以在公立学校和特许学校中进行选择。如果所在学区内所有学校都是“需要改进的学校”，那么学生还可以在邻近学区进行择校。如果“需要改进的学校”在第三年仍然没有达标，在该校就读的学生可以申请补充教育服务，由学区付费聘请学区外的教师进行指导、课后辅导或设立暑期学校。实现择校有两种办法，一是“教育券”，二是“特许学校”。教育券是一种典型的体现市场竞争的择校方式，通过将一定的教育经费折算成有价凭证，学校凭借向学生收取的券兑换资金。教育券的方式因争议较大而未能大规模实施。“特许学校”是实施委托管理同时接受公共资助的另一种形式的公立学校，入学方式是学生主动选择而非划片入学，采用绩效问责的方式进行管理，如果在规定时间内质量不达标就会面临关闭。“尽管美国国内对特许学校存在较多争议，但多年来的研究已经在一定程度上证明，特许学校的学生学业成就高于普通公立学校的学生，在实现更公平、更优质的学校教育方面有着重要的价值和意义，不仅改善了教育的公平状况，也在一定程度上提高了学校教育系统内部的教育效率。”① 韩国从高考改革上改善教育的机会不公平现象和为学生减负。2023 年 10 月，韩国发布了《2028 年高考制度改革举措，改造现行 CSAT》（高考改革试行办法）的文件，主要内容：高考将取消文理分科，所有考生都将参加同等科目考试，该规定计划自当年初中二年级学生参加的 2028 年高考开始实施。目前，实行 9 等级制的高中内审选拔体制将从引入高中学分制的 2025 年起改为 5 等级制。2023 年 10 月 10 日，韩国教育部部长李周浩在发布《高考改革试行办法》的新闻发布会上表示，“此前的高考存在很多不公平现象，考查学生自选科目，即使是相同的总分数，也会被换算成不同的标准分。我们将切断高考选考科目的利弊问题，提高高考公平性”。此次韩国高考改革的核心是将高考简化为统一科目，让所有学生都参加考试科目相同

① 孔令帅、张佳：《美国特许学校授权机构的职责、类型与监督措施》，《教育科学》2019 年第 6 期。

的考试。韩国高考20多年来一直不断扩大科目选择权，之所以回到取消自选科目的综合型考试，是因为选择科目的“悖论”。尤其是在进一步扩大高考选择权的2022年之后，一度出现了“文科专业入侵”问题，即在标准分数方面更有利的部分理科学生选择就读顶尖大学的文科专业。韩国教育部解释称，“比起符合学生前途的选择，目前的高考选考体系更倾向于学生获得特定科目的分数”。[①] 法国除了重视确保所有学生享有相同的标准和福祉外，也把获取职业信息的机会均等视为维护平等的重要体现。为此，中学继续增加相关活动，促进学生对职业世界的了解，形式包括公司参观、小型实习、与专业人士会面，以及利用国家教育和职业信息办公室（Onisep）、地区议会和专业机构提供相关资源等。此外，促进女生和男生的平等，防止社会性别观念定型也贯穿在上述活动中。

二　资源分配公平

保障资源分配公平，关键在保障师资分配公平、经费公平等，即保障所有学生都能享受优质师资，保障弱势群体在受教育方面的基本经费；保障在实现学校基本硬件条件达标的情况下，弱势群体也能享受到满足未来社会发展需要的设施设备。

资源分配公平的首要问题是优质师资的分配。美国在建设世界教育强国的过程中也面临高素质教师短缺、优秀教师配置不均的问题。美国为鼓励优秀师资前往薄弱学校任教采取了以下举措：一是提高物质待遇，包括减免一定数额的贷款，如联邦政府规定凡到薄弱学校任教的完全合格的数学教师和科学教师可以免还额度达17000美元的贷款；增加工资，使到薄弱学校任教的教师比同等资历教师获得更高的工资；给予专项补贴，如教师签约到薄弱学校任教可以一次性领到一笔补贴，在薄弱学校任教期间每年都可以得到一笔固定收入。二是改善工作条件，例如，为教师提供必要的专业发展机会，促进教师合作，完善教学领导，营造良好的工作氛围；通过推行小班教学、减少每日上课时数、配备教师助手、尽量不让教师从事教学之外的杂务等措施，减轻教师负担。三是广开教

① 沈钦韩：《韩国实行高考改革试图化解“内卷”》，《文汇报》2024年1月9日第4版。

师来源，如允许返聘退休教师、允许教师跨州流动等①。芬兰1968年颁布《综合学校法》（Comprehensive School Act），将原双轨教育体制整合成统一的九年制综合学校体制，以“小规模、强师资、同标准、高自治”的模式开展义务教育，有力促进了教育过程公平和优质资源均衡。

对处于社会弱势地位的学生进行补偿，是这些国家保障教育资源分配公平的又一举措。美国政府通过颁布法案、设立专项经费，为处境不利学生或弱势群体提供教育补偿。一是补偿对象逐步扩大，从低收入家庭儿童扩展到残疾儿童、大学生、成人、移民儿童，《不让一个孩子掉队法》已将范围扩展到所有儿童；二是补偿内容不断丰富，从阅读、数学、语言及其他学科领域扩展到职业培训、健康与营养、入学指导以及交通和其他支持服务；三是补偿方式以资助为保障、以项目为依托、以评价为手段②。通过教育补偿，美国有效地保证了弱势群体的受教育权。芬兰注重偏远地区和中心城区的教育经费公平，确保教育均衡发展。芬兰实行分权制的教育管理体制，教育系统实行“中央指导，地方决策”的模式。中央政府负责指导教育优先事项、教育资源分配和区域资金调配等，确保各地教育资源和教育质量均衡。自2010年开始，根据《中央对地方基本服务转移支付法》，由财政部直接负责中央政府对地方政府基本服务的法定转移支付，并规定具体的中央和地方承担比例及计算方式，确保地区间的均衡。具体而言，学前和义务教育的法定转移支付总量由各地方政府计算出的生均成本和其行政区域内登记的6—15岁学生总量决定③。也就是说，芬兰教育拨款按学生数量计算，财政经费依照“钱随生走”的方式支付。法国通过加大对困难学校的投资缩小校际的不平等。同时，采取多种措施减小社会性和地域性的差距。比如：提高来自经济困难家庭学生的奖学金，充分动员社会资金向最困难的学生提供紧急援助；开设更多优质寄宿学校，帮助条件差的学校建设优质课程，并在条

① 方彤、李丹丹：《美国新世纪教师质量公平配置政策及实施探析》，《河北师范大学学报》（教育科学版）2012年第3期。

② 李娟：《美国弱势群体补偿教育立法的历史研究——基于教育公平的视角》，《外国教育研究》2016年第1期。

③ 王蓉、魏建国：《中国教育财政政策咨询报告（2015—2019）》，社会科学文献出版社2019年版，第149页。

件好的学校招收经济困难的学生；在农村地区保持高质量的公共教育服务，为农村学校推进艺术、文化和体育教学提供条件[①]。澳大利亚补偿弱势群体、缩小学校差异的关键举措是其完备的、有差别的教育资助。不同地区、不同学校的教育资源、生源情况，不同社区、家庭的经济情况与教育水平迥异，“一刀切”的资助模式难以满足不同学生的需求。对此，澳大利亚制定明确的资助标准，以有差别的资金投入来确保每个学生都有机会享有优质教育。儿童保育方面，儿童保育补贴的金额多少是由家庭收入、照料的孩子数量、孩子年龄、保育活动参与频率与类型来决定。学校教育方面，政府主要通过额外资助实现按需资助，从残障学生的残障程度、社会教育劣势程度、英语熟练度、学校地理位置的偏远指数、原住民和托雷斯海峡岛民学生的占比、学校规模大小六个方面考察每所学校的教育资助需求并给予相应的资助金额[②]。比如，在残障学生资助方面，政府根据残障程度等级设定资助金额梯度，从而有差别地为学校提供资助。为解决教育不平等问题，确保人人享有优质教育，德国联邦政府和各州政府发出“学校使人强大”倡议，旨在改善社会弱势学生的学习机会。德国联邦政府将通过提高增值税收入份额等方式，出资10亿欧元，用于支持儿童保育和学校教育等方面。英国向残疾大学生或研究生提供残疾学生补贴，金额多少基于对学生实际需要的评估，补贴用于支付学生因残疾而需要额外获得帮助的费用（如专业设备、手语翻译、专业笔记记录员等）[③]。

三　教育结果公平

为保障学生在学校中教育结果的公平，美国主要采取了两项举措。一是统一标准，即建立相对统一的共同核心标准，对各学段学生在学校中学什么、怎么学、学到什么程度等，做出明确规定，保证学生在高中毕业时能为升入大学和职业生涯做好准备。“共同核心标准的建立严格遵

---

① PAP NDIAYE, Une École engagée pour l’excellence, l’égalité et le bien-être（2022 - 06 - 29）, https://www.education.gouv.fr/bo/22/Hebdo26/MENE2219299C.htm.

② 巫倩雯：《澳大利亚基础教育资助的制度创新》，《世界教育信息》2021 年第 22 期。

③ Ministry for Education, Help If You’re a Student with a Learning Difficulty, Health Problem or Disability, https://www.gov.uk/disabled-students-allowance-dsa.

循了以下原则：与大学和职业要求保持一致；蕴含高端技能中的严谨内容和知识应用，以帮助学生迎接21世纪的挑战；建立在各州标准的基础上；汲取学业成就优异的国家的经验，让学生在世界经济和社会竞争中获胜；考虑到当前教育现状与研究成果。”① 统一标准的建立有助于提升学校教育质量并推进标准化测试。由于美国各州教育分权管理，统一标准的建立充满坎坷和争议。但不可否认的是，统一标准确实是提升教育质量、确保结果公平的重要手段。二是实施问责制，即建立以问责制为核心的绩效考核制度。根据地区差异，实行差异化绩效责任制。《不让一个孩子掉队法》提出，为学校设立年度“适当进步”目标，如果一所学校连续两年不能达标，就会被评为“需要改进的学校”，如果连续四年不能达标，就会对学校采取替换师资、重新组建、实行新课程等措施，如果五年后学校仍然没有进步，就会被州政府接管或被承包管理或转为特许学校。2008年，美国又颁布了《差异化绩效责任试点计划》以进一步应对地区差异，对不同地区“需要改进的学校”进行更加精细的差异化管理，根据具体情况分类采取干预措施，抛弃了统一的考核标准，力图实现更高层次的教育均衡。瑞典教育中引入“积极歧视原则”，有所偏好而不是平等地对待少数群体学生，以促进教育结果公平。“积极歧视原则”通常适用于专项教育项目，以满足残障孩子、移民孩子、社会处境不利孩子等的特殊需求。

四　数字教育公平

近日，联合国教科文组织（UNESCO）发布2023年全球教育监测报告《技术运用于教育：谁来做主》（*Technology in Education：A Tool on Whose Terms*，以下简称“报告”），反思技术在教育中的作用。报告论证了技术在促进教育公平中应扮演的角色和地位。报告指出：我们要厘清技术在教育中的作用：支持而非替代更不是取代。从全球范围来看，技术的拥有与使用的红利还存在差异，技术在实现教育公平和教育正义层面尚未真正发挥作用。因此，报告也指出，教育政策制定者在作出信息

① 陈燕、宋乃庆：《美国中小学共同核心标准的建立及探析》，《比较教育研究》2012年第3期。

技术相关决策时，要从具体国情、学习者现状与需求、处于最不利地位的人群等层面出发，确保信息技术发展的红利为所有人同等享有，使其成为所有人的可持续发展助力器。①

一些国家通过确保数字教育的可及性、提高数字学习设备的可负担性和提升师生的数字素养来消除数字鸿沟。近年来，受疫情影响，保障学生数字教育公平成为美国社会关注的重要话题。2022 年，美国教育技术办公室发布了《促进全民数字公平》报告，从可利用、可负担、可使用三个维度总结了促进数字公平面临的障碍和对应策略。可利用是指是否有足够的基础设施和覆盖范围来为学习提供可靠的、高速的宽带服务和技术工具；可负担是指学习者及家庭能否支付学习所需的宽带服务和技术工具的负担；可使用是指学习者在使用宽带和技术工具时是否获得了足够的信息与资源支持，是否有相应的数字技能。针对以上三个方面，美国提供了很多案例和应对措施。例如，为学习者提供能带回家的热点和设备，在公共空间提供免费网络，启用带有无线信号的公交车，学区与政府合作安装宽带，为学习者免费接入；降低网络和数字设备费用，为符合条件的家庭每月最多减少 30 美元的上网费用，提供低于 30 美元的无流量限制网络套餐；加强教师数字素养培养，为教师提供数字技术方面的培训、资格认证、咨询服务，选拔熟练使用数字技术的人员提供服务等②。法国在其《2023—2027 年教育数字化战略》报告中为解决数字资源分配不均的问题拟定了多项关键行动。一是发展"数字公域"，即由共同体生产和管理的共享数字资源。法国国民教育和青年部通过各种公开网络平台提供了丰富的资源。比如，开发一个全国性的共享平台，让教师和全国的同行合作，促进数字资源的生产和共享。二是创建"资源账户"，推动数字服务便捷化。法国政府将提供补贴，供教师团队注册账号、购买数字资源或教育工具。该行动将于 2024 年开始试点实施。三是数字技术服务全纳教育。法国明确表示，将提升数字服务、教育资源的

① 陈殿兵：《联合国教科文组织发布 2023 年全球教育监测报告——反思技术在教育中的作用》，《中国教育报》2023 年 8 月 17 日第 4 版。

② U. S. Department of Education, *Advancing Digital Equity for All*: *Community-Based Recommendations for Developing Effective Digital Equity Plans to Close the Digital Divide and Enable Technology-Empowered Learning*, Washington, D. C.: Office of Educational Technology, 2022, pp. 20 – 48.

覆盖面，推广特定的工具和资源，确保有特殊教育需求的学生从中受益。为此，法国国民教育和青年部将明确数字教育技术原则，制定《通用无障碍指南》，改编数字教学教材。法国将引导学生负责任地使用社交网络，加强媒介素养教育，目标是到2027年，100%的初中生和多数高中生都能够接受媒介素养教育培训①。新加坡开发了面向全国学生的“学生学习空间”（Student Leaning Space）提供在线学习资源，保障每个学生能公平地接受优质教育资源。新加坡自2020年就开始向所有符合条件的中小学生（包括特殊教育学校的学生）发放200新元额外补贴用于购买数字设备，并实施教育技术计划，强调培养教师教育技术能力②。

第二节　高质量的教育水平

建设教育强国，必须全面提高教育质量，构建完备多样的教育体系以提升整体国民素质和满足国民多样化的教育需求，打造高素质的教师队伍为高质量的教育发展提供支撑，建立完善的教育质量评估制度以保障教育质量稳步提升。

一　不断优化教育体系

综观各世界教育强国，其共同特征之一就是建立起从学前教育到高等教育的完备教育体系，注重提升全民素质，不断优化劳动力素质结构。在建立完备教育体系的基础上，许多国家在各教育阶段设置了多种类型的学校，以满足国民多样化的教育需求，提高教育的国民满意度。

（一）加强早期教育的建设

美国政府较早意识到早期教育的重要性，因此，政府为儿童早期教育提供了经费支持。美国的早期教育与保育体系覆盖出生至义务教育起始年龄的儿童，由开端计划、保育服务购买体系以及公立学校体系（幼

---

① 赵星妮、林婉婷：《法国提出四大愿景推动教育数字化转型》，《中国教育报》2023年11月30日第9版。

② Ministry of Education, Educational Technology Plan (2022-12-14), https://www.moe.gov.sg/education-in-sg/educational-technology-journey/edtech-plan.

儿园与前幼儿园教育项目）三个主要体系构成。这三个体系均致力于为儿童尤其是处境不利儿童提供早期教育、健康服务和家长支持。开端计划是美国联邦政府直接向各地机构拨款，服务于低收入家庭的婴幼儿和学前儿童。保育服务购买体系是联邦与各州共同出资，通过向私立机构购买服务的形式支持儿童保教和课后托管。各地公立学校体系也设立学前教育项目和课后托管项目，直接提供早期教育和保育服务。美国还有针对工人家庭15万儿童的优质保育项目、帮助初为父母者确保孩子健康的护士家访计划等。美国为早期儿童提供优质教育对缩小儿童学业表现差距、促进幼儿园与小学教育融合、提升学生高中毕业率与升学率、提高教育投资社会收益等具有重要意义①。

加拿大教育部部长认识到早年是孩子们发展在学校和生活中取得成功所需的技能的发现时期。因此，教育部部长们通过CMEC（加拿大教育部部长理事会）和各自的省份与地区共同努力，为幼儿学习和发展提供优质机会，这是加拿大终身学习四大支柱中的第一支柱。在加拿大各地，各国政府正在努力改造早期学习和发展系统，为儿童及其家庭创造更加无缝的早期学习体验，并确保从早期学习和护理顺利过渡到小学，以便在后者中保持和加强前者所取得的成果。在泛加拿大层面，部长们在2008年《学习加拿大2020》宣言中提出了一个雄心勃勃的加拿大幼儿学习和发展目标，即“所有儿童都应该获得高质量的幼儿教育，确保他们上学时做好学习准备”。同时，加拿大的幼儿学习与发展系统是由每个司法管辖区制定的，为了应对其所服务人口的特殊情况、地理情况以及历史和文化遗产，部长们承诺继续通过CMEC分享关于幼儿学习和发展的知识，以便所有省份和地区都能从整个过程中发生的学习和创新中受益。部长们通过CMEC开展工作，也增加了对早期学习的参与。作为加拿大在国际层面的教育声音，CMEC代表加拿大出席了教科文组织世界幼儿保育和教育会议，并通过了由此产生的《莫斯科行动与合作框架》。CMEC正在跨部门合作，以确保加拿大在经合组织幼儿教育和保育网络中的代表权，以学习其他国家的经验，以便其他人可以从加拿大吸取的经验中

① 周红：《美国早期教育与保育体系的主要构成、基本特征及发展趋势》，《南京晓庄学院学报》2021年第4期。

受益。

英国对早期教育的重视体现在建立了多种类型的学前教育机构，主要有以下四种类型：普惠性的儿童中心，为儿童及其家庭提供保教、健康管理、信息咨询和育儿培训等一站式服务；家庭保姆式机构，其居家式环境有利于帮助低龄段儿童更快适应保教活动，而且可以为家长提供更为灵活机动的早期教育服务时间甚至根据家长的需求提供个性化服务；专门的幼儿园和托儿所，专注于儿童早期的保育和教育；小学附设的学前班，方便儿童在居所附近获得学位，并且有助于儿童更好地适应小学学习①。丹麦对早期教育的重视体现在他们认为所有的孩子在学校都应该有一个良好的开端。在三岁时对所有儿童进行语言评估，并在六岁开始学前教育时再次进行语言评估。义务教育从学前班的 9 年延长至 10 年，成为市立小学和初中的义务教育。所有日托机构都将制定课程，引入丹麦语的学科教学，特别是学前班的阅读。

澳大利亚为提高儿童学习质量，确保儿童拥有最佳学习起点，联邦及各州政府采取了以下两项措施：一是发布推动早期儿童教育高质量发展的文件。如出台《关于普及幼儿教育的国家伙伴关系协定》，推动联邦政府与州政府共同行动，增加入学机会和整合儿童服务；而《国家儿童教育和护理劳动力战略》是为吸引、发展和保留一个可持续的、高质量的儿童早期劳动力而制定的战略部署。二是建立“国家质量框架”，明确质量标准与质量监管流程，为早期儿童教育质量提供有力保障②。荷兰早在 1956 年便颁布了《学前教育法》，随后不断对其进行修订。政府规定幼儿学校的教育为义务教育，儿童满 5 岁后必须进入幼儿学校接受教育。最近几年，荷兰政府开发了一系列学前教育方案，用以满足幼儿学校及游戏小组的需要。其中，以发展刺激方案（development stimulation programmes）最为流行。这一方案以游戏为活动形式，鼓励学前儿童探索周围世界，并侧重于儿童的语言和数学学习。

① Department for Education，Sure Start children's Centres Statutory Guidance（2013 - 04 - 15），https：//assets. publishing. service. gov. uk/government/uploads/system/uploads/attachment _ data/file/678913/childrens_centre_stat_ guidance_april - 2013. pdf.

② Australian Government Department of Education，Child Care Subsidy（2023 - 06 - 05），https：// www. education. gov. au/early-childhood/child-care-subsidy/family-eligibility-and-entitlement.

（二）保证基础教育的质量

丹麦的小学实行综合全面的教育，不对儿童按能力或社会背景进行分类，而是面向所有6—16岁儿童。丹麦法律规定九年义务教育，但一般的义务教育为十年，一般首年都是可选的，帮助学生了解学校生活的学前班，在首年的最后还有结业考试。小学和初等教育之后，有很大范围的中等教育可供选择，包括普通高中教育和职业教育。各类中等教育为学生们今后接受高等教育或进入职场打好基础。所有学生都应该获得知识和技能，为他们积极参与全球化奠定基础。

澳大利亚小学阶段强调夯实学生基础技能，为学生校内外持续学习打下坚实基础。这需要提供有效的早期干预和支持，确保学生都具备基础技能并增强学习成功所需的信心和动力；创设合适的学习环境，满足学生发现、探索、玩耍、创造和表达自己的需要。国家及各州政府已采取的行动主要有开展读写素养、算术素养等基础技能的监测与评估；为读写素养、算术素养等基础技能表现不佳的学生提供早期干预与支持，尤其是关注偏远地区学校、原住民学生基础技能的发展①。同样，法国也十分重视基本技能的培养，尤其是法语和数学，以便为学生未来的成功做准备。在2022—2023学年度，法国加大了对小学前三年的教学、设备和人力资源的投资，以提升学生的学习乐趣，保护其情感安全，并引导他们融入集体生活。同时，在初中阶段继续推进数学能力提升计划。

瑞典的基础教育不同于其他国家，它是将普通教育与职业结合来进行的。教育课程规定所有学生在九年义务教育期间，都必须接受工作生活定向教育。各门学科的教学大纲都要涉及工作生活方面的强制性要求，低年级学生要熟悉学校及周围的工作生活，高年级学生则要接触当地乃至整个国家的工作生活，了解劳动市场及其影响因素。为了增加实践环节，义务教育期间学生要参加6—10周的工作生活定向实践活动。

（三）重视高中教育的多样

高中的多样化发展既为各国建设世界教育强国提供了人才保障，也是世界教育强国的重要表现。多样化的高中为学生个性、创造力、独立

① ACARA，*National Report on Schooling in Australia* 2021，Sydney：ACARA，2023，pp. 42－50.

思维、专业能力的发展提供平台。这种多样化表现在学校类型、培养目标、课程设置等方面。美国有综合高中、学术性中学、职业中学、磁石学校、选择性学校等多种类型的高中，其中综合高中占大部分。综合高中内部又有普通科、职业科、学术科的专业分化。但核心的多样化表征为综合中学内部的课程体系多样化。多样化的课程体系，既能平等地满足所有学生个性化的基本学习需要，同时又能在平等的框架内兼顾“因材施教”，追求更加卓越的精英人才培养目标①。美国综合高中的课程有三类：必修课、选修课、活动课。必修课大多为英语、数学、科学、社会、艺术、体育等门类，其下还设有不同名目和水平层次的课程供学生选择。活动课为学生准备了多种校内外活动，如体育、社团、社区活动等。选修课有学术性、生活性、职业性三类供学生选择。在多样的选修课中，大学先修课程（Advanced Placement，AP）最为著名。通过在高中开设大学先修课程供学生自由选择，充分挖掘学生的内在潜能。“美国开设 AP 课程已有 60 余年，覆盖了大部分学科，现在美国每年大约有 18000 所中学的 200 万中学生选择大学先修课程并参加考试。”② AP 课程实质上是指向英才教育（gifted and talented education），但每位学生都有选择的权利。总的来说，美国高中课程以高选择性和多样性为特征，为那些积极上进、有专长兴趣的学生提供了更好的发展机会，有利于高水平人才的培养。

澳大利亚高中阶段注重为学生提供高质量、与学生就业和升学相关的有吸引力的教育。为提升年轻人的技能、知识、价值观和能力，以便他们能在就业、个人生活和公民生活中取得成功，澳大利亚联邦及各州政府采取的行动有以下四个方面：（1）政府与大学合作为高中生提供高等教育扩展课程，帮助学生过渡到高等教育的路径；（2）州政府为学生提供职业教育和培训、以职业为基础的高中教育项目以及培训和技能机会；（3）为学生提供在政府机构实习的机会，帮助学生获得高中毕业证书与职业教育与培训的证书；（4）提供网络学习资源，帮助学生获得高

① 李天鹰、杨锐：《美国普通高中多样化发展的经验与启示》，《东北师大学报》（哲学社会科学版）2019 年第 3 期。

② 侯自新：《中国大学先修课程的建设与实施》，《数学教育学报》2017 年第 3 期。

中教育证书，如新南威尔士州的高中学校证书中心（HSC Hub）提供高质量、满足需求的资源，帮助学生准备证书考试①。

瑞典高中的课程设置不但适应了社会发展的实际需要，而且还充分发展了学生的个性。其课程是由国家课程（National Program）、特设课程（Special Designed Program）和个体课程（Individual Program）三部分组成。国家课程共计 17 门，分别是儿童娱乐、艺术、商业管理、建筑、电力、能源、食品、手工、保健、旅店酒店、工业、媒体、自然资源利用、自然科学、社会科学、车辆工程和技术。每个国家课程的学习期限为 3 年，学习合格后可以进入大学。特设课程是各市政当局为了满足当地的实际需要，也是为了学生的特殊需要，从国家课程的特设专业中组成的课程。特设专业也包括 8 门核心学科，在教学时间和教育水平上与某一国家课程一样。个体课程是为学生个人的特别需要而设定的，学习内容和学习年限可以根据个人的具体情况而定。目的是在使学生经过学习后能转入某一国家专业或特设课程学习，或获得个体课程结业证书。

（四）支持职业教育的发展

2023 年 5 月，法国总统马克龙宣布将采用新的强有力措施推进职业高中改革，促进职业培训再次成为一条被所有人认可的成功和卓越之路。为此，法国计划每年额外拨款 10 亿欧元，并从 2023 年 9 月开始实施三大领域共 12 项改革措施，以更好地支持职业高中学生的发展。一是为每一名职业高中学生提供更好的支持并降低辍学率。为体现专业实习的价值、重要性和参与者的责任，法国为实习期间（整个高中阶段的实习时间最多为 6 个月）的每一名学生提供最多 2100 欧元（平均每周 50—100 欧元）的实习补助，补助金额根据不同年级和出勤率有所不同。二是开展法语和数学的小班教学。与普通高中和技术高中相比，法国职业高中学生的法语和数学水平较低。为减小这一差距，法国从 2023 年起在职业高中的法语和数学课上推行根据水平差异分班的小班教学，增加授课时间，帮助学生提高基础知识的掌握水平。三是为学生开设选修课程。为更好地支持学生的职业发展，职业高中联合校外机构/个人为学生开设选修

① ACARA, *National Report on Schooling in Australia* 2020, Sydney: ACARA, 2022, pp. 38 - 45.

课。授课教师来自教师志愿者、合作协会/企业或国家远程教育中心；开设课程包括语言、创业和编程等。四是调整最后一年的课程与教学设置。具体行动包括增加毕业后直接就业学生的实习时间以及为毕业后继续深造的学生提供强化课程等。该举措有利于毕业生更早参加相关能力测试，并更好地了解就业形势。五是实施预防学生辍学或待业的新措施。该措施的内容包括：针对在读学生的“全权利开放”（Tous droits ouverts）计划；针对已毕业学生的“就业雄心”（Ambition emploi）计划；为有可能辍学或未能通过高级技师证书（BTS）考试的学生提供“巩固路径”（Par cours de consolidation）。六是联合校外机构更好地为学生就业做准备。在法国就业指导中心（Pôleemploi）的支持下，2023 年，已有来自 340 所职业高中的 8000 名学生接受近 100 名顾问提供的求职指导。此外，“一青年一导师”计划也将在职业高中推广，使每个职业高中的学生均能得到一名“导师”的陪伴和支持，以增强对自身能力的信心。未来，每一位需要找工作的职业高中生都可以享受学校教师和校外顾问提供的就业指导服务，包括寻找工作机会、发展专业技能和了解雇主期望等①。

韩国政府高度重视人才培养和技术创新，通过加快发展教育事业，特别是职业教育改革，培养了大批应用型人才，成为韩国经济腾飞的重要驱动力。第一，政府重视职业教育，职业教育的社会认可度高。韩国政府先后制定《产业教育振兴法》《职业训练法》《国家技术资格法》《职业训练基本法》《终身学习法》等多部法律，明确了职业教育在韩国的发展地位，制定了韩国职业教育发展规划，在政策、制度、管理上对职业教育给予倾斜和支持。同时，为了加深国民对职业教育的理解，每年在全国范围内举办职业技能大赛；第二，职业教育体系健全，定位分工明确。这得益于韩国政府政策的连续性，历经几十年的发展，韩国职业教育已建立起较为完善的职业教育培训体系。在培养目标上，注重学生职业精神的培养，指导学生加强职业规划设计，提高学生对职业的认

---

① Ministère de l' éducation nationale et de la jeunesse, 12 mesures pour faire du lycée professionnel un choix d' avenir pour les jeunes et les entreprises（2023 - 05 - 04）, https://www.education.gouv.fr/12 - mesures-pourfaire-du-lycee-professionnel-un-choix-d-avenir-pour-les-jeunes-et-les-entreprises - 378032.

同和自豪感。在院校设置上，韩国职业教育划分为中等职业教育和高等职业教育；第三，产教融合，校企联系紧密。韩国 90% 以上的职业院校为私立院校，部分为企业内部大学，注定了韩国“产、学、研”具有先天优势；第四，多方筹资，经费保障充足。充足的经费保障是职业教育快速发展的必要条件。虽然韩国是以民办学校为主的职业教育体系，但韩国政府仍然在财政上投入大量资金，近五年每年安排超过 5000 亿韩元，用以支持职业教育发展；第五，重视对外合作，推进国际化办学。在经济全球化的大背景下，开展国际合作已成为趋势和潮流，很多韩国职业院校除与国内学校建立沟通联系之外，还纷纷与欧美、日本、印度、新加坡、中国等地院校建立联系，开展全方位、多层次的合作项目。[①] 丹麦的职业教育发端于中世纪的学徒制，具有悠久的历史和文化传统。经过几个世纪的发展，丹麦形成了层次清晰、类型多样的职业教育体系。截至 2020 年年底，丹麦共有 82 所公立职业院校，8 所商学院、6 所高等职业学院、11 所农业学院以及其他专业机构提供高等职业教育。2014 年，丹麦政府启动职业教育改革，先后颁布《更好、更具吸引力的职业教育》（2014 年）和《更好的教育和就业》（2017 年）政策文件，旨在建设更高质量、更具吸引力的职业教育。2014 年颁布的《更好、更具吸引力的职业教育》对于职业教育的目标是：一是提高职业教育的入学率，目标到 2020 年 25% 以上的初中毕业生（9 年级或 10 年级）选择职业教育；二是降低职业教育的辍学率，目标到 2025 年辍学率降至 33% 以下；三是提高职业教育的可普及性，职业教育面向人民大众，适应受教育者差异化的需求；四是增强受教育者的职业教育认同感和幸福感。2017 年，丹麦政府进一步深化改革，于 10 月 13 日颁布《更好的教育和就业》，提出改革职业教育体系与环境，提升职业教育质量及其与就业市场的联系。具体举措如下：第一，职普融通，开展职普融通、职业教育 10 年级等项目，促进职业教育的融通性，弥合普通教育和职业教育之间的鸿沟；第二，中高贯通：改革入学考试，开展高中补充课程项目，增进职业教育的发展性。丹麦政府认为，职业教育不仅要服务劳动力市场，而且要为

---

① 章典：《浅析韩国职业教育的发展经验及对我国的启示》，《现代职业教育》2018 年第 15 期。

职业教育学生提供接受高等教育的机会；第三，职初衔接：开展职业启蒙教育与桥梁课程，提高职业教育的适切性。所有学生包括以学术为志向的青少年都必须了解职业教育及其效用，政府采取一系列措施促进初等教育与职业教育衔接；第四，职继沟通：设置预备基础教育与职业教育辅助项目，提高职业教育的可及性，让更多人获得教育机会。此外，它还对学习者的差异性给予充分关注，并根据不同学习者的能力需求，设计多样化的学习方案，让每个人都能找到适合自己的教育项目。①

（五）扩大高等教育的开放

国际化水平已经成为大学排名的重要指标，近年来也成为世界教育强国各类高校发展的重要战略。首先，英国众多高校将国际化作为学校发展战略的重要组成部分。例如，伦敦大学学院强调将自身打造成为“伦敦的国际化大学”，提出五大国际化战略驱动力。圣玛丽大学在《2025年发展愿景》中提出将“合作与国际化”作为三大重点之一，提出国际学生达到25%的目标。萨里大学总结近年来大学排名上升迅速的重要因素之一是教职工团队和学生的国际化程度高。其次，开展多种形式的合作办学和科研活动。英国大学大多有来自欧盟的科研项目，与欧盟国家的高校共同开展科研和教学实践活动。最后，通过发挥知名校友的作用吸引全球优质生源和优秀教师。目前，英国高校外籍学生比例达20%，一些知名大学的外籍学生比例甚至达50%，外籍教师比例也非常高。例如，伦敦大学学院19232名本科生中，47%非英籍；22307名研究生中，42%非英籍；1137名教授中，25%非英籍；12000名教职工中，33%非英籍。

丹麦的高等教育主要由丹麦科学、技术与创新部，丹麦教育部和丹麦文化部负责管理。自2005年实施高等教育改革后，丹麦的高等教育可以分为以下三个部分：大学、大学学院和高等职业教育学院。丹麦在重视高等教育质量的基础上，也十分重视高等教育的国际化，具体体现在以下几个方面：第一，广泛的课程设置。为了适应高等教育国际化的发展，各个高等院校没有固定的课程，各个学校校长可以依留学生的兴趣

① 杨蕾、谭进欧：《丹麦职业教育吸引力提升政策的动因、举措与策略》，《比较教育研究》2023年第7期。

爱好来提供各种各样的可供选择的课程；第二，高度重视并大力加强高等教育质量的国际认可。随着经济全球化的发展，高等教育的竞争也日趋激烈，因为人们更趋向于选择知名度高的学校。高校取得国际认可，可以有效地提升其在国际教育市场中的竞争力，吸引更多留学生，发挥高等教育的产业功能；第三，政府是高等教育的绝对投资主体。在丹麦，尽管不同的学校有不完全相同的投资渠道，但是教育系统基本是由中央和地方政府共同出资的。即使是面对高等教育国际化，教育经费大大增加的情况下，丹麦政府仍然是教育的绝对投资主体。

奥地利联邦政府为推进欧洲高等教育一体化建设，加快奥地利高等教育国际化进程，以全面覆盖、全员参与、全球心态为导向，规划了奥地利高等教育国际化发展战略，旨在将全球化、国际化和跨文化性纳入高等教育系统，不断增强人员的国际流动性，充分利用数字技术和通信技术促进高等教育国际合作与交流，以求在个人、机构和社会层面都产生有形增值效果。奥地利联邦政府于2020年9月出台了《高等教育领域人员流动与国际化战略（2020—2030年）》，战略主要内容有：第一，营造高等教育国际化文化环境。首先，要将国际化纳入奥地利新的高等教育可持续发展战略框架，在可持续发展进程中培育高等教育国际化文化，要求各高等教育机构制定相应的国际化战略，强化国际化文化建设的战略地位，推进国际化文化制度建设。其次是高等教育机构内部要达成推广国际化文化的共识，根据其对国际化的整体性理解，在课程和教学环境中引入国际和跨文化要素。例如，提供与外语学习有关的各类课程，积极开展国别文化研究等。最后是在推广国际化文化的背景下，高等教育机构可根据自身的办学条件和资源优势选择相应的推广路径，即不同类型高等教育机构可根据自身实际有针对性地推广国际化文化。第二，促进高等教育领域人员流动。高等教育领域的人员流动是欧洲高等教育一体化的重要基础，欧盟及其成员国推出了一系列促进人员流动的政策举措。为进一步强化全员参与性，战略聚焦人员流动的覆盖范围、人员流动方式创新和人员流动实效等，提出了明确要求。第三，提升高等教育机构国际影响力。当前，人类生活在全球化的“地球村”时代，一国国内的经济、社会和环境变化往往会产生国际影响，国际合作也因而更加重要。高等教育机构作为知识生产和共享的中心，一方面可以通过新的研究

发现为决策者提供科学合理的政策建议，另一方面也可以为社会培养、输送具有国际视野的人才，在解决全球性问题方面作出重要贡献。①

二 打造一流的教师队伍

新的时代背景下，各国将建设世界一流的教师队伍视为迎接国际竞争与挑战的战略选择，高度重视高素质教师队伍的建设，并制定一系列的建设措施。

（一）提高教师的准入门槛

为了从源头上保证教师队伍的质量，各国通过提升教师学历门槛、提高入学选拔标准等方式，选择与保障从事中小学教师职业的优秀生源。一是提升教师学历门槛。例如，芬兰要求中小学教师都要接受研究生教育，法国教师资格考试的基本学历要求是教育硕士（3 年本科加 2 年硕士）②。二是提高入学选拔标准。例如，芬兰师范专业的入学考试分为两个阶段，第一阶段主要考察批判思考能力、是否热爱教学、是否具有评估教育科学的能力；第二阶段主要观察是否真正具有教育教学才能并热衷于教育工作，每年仅有 10%—15% 的申请者能够成功。韩国指定 13 所院校培养小学教师，招收数额由教育部统一制定，保障前 5% 的高中毕业生进入师范专业，成为小学教师③。瑞典也实行严格的教师准入制度，对不同年级和学科的教师采取多样性准入标准。义务教育教师必须完成瑞典教师培训或在欧盟其他国家获得同等资格。所有教师需接受大学正规教育，学制 2—5 年不等。且比起理论知识，瑞典注重教师实践能力，在教师数量不足时可降低学历要求，但必须保持教学实践训练。

（二）创新教师职前教育培养模式

为了加强职前教师的实践学习经验，各国对教师教育实践模式进行了改革与创新。例如，法国开发了循序渐进的实习模式。将硕士两年的

---

① 解伟等：《奥地利实施促进高等教育国际化新战略》，《中国社会科学报》2021 年 8 月 19 日第 9 版。

② 张玉环、吴立宝：《法国中小学教师准入政策特点与启示——以教师资格考试政策为例》，《外国中小学教育》2019 年第 6 期。

③ 沈伟、李倩儒：《教师地位及其支持制度的国别比较：基于中国、日本、韩国、芬兰、以色列的考察》，《外国教育研究》2020 年第 10 期。

教学实习分为观察实习、陪伴实习和责任实习三类，以提升“准教师”的教学能力。这三类实习安排由表及里、由易到难、循序渐进。加拿大高校探索出三种主要的教育实习模式：一是曼尼托巴大学的“3 + 2”教师培养模式，采用“理论在前、实践随后”的方式，学生先学习理论，再进行教育实习；二是麦吉尔大学采用的“实践在前、理解随后”模式，学生先进行教学观摩，再接受理论指导；三是新不伦瑞克大学的一年制连续性职前教师培养，采用“实习理论同步进行”模式，职前教师 8 月进入中小学实习，同时进行大学的课程学习，将实习贯穿于整个一年的职前教师培养中①。

（三）出台教师专业标准与发展框架

为了引领教师终身专业发展，明确不同发展阶段的目标和路径，各教育强国出台了教师专业标准和发展框架。《澳大利亚教师专业标准》对教师专业水平进行了纵向和横向的划分。纵向上，教师的职业发展阶段区分为合格教师、熟练教师、高水平教师和领导型教师四个不同阶段。横向上，形成“领域—标准—聚焦点”三级结构，教师专业领域分为专业知识、专业实践和专业参与三个领域，同时三个领域细分为七个标准，这些标准又细分为 37 个聚焦点，清晰呈现教师专业发展的进阶表现。英国教育部发布《世界一流教师发展方案》，根据教师职业发展阶段及岗位将教师划分为四个类别：实习教师，初任教师，资深教师与中层领导，高层领导、校长与行政执行领导。针对每类教师的不同需要，安排相应的发展框架与培训内容，致力于打造贯穿教师生涯全过程的专业发展“金线”②。

三　精进教育质量评估

（一）建立高效专业的教育评估机构与团队

在评估主体上，相关改革举措主要分为两方面。一是组建独立高效

---

① 黄菊、陈时见：《加拿大教师职前培养中的教育实习及其借鉴》，《比较教育研究》2014 年第 11 期。

② Department for Education，Delivering World-Class Teacher Development（2022 - 03 - 09），https：// assets. publishing. service. gov. uk/government/uploads/system/uploads/attachment _ data/file/1076587/Delivering_world_class_ teacher_development_policy_paper. pdf.

的全国教育评估机构。例如，英国成立教育标准局，负责主持全国教育质量评估与监督工作。该机构独立于教育部，有专门的拨款经费，直接对英国议会负责，向议会提交全国的教育督导评估报告，而且该部门具有问责权而不是单纯的监督权。英国所有学校都必须接受教育标准局的督导，未达标的学校需要进行整改甚至封校。英国教育部官网上每年都公示该局发布的中小学校教育督导评估报告，让纳税人和家长了解政府对教育的投入以及这些投入在学校办学过程中所产生的效益、效能和效果①。芬兰成立芬兰教育评估中心，作为独立的第三方评估机构，统筹负责各级各类教育的外部评估工作，其基本任务是为教育发展提供证据支持的评估信息进而改进整个教育系统②。二是建设专业的教育质量评估团队。爱尔兰教育和技能部下设的教育督导局汇聚多学科、多领域的专业人才，组建了以教育测量与评价专家、课程与教学领域专家、有经验的教育管理者及专家型教师为核心的专业化团队。英国强调督学的“专业判断力”对教育质量评估的重要性，建立了严格的督学筛选、聘任和过程管理措施。瑞典有着完善的基础教育质量保证与审查体系。自 2003 年 11 月起，国家教育局每六年组织一轮全国基础教育检查，重点评估学校实现国家教育目标的情况。在检查中，校长的评价成为保证教育质量的重要环节。

（二）制定科学的教育质量评估标准与指南

开展教育质量评估与监督工作，需要科学的评估标准作为依据，还要有相应的指南或手册来提供具体指导。芬兰发布各教育阶段的评估指南、建议和手册，具体包括《幼儿教育与护理评估的指南与建议》、基础教育阶段的《学习成果评估指南》和《高等教育机构质量体系审核手册》等。爱尔兰发布《早期教育检查指南》（2016 年版、2018 年版、2022 年版）、《关注我们的学校：小学质量框架》（2016 年版、2022 年版）、《关注我们的学校：中学质量框架》（2016 年版、2022 年版）等，这些指南随时代变化而更新，成为教育督导组、学校、教师开展工作的指导标准。

---

① 孙河川：《英国政府的教育国策及启示》，《教育研究与实验》2016 年第 5 期。

② 张男星、孙继红：《芬兰教育评估机构的重组与实践——访芬兰教育评估中心主任哈里·佩奥托涅米》，《大学》（研究版）2017 年第 9 期。

英国也发布了《学校检查手册》，明确提出从教育质量、行为和态度、个人发展、领导和管理四个维度对学校进行评估，以杰出、优良、需要改进、薄弱四个等级代表学校在上述四个方面的表现水平①。

（三）开发类型多样的教育质量评估模式

各国开发了类型多样的教育质量评估模式，以实现不同的评估目的。例如，英国对职业教育机构的督导评估模式包括全面检查、短期督导评估、监察探访、调查和研究访问四类。其中前两类是常规督导，后两类则为突击检查②。荷兰遵循分类督导评估原则，实施差异化和个性化的督导评估。一是对优质学校和薄弱学校实施差异化的督导评估安排。荷兰督导局每年定期对全国中小学校进行风险分析，以检查学校质量低于国家标准的情况。如果未发现学校存在任何潜在风险，督导局就充分信任学校质量，对其实施基本督导（即四年一次进校考察）；如果学校质量不佳，督导局将选取与学校质量领域密切相关的评估指标，对其实施定制式督导，督导强度取决于学校质量风险水平及其严重性程度。二是根据教育发展需要开展个性化的督导评估活动。例如，专题督导，针对教育系统某个特殊领域或主题收集全国的信息；教育报告督导，为编制国家年度教育报告系统收集相关督导指标的总体信息；突发督导，对有关学校课堂纪律或教学内容等方面的严重投诉开展循证式调查；四年一次的进校考察，参照督导指标对接受基本督导的学校进行实地考察。这种督导评估模式既减轻了对优质学校实施督导评估的工作负担，又提升了教育督导评估的影响力③。

四　多样化人才培养模式

（一）创新创业教育，培养创新人才

创新创业教育是培养创新人才的重要路径，对国家经济发展具有推

---

① Ofsted, School Inspection Handbook (2023 - 07 - 14), https: //www. gov. uk/government/publications/school-inspection-handbook-eif/school-inspection-handbook # grade-descriptors-for-quality-of-education.

② 吴雪萍、裴文洁：《聚焦质量：英国职业教育督导的演变、特点与价值取向》，《比较教育研究》2023 年第 1 期。

③ 刘学东、陆玲：《荷兰“基于风险监控的教育督导”模式研究》，《教育导刊》2022 年第 12 期。

动作用。世界多国采取了一系列举措推进创新创业教育。

1. 树立创新创业教育理念

英国的创新创业教育重在培养学生的创新思维、意识和能力。2012年，英国高等教育质量保障署发布的《英国高校创新创业教育指南》，明确了“创新创业教育”的定义：“创新”（Enterprise）是将创意应用于实践，创新教育的目标是培养毕业生具备创造性地提出新想法并将想法付诸实践的能力；“创业”（Entrepreneurship）是创新技能在创建和发展组织等特定情境下的应用，创业教育的重点是在特定情境下（如成立新公司或拓展现有公司业务）培养学生的创新思维和技能。芬兰在基础教育阶段（小学和初中）的创业教育致力于帮助学生形成基本的创业态度、了解创业过程以及从社会运行的角度理解创业精神。高中创业教育关注动手实践和个性化体验。

2. 出台创新创业教育政策

创新创业教育政策、法规与指南主要发挥激励与指引的作用。例如，美国联邦政府出台《拜杜法案》，明确受联邦基金资助产生的成果所有权归属于研究单位，以成果所有权的转变激励大学、研究机构以及中小企业的研发；《联邦技术转移法》构建了研发机构与企业技术转移合作研究和开发的法律框架①。英国的《创新创业教育框架》阐明了创新创业八大关键能力、学生创业学习四个关键阶段、创新创业教师应承担的角色与应具备的素质以及学校为学生获得良好的创新创业学习体验而提供的支持。韩国目前的总体教育政策目标，用一句话概括就是以创造性教育培养未来人才。主要有五条政策目标，有三条是和未来创新人才培养有关。第一，培养百万数字人才。在新产业、前沿技术领域及时培养数字化、人工智能骨干人才；针对第四次工业革命，创造有利于软件计算、人工智能和数字技术的教育环境。第二，创新培养未来人才。以人工智能等最先进的技术创新教育，培养和生产具备未来关键技能的未来人才；为了更好地支持个别学生的学习过程，政府将以更大的责任感，帮助他们规划未来的职业发展道路。第三，以更多的大学自主权引领灵活创业。

① 楼世洲、俞丹丰、吴海江等：《美国科技促进法对大学科技成果转化的影响及启示——〈拜杜法案〉四十年实践回顾》，《清华大学教育研究》2023年第1期。

以自主创新和灵活管理高等教育机构的学术体系成功应对第四次工业革命；利用高校自身的科技资源，营造良好的创业环境，加强校园创业教育。

3. 开发创新创业教育课程

英国创新创业课程体系由三类课程组合而成："关于创业"（Learn about）课程通过讲座等传统教学方法帮助学生加深对创新创业的理解；"为了创业"（Learn for）课程采用体验式学习方法帮助学生形成企业家所需的洞察力和实践能力；"学在创业"（Learn through）课程通过项目培养学生的创业能力①。芬兰的创业教育在幼儿阶段主要通过游戏和手工课程对学生进行创业启蒙；在小学、初中和高中阶段，主要通过理论教学和实践教学培养学生的创业态度；在职业教育阶段，主要在实际工作场所和真实生活场景中培养学生的创业技能；在大学阶段，主要通过校企合作培养学生的创业精神。

（二）重视 STEM，培养科技人才

多国将科学与工程教育提升到国家战略的高度，如美国出台《制定成功路线：美国 STEM 教育战略》、澳大利亚发布《国家 STEM 学校教育战略 2016—2026》等，同时致力于在学校和企业层面推进科学和工程教育，促进科技人才的培养。

1. 学校加强 STEM 教育

为推进工程师教育，法国在初中阶段加强学生对工程技术的理解，要求学生学习数理化等基础学科，开展交叉学科的主题学习以及参加短期实习计划，为高中工程科学的学习打好基础。在高中阶段，科技高中注重与工程师学院的衔接，增加科学与技术内容在毕业会考中的比例并强化工程理论在实践中的运用等。普通高中着力建设工程师教育课程，改变工程师学院生源过度依赖技术高中的状况。美国在中学阶段主要成立了三类以 STEM 为核心的学校，为学生提供不同的 STEM 学习体验：一是 STEM 精英学校，面向具备 STEM 学习天赋的学生，主要提供高阶的 STEM 课程；二是 STEM 全纳学校，面向所有学生尤其是弱势群体学生，提供 STEM 学科课程与 STEM 相关技术训练；三是 STEM 生涯技术学校，

① 谢萍、石磊：《英国创新创业教育的现状及其启示》，《世界教育信息》2018 年第 14 期。

主要面向存在辍学风险的学生，重视 STEM 与职业教育的融合，注重将 STEM 学科的知识和概念运用到问题解决之中[①]。

2. 企业参与 STEM 教育

一是企业参与课程开发，打造对接企业需求的课程。例如，法国工程师学院享有较大的自主权，可以根据产业发展和企业需求调整专业课程。二是企业参与教学实践，为学生提供丰富的学习机会。法国工程师学院与企业合作，在三年的学习过程中为学生安排多种实习机会，包括旨在融入企业的实习、以兴趣主导的实习、明确职业方向的实习与以考核为目的的实习等[②]。美国《印第安纳州科学、技术、工程和数学（STEM）行动计划》提倡企业不仅为学生研究、学徒式训练和项目学习提供平台，而且鼓励企业专家走进课堂，全方位支持 STEM 教学活动[③]。三是企业参与教师培训，提高教师 STEM 教学能力。在英国，小学与企业联合举办 STEM 实践研讨会，为校内教师讲解企业中 STEM 相关技术的实际操作与应用经验，为教师们提供更多课堂实际案例，激发学生在 STEM 方面的兴趣[④]。

（三）关注天才儿童教育，培养拔尖人才

多国将天才儿童视为拔尖人才的早期资源，在天才儿童选拔与培养、天才儿童教育管理方面积累了较为丰富的经验。从国外教育实践来看，制定符合国家宏观战略的政策法规，为拔尖学生培养提供依据，是回应公平性质疑的主要途径。如荷兰的《适当教育法案》、美国的《天才儿童教育法案》、俄罗斯的《构建发现和发展青少年天才的全国体系方案》、英国的《追求卓越学校教育法》以及韩国的《英才教育振兴法》等等，都明确提出应该在特定领域对具有特殊才能的学生提供有差别的教育

① 周蕾、赵中建：《美国实施 STEM 教育的学校类型研究》，《外国中小学教育》2017 年第 12 期。

② 杨进：《马克龙时代的法国教育观察（2018 辑）》，高等教育出版社 2019 年版，第 151—160 页。

③ 赵慧臣等：《基础教育、高等教育、企业以及教育管理部门协同开展 STEM 教育——美国〈印第安纳州科学、技术、工程和数学（STEM）行动计划的启示〉》，《电化教育研究》2017 年第 4 期。

④ 高益民、张馨尹：《英国基础 STEM 教育的现状与启示——以苏格兰地区为例》，《东北师大学报》（哲学社会科学版）2023 年第 1 期。

机会。

1. 建立系统的天才儿童选拔体系

第一，明确多领域、多维度发展的选拔理念。一方面兼顾多领域发展，从仅关注单一智力扩展到其他特殊才能领域。例如，法国《高潜力学生教育指南》提出从能力与技能、好奇心与知识、创造力与非学习能力、人际关系四个维度来甄别高潜力学生。俄罗斯联邦政府已形成独具特色的天才儿童教育发掘与培养模式，以竞赛、补充教育来甄选和培养天才儿童。天才儿童选拔不仅集中于学术科目，还有体育与艺术领域。《2024 年前俄联邦发展国家目标和战略任务》中提出，为传承文艺优良传统和激发文艺创新活力，要进一步发掘文艺领域的天才儿童，激发天才儿童文艺潜能，提高国家文化软实力。

第二，运用多样化的选拔方式。天才儿童选拔主要有标准化测试、推选和竞赛三种方式。标准化测试是多国通用的选拔方式，如美国各州使用智力测验、专业性向测验、成就测验和创新能力测验等。推选法按照推选主体来划分，可分为自我推选、家长推选、教师推选和同伴推选，如澳大利亚注重多方征集教师、同伴、家长与学生本人关于天才儿童推选的意见。大规模、多学科的竞赛有助于选拔出天才儿童。如俄罗斯面向全国 5—11 年级学生，开展英语、天文学等 24 个学科的竞赛，学生要通过“校级—市级—州级—联邦级”层层选拔，竞赛也成为俄罗斯社会普遍认可的天才儿童选拔方式①。总的来说，对天才儿童的甄别和选拔并不是一蹴而就，而是综合使用多种方法、结合定量和定性的数据，开展多轮甄别与选拔，最终确定天才儿童的人选。新加坡将英才教育作为国家发展的重要战略。在制度设计上保障英才发现与培养的连续性，如通过“英才教育计划”（Gifted Education Programme）“直通车学校计划”“自主学校（课程设计自主、教师招聘自主、财务自主）奖学金计划”等，从制度上保障英才培养的可持续性。

2. 采用多样化的天才儿童培养模式

在天才儿童的培养上，国际上主要形成了加速、充实和分组三种模

① 程埗渌、冯萌萌、谢岩枫等：《基于补充教育和竞赛系统的俄罗斯天才儿童教育》，《基础教育参考》2023 年第 1 期。

式。加速模式可以分为两类：一是基于年级的加速。如澳大利亚、德国等国家都有提前学习、跳级等加速安排。二是基于课程的加速。如加拿大设置了大学先修课程，让学生在中学学习一门课程并完成标准化大学先修课程考试；澳大利亚部分学校仅让天才学生加速学习英语、数学等核心课程，而体育、艺术等其他课程进度与普通学生一致。充实模式，即不改变天才学生的就读年级，通过提供拓展课程和高深课程，或使用更加复杂的教学策略，来满足天才学生特殊需求的教育模式。例如，德国鼓励教师为天才学生开展项目式学习，设计差异化作业，提供难度更高的学习和阅读材料分组模式，即设立特别学校与班级对天才学生进行专门培养。例如，2000年以来，德国部分州新建了专门招收高天赋学生的文理中学，或设置专门针对高天赋学生的班级[①]。澳大利亚新南威尔士州专门为天才学生设立了重点高中和机会班。新加坡则通过认定英才教育学校，鼓励英才教育课程开发的方式助力天才儿童培养。例如：直通车学校的快捷课程、华侨中学的“领袖训练计划”、新加坡国立大学附属数理中学的“达·芬奇计划”“伽利略计划”“爱因斯坦计划”等。

3. 构建多层级推进、多方协同的管理体系

第一，构建“国家—地方—学校”三级管理体系，多层级推进天才儿童教育。例如，在英国天才儿童教育管理体系中，教育部提供技术服务和质量标准等教育资源，地方教育局负责教师培训及合作事宜，学校负责具体的管理和实施[②]。新加坡教育部则设立了专门的课程规划与发展司高才教育处，开发英才班课程，负责统筹全国的英才教育工作，如英才学校的认定、英才教师的培养、英才教育课程与教学的监督与指导等。第二，构建政府部门与民间机构协同管理体系，多方协同推进天才儿童教育。例如，俄罗斯建立直属于联邦政府的“发现与支持天才委员会”，负责专门统筹和协调天才的发现与培养工作；民间教育机构负责落实天才儿童的鉴别和补偿教育工作，如“天狼星”教育中心[③]。

---

① 秦琳、张永军、康建朝：《让高天赋学生获得适宜的教育——国际天才教育前沿研究、政策与实践启示》，《人民教育》2022年第10期。

② 冯大鸣：《英国英才教育政策：价值转向及技术保障》，《教育发展研究》2009年第4期。

③ 刘楠：《俄罗斯天才教育政策、措施及其保障机制》，《现代教育论丛》2016年第6期。

第三节　高效能的服务能力

一　助力科研成果转化

第一，设立科研成果转化机构。如斯坦福大学设置了“技术授权办公室”，剑桥大学成立剑桥企业有限公司，协助研究人员的科技成果转化，提高大学科技园创新创业效率。第二，给予多类基金资助。如斯坦福大学设有三类种子基金：其一，研究激励基金，用于支持创新性研究想法；其二，鸟饵基金，用于资助初步成形但尚未获得许可的技术；其三，缺口基金，用于资助有商业前景但较难获得许可的发明①。

二　满足社会发展需要

为了使职业高中更好地为经济发展服务，法国采取了以下措施：第一，调整职业高中培训方案以更好地适应经济重大转型。法国将在三年内对四分之一的现有文凭课程体系进行修订，计划到2024年更新50门资格证书课程，到2025年达到100门，涉及工业、个人服务、数字技术、能源、环保建筑、绿色交通等领域。2023年6月，已经开始在全国范围内为课程开发者提供数字决策支持服务，为他们分析现有课程的申请数量、毕业率、继续学习学生数和就业情况等数据，从而为2024学年的课程改革做准备。第二，在职业高中毕业后提供短期的补充培训课程。调查显示，在完成职业高中三年的课程学习后，只有二分之一的毕业生能顺利就业。然而，毕业后若继续进行一年的专业培训，就业率将增加20%。为此，法国计划到2026学年，将专业培训的名额从4500个增加到20000个，并促进每所职业高中与所在地区的企业合作，提供至少一个专业培训项目，更好地为学生的职业生涯作准备。第三，在每所职业高中设立一个企业关系办公室。为加强职业高中和当地企业之间的联系，从2023学年开始，在每所职业高中设立1个企业关系办公室，为学生打造就业网络，创建与当地企业对接的入口。办公室功能主要包括：寻找经

---

① 赵淑梅：《斯坦福大学的创业教育及其启示》，《现代教育科学》2004年第11期。

济合作伙伴，建立与当地企业的联系；帮助学生实习和就业；邀请校外专家参与教学活动；参与学校的课程改革。

第四节 高水平的教育国际化

一 吸引留学生

（一）开设国际化课程

通过开设国际化课程，能够减轻留学生语言压力和培养留学生的跨文化交际能力。为了减轻留学生语言学习压力，德国许多大学开设英文授课的国际化课程。自 1997 年起，联邦教研部资助高校启动“国际课程计划”，为每所开发国际化课程的高校提供约 50 万欧元的支持①。关于留学生跨文化交际能力的培养，加拿大国际教育局 2016 年的报告指出，教师在课程设计与教学中要以国际视野与多元化视角，将课本知识和学生实践相结合，不同程度地优化课程设置，使之与教育国际化市场更加匹配②。英国利物浦霍普大学致力于将国际和跨文化维度融入课程设计，开发模块化模式以更好地实现课程国际化，帮助学生理解、接受和尊重文化差异，培养学生跨文化交际能力。模块化模式中包含“国际教育中的批判性分析”和“全球化世界中的教育与变革”两个教学模块。两个教学模块彼此独立，有自己特定的教学目标和教学内容，但又可以组合在一起，相互补充加强，为共同的课程国际化目标服务③。

（二）加强海外教育宣传

多个国家通过国际教育协会等各类组织进行海外教育宣传。美国国际教育协会每年在“国际教育周”期间发布开放门户报告，高校也开展海外教育项目宣讲会、海外学习分享会、国际学生招待会、国际教育研

---

① 任平、文雯、贺阳：《德国近二十年高校国际学生教育：发展现状、动因及启示》，《高教探索》2019 年第 10 期。

② 郭世宝、刘竞舟：《加拿大高等教育国际化：目标、措施与成效》，《比较教育研究》2020 年第 12 期。

③ 孔令帅、方蓉：《模块化模式在高等教育课程国际化中的应用——以英国利物浦霍普大学为例》，《现代教育管理》2019 年第 8 期。

讨会等活动[1]。德国学术交流中心在全球60多个国家设有15个外事办和57个信息中心，是德国大学国际推广的重要推动者。

（三）提升留学生的学习体验

第一，制定宽松的签证政策。例如，法国推出多项简化签证的新政策，从2019年开始实行签证审批电子化，学生不需要前往法国移民与社会融入局即可在线办理签证手续。英国自2020年10月起实施新的学生签证政策，若学生在英国学习时间少于6个月则不需要办理特定的短期学生签证。

第二，为留学生提供更多的资助和资金支持。德国政府每月为留学生发放一定数额的生活补助，补助金额主要依据申请者的学历情况，如本科生每个月为650欧元，硕士研究生为750欧元，博士研究生以及博士后人员每个月为1000欧元。德国还为留学生设立奖学金项目，如德国学术交流中心（DAAD）与阿根廷政府合作建立的"阿根廷双边合作项目"（Country-related cooperation programme with Argentina）等。"爱尔兰国际教育奖学金"针对欧盟以外国家的学生而设立，包括提供1万欧元的奖学金和减免一整年学费；针对中国有专门的"爱心奖学金"，获奖学金者可以得到全额或部分学费减免。

第三，为留学生在就业和获得永久居留权方面提供便利。在美国，国际学生在完成相关阶段学习后可以申请最长12个月的短期实习，即选择性实习训练。在德国，留学生可以在毕业后获得有效期为18个月的工作签证[2]。

二　扩展教育出口市场

（一）输送学生赴海外留学

早在2004年，美国国会成立"亚伯拉罕·林肯海外留学奖助委员会"，具体负责制定输送学生赴海外留学的总体发展战略。2005年，该委员会提交《全球竞争力与国家需要——百万人海外留学计划》，建议政府

---

① 张珣：《美国促进学生流动的起源、做法及其启示》，《教育观察》2020年第33期。

② 彭婵娟：《全球留学生教育现实图景与发展趋势研究》，《比较教育研究》2021年第10期。

于2007年拨款5000万美元启动一批海外学习资助项目，之后每年追加拨款。此后，美国政府又通过了《保罗·西蒙留学基金法》，将海外学习作为大学教育的重要环节。该法案决定，成立基金会以筹集资金，每年拨款8000万美元，资助海外留学教育①。

（二）在海外设立分校

海外分校是当代高等教育国际化的重要表现形式和途径。美国是最大的海外分校输出国，共建立了77所海外分校。新加坡国立大学自2001年起在美国、中国、瑞典、德国、瑞士和以色列等国家建立海外学院，旨在借鉴当地创新经验，同时为本国学生提供海外实习基地。澳大利亚建立了日益国际化的大学体系，其大学与英国、美国和周边国家的大学建立紧密联系，通过设立海外分校，与这些国家的政府、企业和社区频繁交往。澳大利亚在海外分校中开设多类课程。一是利用学校优势学科，在海外分校开设优势专业课程；二是紧密结合海外分校所在国家和地区的经济社会发展需要，开设地方特色课程，为提升学生的就业率奠定基础②。

三　引进国际人才

2008年，韩国启动以延揽国际人才为主旨的“世界一流大学建设”项目。该项目实施周期为2008—2012年，资助方式分为三种：一是招聘高水平海外学者作为全职教授与韩国教授合作建设前沿学科，协同管理实验室、开展各种教育教学活动；二是招聘能够引领新型技术开发与交叉研究的海外学者，全职在韩开设课程或与韩国教授合作研究；三是邀请世界级学界泰斗，特别是高新技术领域的学者或尖端核心技术持有者来韩开展短期教育、研究或技术开发。国立新加坡大学提出“向世界一流大学看齐”的口号，并成立了“师资招聘办公室”，吸引、考察和聘请高水平的教育人员。该办公室还在纽约和伦敦设立了教师招聘办事处，物色国际一流大学教师，重金聘用，广纳国际型教育人才。

---

① 石毅：《美国高等教育国际化与国家战略》，《教育研究》2020年第9期。

② 吴雪萍、袁李兰：《澳大利亚高校提升境外办学质量的背景、策略与启示》，《高等教育研究》2020年第10期。

四　搭建国际交流平台

德国打造数字化教育与科研国际合作平台，加强与发达国家在科技研发等领域的合作。德国大学还积极开展与发展中国家的数字化教育合作计划。例如，与非洲地区开展 Make-IT 计划、“非洲云”数字学习平台、数字中心以及“FAIR Forward”等多项合作，通过开放式教育资源和大规模开放在线课程为撒哈拉以南非洲贫困地区的青少年提供免费的在线学习机会①。为深化国际合作，美国搭建多个国际合作平台，较有代表性的是协同在线国际学习平台。该平台由美国教育委员会与纽约州立大学联合创建，可实现多个国家或地区的教师和学生同时在线教学与学习，帮助大学中 90% 未参加国际交流的学生学习多元文化，开阔国际视野②。

第五节　文化和价值观的传承

古今中外，每个国家都是按照自己的政治要求来培养人。核心价值观作为一个国家政治的灵魂，对于凝聚国民价值共识、维护国家统一和民族团结具有重要意义。虽然在名称上叫法各异，但教育强国都拥有自己的核心价值观，如新加坡称之为共同价值观，美国更多使用价值观、重要价值观等。美国高度重视价值观教育，并依靠价值观教育体系成功解决了多民族国家团结和多元文化社会融合难题。20 世纪早期的美国学校中广泛开展品格教育，并且获得了民众的普遍认可。20 世纪 80 年代以来，美国新品格教育理论与实践日渐丰富，为改变美国社会道德滑坡、应对美国青少年价值观危机作出重大贡献。北欧国家认为，学校教育的重要职责之一就是要帮助学生了解并认同本民族、本社会中长期积淀而成并获得普遍遵循的核心价值理念，以证明其存在的合理性，从而保证社会的不断延续。除学校教育外，北欧各国还在政府积极引领下，在家

---

①　王翠英、吴海江、楼世洲：《德国以数字技术推动教育国际化发展战略分析》，《教育科学》2021 年第 6 期。

②　黄帅、杨天平：《美国教育委员会参与大学国际化研究》，《比较教育研究》2020 年第 2 期。

庭教育、社会教育等方面下大力气，形成了多方联动的核心价值观教育模式。例如，促进社会民主即是瑞典基础教育的核心理念。1985 年修订的教育法规定，学校活动应符合基本民主价值观，每个教育工作者都应尊重学生的内在价值。学校有责任传授并协助学生形成主流社会的价值观，包括人类生命不可侵犯、人与人平等，因此需尊重个体自由、关心弱势群体等核心价值。在基础教育阶段，通过实践活动，瑞典培养儿童的民主思想，将主流价值观贯穿于整个教育过程中。不仅让学生理解本土和民族文化，还培养他们的责任感和参与公民生活的意愿与能力。这一理念为基础教育课程和教学活动提供了明确方向。

第七章

教育强国的建设路径

如今，我国作为拥有着世界上最大规模教育体系的国家，仍然面临着教育区域发展不均衡、城乡教育公平难以实现、高质量教育体系尚未建立、优质教育资源匮乏、教育治理体系和治理能力亟待提高等发展难题。如何实现从“教育大国”迈向“教育强国”，党的二十大和二十届中共中央政治局第五次集体学习进行了整体部署。落实党中央的任务要求，加快建设教育强国，需要在借鉴世界教育强国经验基础上，体现中国特色社会主义制度的优越性，满足人民群众的真实需要，为高质量发展和中国式现代化建设作出应有贡献。

第一节　指导思想

以习近平新时代中国特色社会主义思想为指导，全面贯彻党的二十大和二十届二中、三中全会精神，落实习近平总书记关于教育的重要论述精神，深刻领悟“两个确立”的决定性意义，坚决做到“两个维护”，坚定不移贯彻新发展理念，坚持稳中求进工作总基调，加强党对教育工作的全面领导，全面贯彻党的教育方针，以立德树人为根本任务，以推动教育高质量发展为主题，以深化教育供给侧结构性改革为主线，以改革创新为根本动力，立足基本国情，遵循教育规律，进一步聚焦关键、突出重点，着力补齐短板、铸造长板，提高质量、促进公平，不断完善德智体美劳全面培养体系，加快推进教育现代化，全面提升人民群众教育获得感，全面提升教育服务引领经济社会发展能力，全面提升教育的国际影响力和治理能力，建设中国特色社会主义教育强国，建成具有强

大影响力的世界重要教育中心，有力支撑中国式现代化建设，服务实现第二个百年奋斗目标和中华民族伟大复兴！

第二节 基本原则

建设教育强国是一项关系国计民生的系统性、长远性工程，需要教育领域内外的多方力量勠力同心，踔厉奋发。习近平总书记关于教育的重要论述为我国教育事业的高质量发展指明了方向，也为建设教育强国提供了基本原则。

一是坚持党的全面领导。坚持党的领导是我国做好各项事业的必然要求，更是做好教育工作的前提与保证，必须全面强化党对教育工作的领导权，坚持马克思主义的指导地位，持续深化细化教育系统党的建设。

二是坚持社会主义办学方向。为谁培养人是发展教育事业的前提性问题，建设教育强国必须坚持社会主义办学方向。我国是中国共产党领导的社会主义国家，社会主义是国家发展与教育发展的共同方向。办社会主义教育，必须坚持为人民服务，为中国共产党治国理政服务，为巩固和发展中国特色社会主义制度服务，为实现中国式现代化建设服务。

三是坚持把立德树人作为根本任务。培养什么样的人、怎样培养人不仅是教育的根本问题，也直接关系国家的前途命运。建设教育强国必须把立德树人作为教育事业的根本任务，把立德树人成效作为教育评价的根本标准，致力于培养德智体美劳全面发展的社会主义建设者和接班人，培养担当民族复兴大任的时代新人。

四是坚持教育事业的优先发展地位。百年大计，教育为本。教育事业的发展与国家发展全局息息相关，教育强则国家强。要坚持把教育事业置于优先发展的地位，作为推动党和国家各项事业发展的先锋队，发挥教育的基础性、先导性、全局性战略作用。

五是坚持扎根中国大地办教育。教育强国虽然有国际性的通行指标，但是在不同的国家有不同的具体表现。我国建设教育强国必须基于自己的历史、现实和未来发展方向，要扎根中国大地办教育，以教育之强夯实国家富强的根基。

六是坚持以人民为中心。我国的教育事业是将人民置于最高地位的

教育事业，是以人民满意作为追求目标的教育事业。建设教育强国是为国家谋富强，为人民谋幸福，要坚持全力办好人民满意的教育，满足人民对教育的新期待，以教育之强厚植人民幸福之本。

七是坚持教育、科技、人才一体化发展。党的二十大报告指出："教育、科技、人才是全面建设社会主义现代化国家的基础性、战略性支撑。必须坚持科技是第一生产力、人才是第一资源、创新是第一动力，深入实施科教兴国战略、人才强国战略、创新驱动发展战略，开辟发展新领域新赛道，不断塑造发展新动能新优势。"教育强国的建设与科技强国、人才强国的建设是不可分割的，必须从教育、科技、人才"三位一体"的战略高度，协同推进教育强国与科技强国、人才强国的建设，以实现互相成就、相得益彰的良好格局。

第三节　目标指标

一　建设教育强国的目标

教育强国是我国推进社会主义现代化国家建设的主要目标之一。对于教育强国本身而言，同样也存在目标设计的问题。确立教育强国建设的发展目标，是对教育强国建设可行性和科学性的必然分析。按照目标的动态发展，可以分为近期、中期和远期目标；按照目标的层次构成，可以分为总体目标与具体目标，具体目标又可划分为国内目标、国际目标等；按照目标的价值维度，可以分为教育自身发展目标、服务支撑目标以及世界影响目标。尽管分类标准有所不同，但本质上涵盖了教育强国的本体论、价值论以及认同论三种维度的终极目标，具体包括拥有高质量的教育体系、适切的教育贡献以及高水平的教育国际影响力。

（一）拥有高质量的教育体系

从教育自身的本体论出发，建设教育强国的目的就是要建设一个与国家发展、社会发展高度适配的高质量教育体系。高质量教育体系既是教育自身发展的规律性反映，也是实现教育强国以及人民美好生活的目的性驱动。它体现了高水平的国家教育质量，也说明了社会综合发展状况处于优质状态，其中"高质量"代表了国家教育发展的理念以及不断的追求，"教育体系"则是指"一个国家教育发展水平的综合反映，也是

说明整个社会发展状况的基本指标。”①

高质量教育体系以落实立德树人的教育任务以及办好人民满意的教育为价值追求，需要以机制创新为重点的高质量人才培养体系、以服务需求为支撑的学科专业体系、以高素质专业化为标准的教师发展体系、以自立自强为目标的科技创新体系、以质量贡献为导向的教育评价体系、以自信自强为内核的文化传承创新体系、以合作共享为基础的教育开放体系和以党的领导为统领的内部治理体系为支撑，覆盖从普惠、优质的学前教育到高水平、均等化、城乡一体发展的义务教育，再到特色化、多样化的职普融通的高中教育和科教融汇、产教融合的高等教育，以及随时随地可学、灵活互通的全民终身学习体系，不同层次类型的教育体系能够相互衔接；提供正规教育、学历教育的学校教育以及组织承担非正规教育的民办教育相互沟通，互为补充；优质的学校教育、积极的家庭教育以及完善的社区教育“三位一体”，相互融合。

加快建设高质量教育体系，是新时代新征程办好人民满意教育的重点任务，也是构建新发展格局的基础环节。在国家“十四五”规划和2035年远景目标纲要中，将建设高质量教育体系作为提升国民素质、促进人的全面发展的关键举措。高质量教育体系将是更加公平、更加完备、更加丰富、更可持续的教育体系。这个体系既要有利于保障全体人民平等享有教育机会，又要有利于满足不同背景的社会公众不断增长的多样化教育需求；既要提升全民精神境界和文化素质，又要培养多样化人才特别是国家建设急需的战略性人才。

（二）具备适切性的服务能力

具备适切性的服务能力既表明了建设教育强国的目的，也阐释了建设教育强国的路径。首先从教育的外在价值看，建设教育强国是打造教育、科技、人才共同体，助力世界重要人才中心和创新高地建设，服务整个经济社会高质量发展，为全面建设社会主义现代化国家奠定坚实的人才基础、提供有力的战略支撑。从教育的内在价值看，建设教育强国是充分发挥教育自身人才培养的价值，提高育人效能，以教育强国建设为手段服务教育自身高质量、可持续发展。

---

① 张力：《教育强国战略》，海南出版社2012年版，第20页。

"教育强国要求教育系统能够满足经济社会发展对人力资本和人才培养需求的强劲性。"[①] 当前，我国经济正处在转变发展方式、优化经济结构、转换增长动力的攻坚期，中国制造如何迈向中国智造、中国创造，人口红利如何转为人才红利，乡村振兴如何衔接共同富裕，均需要强化教育、科技、人才支撑。习近平总书记在党的二十大报告中强调"教育、科技、人才是全面建设社会主义现代化国家的基础性、战略性支撑"，首次将教育、科技、人才一体安排部署，赋予教育新的战略地位、历史使命和发展格局。教育作为国之重器，必须在国家高质量发展规划战略中充分发挥其社会价值，承担社会责任。想国家之所想、急国家之所急、应国家之所需，强化国家战略领域和急需领域的人才培养，为国家和区域高质量发展输出高水平创新人才，输出原创性科研成果，不断使教育同党和国家事业发展要求相适应、同人民群众期待相契合、同我国综合国力和国际地位相匹配。必须聚焦国家重大战略需求，以服务经济社会高质量发展为导向，发挥学校在教育、科技、人才、医疗、党建等方面资源优势，提升教育在加快构建新发展格局、推动高质量发展中的贡献力。

（三）具备强大的教育国际影响力

强大的教育国际影响力是教育强国的重要体现，习近平主席在亚洲文明对话大会开幕式上指出："今日之中国，不仅是中国之中国，而且是亚洲之中国、世界之中国。"这是新时代中国走向世界的奋进姿态，"中国与世界的关系越发密切，中国的发展离不开世界，世界的发展更需要中国。党的二十大报告指出，'我们要拓展世界眼光，深刻洞察人类发展进步潮流，积极回应各国人民普遍关切，为解决人类面临的共同问题作出贡献'。"[②] 因此，教育强国并不是关起门来自以为是的强，而是在全球化发展的背景以及构建人类命运共同体的愿景下，向世界发出中国的教育之声，致力于公平与质量不断提升、现代化水平不断提升的教育，并

① 马晓强、崔吉芳、万歆等：《建设教育强国：世界中的中国》，《教育研究》2023 年第 2 期。

② 周洪宇、李宇阳：《中国成为世界重要教育中心：何以必要、何以可能与何以可为》，《新疆师范大学学报》（哲学社会科学版）2023 年第 1 期。

利用“中国特色、世界水平”的教育，不断为世界创造新的机遇。

他山之石，可以攻玉。教育强国建设，需要加强各国交流合作，互学共鉴。习近平总书记支持鼓励立足国家需求，学习世界先进教育经验，引进优质教育科研资源，“要吸收世界先进的办学治学经验，更要遵循教育规律，扎根中国大地办大学”。同时，应用教育国际交流与合作，为我国大国外交战略开辟新道路。教育可大，关乎整个民族的未来；教育也可小，成为突破或恢复国家交往与彼此信任的切入点。人有国籍，才跨国界。坚持教育对外开放不动摇，应以不断增长的人才交流，增进了解与互信，加强同世界各国的互容、互鉴、互通。推动新型国际关系发展，推动构建人类命运共同体。

中国要实现社会主义现代化，中华民族要实现伟大复兴，离不开教育事业的有力支撑。在全球围绕科技制高点的激烈竞争局势下，人才越来越成为国际竞争的重要战略性资源，教育作为国家间综合国力竞争的有力支撑，关乎国家竞争力的提升，是国家在全球竞争中掌握主动权的可靠基础与重要保障。

二 建设教育强国的指标

建设教育强国是一个目标宏伟、内涵丰富、动态发展的过程，涉及面广、复杂性强，与经济社会发展高度关联、同世界百年未有之大变局密切联系，关乎人民利益、国际地位，是全面建成社会主义现代化强国总体战略部署的重要组成部分。教育强国指标的建构需要以我国全面建成社会主义现代化强国的目标为导向，“要在考量中国教育系统各层面的基础上，综合考量党和国家发展需要，国家教育发展目标和政策需求，学习国际先进经验进行全面创新，以中国特色为基础，确保指标体系的科学性、实用性、前瞻性和战略性。”① 依据建设教育强国的丰富内涵，构建教育强国的指标包含教育综合实力、教育创新能力、教育服务贡献度、教育现代化治理水平、教育国际影响力以及可持续发展力。

---

① 刘复兴、董昕怡：《论教育强国指标体系建构》，《新疆师范大学学报》（哲学社会科学版）2023 年第 1 期。

（一）教育综合实力

国家教育综合实力在教育强国指标体系中处于首要位置，旨在综合衡量教育事业发展本身是否强。只有教育自身发展水平不断提升，才能更好地服务经济社会发展、更好地满足人民群众接受教育的需求。从指标内容看，新时代反映教育综合实力的指标包含教育投入水平、教育结构与质量水平以及教育体系的现代化水平。

教育投入是实现公平而又有质量的教育以及教育可持续发展的前提条件和物质保障，一国的教育投入水平直接影响其进步和繁荣，高水平的教育投入有助于形成可持续发展的国民教育体系，使其有能力应对复杂挑战。教育投入一方面包含公共教育经费投入，另一方面也包含教育质量的制度保障。公共教育经费投入占国内生产总值（GDP）的比重，是衡量一个国家教育财政保障水平的关键性指标。一般而言，教育强国的财政性教育经费支出占国内生产总值比例不低于5%。“中国具有世界规模最大的教育体系，需要有充分的财力支撑这个体系，这是教育强国建设的财政基础。建设教育强国，必须毫不动摇地坚持教育超前布局、优先发展，进一步加大教育投入，建构多元化教育投入体制。”① 教育质量的制度保障包括教育政策保障、教育投入保障、师资队伍保障、教育监管与监督保障以及教育技术保障等指标，保障教育的高质量发展。

教育发展质量水平是建设教育强国的必然要求和关键指标，它包含教育普及与公平、教育体系与质量以及教育高质量发展体系。教育普及与公平是反映教育发展水平的基础性指标，世界银行、经济合作与发展组织等国际组织多年来始终将教育公平指标作为其统计体系的核心指标，联合国教科文组织的教育发展指数也将教育公平作为重要内容。教育普及和公平水平可以从三个层面进行分析和判断，即入学机会、资源分配和教育结果的公平程度。教育结构与质量水平是反映教育发展水平的发展性指标，它指向的是教育发展与我国新发展阶段对人才培养需求的匹配程度。建设教育强国，实现伟大复兴的中国梦，需要在整体提高国民素质的基础上，重点关注青少年科学教育与公民科学素质水平、拔尖创新人才发现与培养水平、国际化人才培养水平等指标，并发挥指标引领

---

① 朱永新：《教育强国建设：内涵、挑战与实践路径》，《中国远程教育》2023年第10期。

作用，建设相互协调的公共教育基本服务体系和高层次人才培养体系，全面提高教育教学质量。科学素质是国民素质的重要组成部分，提高公民科学素质，对于增强公民获取和运用科技知识的能力、提高生活质量、实现全面发展，对于提高国家自主创新能力、建设创新型国家、实现经济社会全面协调可持续发展、构建社会主义和谐社会，都具有十分重要的意义。广大青少年是国家现代化发展的主力和未来，加强少年科学素质是建设教育强国的必然要求。拔尖创新人才发现与培养水平的提高是教育强国建设的迫切使命和重要标志。拔尖创新人才发现与培养水平，与全民科学素质提高是相互支撑和相互促进的关系。

教育体系的现代化是适应时代发展需求、提升教育综合实力的必然要求。它包含教育理念的现代化、教育技术的应用以及教育管理体制的创新三个方面。教育理念的现代化意味着从传统的以知识传授为主转向注重学生的全面发展、个性发展和创新能力培养。强调以学生为中心，尊重学生的主体地位，激发学生的学习兴趣和主动性。同时，要树立终身教育的理念，使教育贯穿人的一生，适应社会快速变化和个人持续发展的需要。信息技术的飞速发展为教育带来了深刻变革。现代化的教育体系应充分利用互联网、人工智能、大数据等技术手段，创新教育教学模式。例如，在线教育、远程教育打破了时间和空间的限制，使优质教育资源能够更广泛的传播；智能化的教学辅助工具能够根据学生的学习情况提供个性化的学习方案；虚拟现实和增强现实技术为学生创造更加生动、直观的学习体验。现代化的教育管理体制应当是灵活、高效、民主的。政府要转变职能，加强宏观管理和服务，赋予学校更多的办学自主权，激发学校的办学活力。同时，要建立健全教育法律法规，规范教育行为，保障教育公平和教育质量。此外，加强教育领域的国际交流与合作，借鉴国际先进的教育管理经验和教育模式，也是推动教育体系现代化的重要途径。

（二）教育创新能力

教育作为国家发展的支撑力，其创新能力更关乎教育强国建设的效能和动力。“教育创新力不仅表现为引领学科发展的学术成果和成果转换，还应包括能够引领世界教育改革、勇于创新的教育理念、教育制度、

教育政策等。”[①]

教育理念作为一定历史时期人们对教育发展的理性认识，体现了教育的价值取向和理想追求，是教育改革发展的重要价值引领和实践导向。一定的教育发展总是伴随着特定的教育理念引导，而教育理念的发展，既有赖于教育科学自身的发展，更离不开其置身的经济社会发展水平。“深化教育理论的本土化创新性研究，构建起具有中国特色的教育理论体系，对建设教育强国至关重要。”[②] 这要求我们应该与时俱进，结合时代和社会发展背景，不断更新教育理念，促进教育现代化发展。面对当今世界的种种矛盾和冲突挑战，要重新定义知识、学习和教育，应该坚持人文主义，以尊重生命和人类尊严、权利平等和社会正义、尊重文化多样性、国际团结和分担责任为基础，教育应是“全球共同利益”。在现代社会，教育理念应包含教育的民主性和公平性、教育的生产性和社会性、教育的终身性和全时空性、教育的个性化和创造性、教育的多样性和差异性、教育的信息化和创新性、教育的国际性和开放性、教育的科学性和法制性。

制度泛指以规则或运作模式规范个体行动的一种社会结构。这些规则蕴含着社会的价值，其运行表彰着一个社会的秩序，是人类维持生活的需要。“制度优势是一个国家的最大优势，制度竞争是国家间最根本的竞争。”[③] 合理及完善的制度是现代教育事业发展的重要保障。现代化的教育制度包括教育的法律制度、标准制度、管理制度、运行制度和保障制度，是教育强国的重要标志和核心支撑。如同教育理念一样，教育制度并不是静态的，而是随着时代发展不断变化的，合理的教育制度往往能够不断更新，满足时代发展的需要。当下，深化教育改革创新、推动新时代教育改革发展，就是对新时代新形势下更高远的历史站位、更宽广的国际视野、更深邃的战略眼光的及时呼应，是改革开放和社会主义现代化建设、促进人的全面发展和社会进步对教育提出新的更高要求的

---

① 胡昳昀、刘宝存：《国际比较视野下的中国教育软实力》，《教育研究》2021 年第 10 期。

② 李维、许佳宾、蒋晓蝶：《加快建设教育强国的使命、挑战与对策建议》，《教育与经济》2023 年第 5 期。

③ 习近平：《坚持和完善中国特色社会主义制度 推进国家治理体系和治理能力现代化》，《求是》2020 年第 1 期。

持续响应，不仅是中华民族伟大复兴的力量源泉，也是教育自身提升发展的方向与路径。

教育政策是一个政党和国家为实现一定历史时期的教育发展目标和任务，依据党和国家在一定历史时期的基本任务、基本方针而制定的关于教育的行为准则，因此，教育政策具有明显的时效性的特点，需要结合不同历史时期国家发展的需要，从政策的形式层面、价值层面以及实践层面进行评估和改革创新。形式层面具体包含政策体系健全度和政策制定的民主性两个方面的指标，价值层面包括政策的价值取向及公平性（政策对有关的利益满足和分配是否公平）两个方面的指标，实践层面包括政策的有效性（政策的执行程度和实际效果）以及回应时代要求两个方面的指标。

（三）教育服务贡献能力

服务贡献能力是衡量社会有机体发展活力的关键指标，是对社会发展需求的满足能力，也称作“服务力”，“教育属于第三产业，即服务业，而非国民经济产业。教育的本质是为学习者提供适合的服务，为人的发展服务”。教育服务贡献能力就是“将‘服务力’置于教育场域中，省思教育与社会外在场域以及与人的发展关系所衍生形成的概念，它是指教育满足社会外在场域发展需求，实现教育与社会和谐发展目标，利用各种教育资源促进人的全面发展的一种综合能力”①。具体包括教育对政治、经济、民生、文化以及生态的服务力。

教育对政治的服务贡献力体现在教育能够在多大程度上满足国家政治发展的需求。教育作为个体社会化的主要途径，在国家教育权力机构对培养人的现实制约下，它的“使命就是要为每个人找到一个可以最有效地为国家服务的位置”。② 因此教育发展受制于政治因素，也是沟通国家权力需求与个人发展需求的桥梁。教育公共服务以扩大信息渠道面的形式架构起教育与政治交流互通的空间，确保公众与提供教育服务的国家机构和学校组织之间保持顺畅和稳定的联系。教育的政治服务贡献力

① 袁利平、姜嘉伟：《教育服务力的核心要义及其展开》，《基础教育》2022 年第 4 期。

② ［德］弗里德里希·尼采：《教育何为》，周国平译，北京十月文艺出版社 2019 年版，第 17 页。

主要包括思想政治课程教育目标的达成度，需要从受教育者的思想政治、道德品质、心理健康以及法治思维的综合素养予以判断；学校课程中思政一体化程度，即思政内容直接融入、有机融入课程状况，思想政治教育上下衔接、左右贯通状况，社会主义核心价值观教育状况。培养什么人、怎样培养人、为谁培养人是教育的根本问题，也是建设教育强国的核心课题。我们建设教育强国的目的，就是培养一代又一代德智体美劳全面发展的社会主义建设者和接班人，培养一代又一代在社会主义现代化建设中可堪大用、能担重任的栋梁之材，确保党的事业和社会主义现代化强国建设后继有人。

教育对经济的服务贡献力就是在一定时期里提供教育服务产品的能力，实质上就是教育在多大程度上能够促进知识的生产与消费，推动教育体系与产业体系、社会体系、科技体系有效对接，实现人力资本的积累与转化，为国家重大战略实施和经济社会发展提供强大的人才和智力支持。当今时代，人才是第一资源，科技是第一生产力，创新是第一动力，建设教育强国、科技强国、人才强国具有内在一致性和相互支撑性，拔尖创新人才的自主培养，为解决我国关键核心技术“卡脖子”问题提供人才支撑。教育通过对高质量人才资源的开发，实现生产工具、生产方式以及生产理念的不断创新，从而推动各类技术创新，为经济发展提供智力支撑和原始动力，同时教育人力资本通过推动技术创新提高生产效率，实现提高生产效益的目的。具体指标主要从教育投入和产出两个维度，考察校企合作情况、教育服务区域经济发展情况以及教育支撑新发展格局程度。

教育是增进民生福祉的基础工程，教育对民生的服务贡献力就是既要发挥教育对人民物质生活的改善功能，同时又要承担改善和丰富精神生活的职责，通过对公平的追求实现个人利益和国家利益的统一，通过优化资源配置、提高教育质量，促进教育均衡发展，这是教育助力民生的发展目标，也是对教育改善民生问题的精神向度的把握。习近平总书记在全国教育大会上要求“坚持以人民为中心发展教育”。这一重要论断高度概括了我国教育改革和发展的基本经验，是马克思主义群众史观在新时代教育根本目的中的集中体现，深刻回答了新时代中国教育实践中三个重要的问题，即发展的目的、发展的依靠力量和发展的根本价值。

坚持以人民为中心发展教育就是要办好人民满意的教育，从人民的实际需求出发，切实解决好公平、质量和服务民生等问题，使人民有获得感。教育对民生的服务贡献力主要考察人民群众对教育的满意程度、区域教育均衡发展程度、城乡教育资源配置程度等。

文化是人类在不断认识社会、改造社会的过程中所创造的并获得人们共同认可和使用的符号与声音的体系总和，是不同社会群体内在精神的既有、传承、创造、发展的总和，是不同社会群体基于自然的基础上所有活动内容。“文化是人类发展的重要标志，而教育则是文化传承与创新的重要机制。”[①] 教育作为知识传承和文化创新的重要载体，传承着天然的民族基因，发挥着增强文化自觉、坚定文化自信等重要作用，能够维系国家认同、振奋民族精神、促进人的全面发展，是社会主义文化繁荣发展的重要基石。每一种教育模式都有其自身的文化适应性，学校的教育教学过程，也是一个有目的、有计划的文化过程，不仅传播科学知识和真理，而且培育理想信念和时代精神。进入现代社会，教育更是与先进文化相融共存，以科学精神、知识传承、专业学问引领社会发展，涵养核心价值。教育对文化的服务贡献力是从文化源流与功能教育考量教育的价值，教育通过扩展教育主体与社会客体的文化融合程度，促使教育主体与社会客体不断自我发展与自我完善，为传承弘扬中华优秀传统文化、建设文化强国提供重要抓手，为充分发挥中华优秀传统文化铸魂育人功能提供重要支撑，最终实现对中华优秀传统文化的传承与创新。主要包括优秀传统文化教育和创新状况、革命文化教育和创新状况、社会主义先进文化教育和创新状况、教育支撑文化自信状况。

而生态教育状况和质量是衡量一个国家文明程度的重要标志。2021年，联合国教科文组织发布了《一起重新构想我们的未来：为教育打造新的社会契约》，这份报告提出，全球各国需要重新定向，因为人类的未来取决于地球的未来，而这两者都面临危险。当下迫切需要一项“面向教育的新社会契约”，“让我们能够换一种方式去思考学习以及学生、教师、知识和世界之间的关系”，重建我们与彼此、与地球、与技术之间的

---

① 刘海峰、陈时见、孙杰远：《教育强国建设的学理思考与着力方向》，《中国电化教育》2023年第10期。

关系。这份报告，将教育从人类中心向生态中心进行了拓展。报告明确提出，学校应成为实现可持续发展和碳中和国标的典范，以塑造我们所期望的未来。教育必须促使人们意识到环境、社会和经济之间内在的相互联系。课程内容必须包含从生态学角度理解人类，重新平衡人类与地球这颗生命星球兼人类唯一家园之间的关系，要将地球生物圈作为一个整体的教育空间来考虑，帮助学生及其社群认识到人类与世界存在不可分割的联系，将“关怀伦理”作为人类共享知识纳入课程体系，促使学生将关心他人、关心家庭、关心社会的能力延伸至关心自然环境。

（四）教育治理的现代化水平

教育治理现代化指的是整个国家的教育制度体系和治理能力的现代化，反映了对教育效率的追求，即实现教育资源精准高效配置，让学生接受高质量的德智体美劳全面发展的教育，且每个人都能享受到公平而有质量的教育，推进教育的多样化、人性化和差别化发展。“实现教育治理体系和治理能力现代化水平提升，既是教育强国的内在属性要求，也是加快教育强国建设的关键举措。”①

教育制度体系是开展教育治理的一整套紧密相连、相互协调的法律法规、制度和行为准则的总和。制度体系现代化要解决的问题是教育系统与其他社会系统（如政府）之间、学校机构与社会其他机构之间、学校内部行政部门与教学部门之间的矛盾关系及其和谐优化。教育制度的健全程度是衡量教育现代化水平的关键体现。教育治理要于法有据，要在治理过程中推动规范体系建设，要通过规范体系建设改进教育治理，并将行之有效的治理经验与治理方法固定下来，这样才能有效发挥教育发展效能，促进强国建设。坚实的法律保障是教育强国建设的重要基础。历史的经验告诉我们，教育的发展需要一个良好的环境，需要法律的保障，一个法制完备的教育体系才可以称之为富有效率的、充满活力的教育体系。因此，在改革和发展教育事业的同时，必须十分重视教育立法，建立和健全教育法律体系。当前，我国教育治理急需开展教育法律体系建设，急需明确界定各级政府的权限，急需对各部门承担的教育治理责

---

① 李维、许佳宾、蒋晓蝶：《加快建设教育强国的使命、挑战与对策建议》，《教育与经济》2023年第5期。

任做出划分，急需为基层社会参与教育治理提供可以依循的章法。

教育治理能力现代化是指如何优化各种权力与利益关系、优化教育体制与机制，进而提高服务教育实践的能力，以及政府人士、教育行政人员应对教育问题、教育矛盾的能力和服务教育者、受教育者、教育发展的能力。作为教育制度体系执行的现实体现，它体现了教育治理的相关主体在参与治理的过程中表现出的实践智慧。对各级政府部门而言，教育治理能力建设包括顺利实现党和国家设定的各项教育事业发展目标，建立跨部门、跨区域的统筹协调机制，提高适应信息化、网络化、流动化社会的教育综合管理和服务水平，完善重大教育决策的科学化、民主化水平，及时了解教育舆情动态，及早化解基层矛盾和纠纷等。对各级各类学校而言，教育治理能力建设要实现依法自主管理，完善学校法人治理结构，规范内部治理，不断提高教育教学质量。对社会组织、社区、家长、普通民众而言，教育治理能力建设要逐步发挥其参与教育决策、社会监管，参与学校管理，参与教育评价等方面的作用。

（五）教育国际影响力

教育强国是在教育领域以国家为单位进行比较的结果，是以融入世界发展格局、畅通国际流通渠道为基础的竞争与合作的结果。教育国际影响力是衡量国家教育在国际范围内认可度的重要指标，扩大教育国际影响力，一方面是国家坚持对外开放政策的具体体现，另一方面也是国家现代化发展的必然选择和要求。它具体体现为教育对外开放水平以及对世界教育的示范引领力。

教育对外开放是教育现代化的鲜明特征和重要推动力，是国家对外开放的重要组成部分，是建设教育强国的必然选择，对于提升中国教育的国际影响力至关重要。包括国际优秀学生来华留学规模与质量、国际大科学计划与大科学工程牵头组织水平等核心指标。从全球范围看，百年变局和世纪疫情交织，深刻改变全球教育开放格局和进程。主要大国和教育发达国家普遍重视推动教育开放，应形势变化不断调整完善开放政策。教育对外开放有助于我们吸收借鉴国际先进经验和做法，为我国教育改革创新提供启发和思路，同时也可以将我国教育的优秀资源、先进经验、模式和成果与世界分享，扩大我国教育的国际贡献度、影响力和认可度。当前，我国正迈向世界教育强国的关键时期，为新时代继续

坚持教育对外开放提供了广阔视野与宽广境界，同时更对推动高水平教育对外开放实践提出了现实要求。“高水平教育对外开放，是我国教育对外开放的外延拓展、内涵深化与实质贡献的一种发展状态，具有支撑与服务中国式教育现代化、维护与发展最广大人民根本利益、变革与创新国际教育制度和政策，以及深化与完善全球教育治理体系等基本特征。”①

对世界教育的示范引领力，是衡量教育国际影响力的另一项重要指标，“作为世界上人口最多、举办着最大规模教育的国家，建成教育强国，引领世界教育发展潮流，是为实现第二个百年奋斗目标需要完成的历史任务”②。对世界教育的示范引领力可以体现在三个方面。一是教育理念的示范引领，二是教育制度的示范引领，三是教育成就的示范引领。教育理念是对教育活动本质的认识，是教育实践发展的理性导向，它决定了教育发展的水平。全球竞争从根本上是知识理论和价值观的较量，尤其在知识经济时代，经济的增长更加依赖知识理论的生产、传播和应用。发挥对世界教育的示范引领，首先就是教育理念在国际上的影响力。教育制度是教育理念在现实层面的体现，关乎教育理念在多大程度上可以得到落实，是教育高质量发展的保障，也是获得国际认可的现实依据。教育成就的示范引领，主要是指在现代化国家建设的达成度上全面赶超发达国家水平，具体体现在创新技术以及创新人才的国际竞争力。

（六）教育发展的可持续性

教育发展的可持续性是国家发展水平和发展潜力的重要体现，把教育可持续发展目标实现程度纳入教育强国指标体系并突出我国优势与特色，既是时代所需，也是我国积极践行可持续发展议程承诺、扩大教育世界影响力的内在要求。可持续发展的主体是人，既要依靠人，又要为了人。只有人不断生产与创造，才使发展得以持续，也只有依靠人不断克服和排除障碍，才能实现可持续发展。教育发展的可持续性包含两层含义，一方面是通过教育培养创新型科技人才和生产创新型知识成果，

① 杨启光：《高水平教育对外开放：现实逻辑、基本特征与实践路径》，《南京社会科学》2023 年第 7 期。

② 王定华、涂端午：《“教育要面向世界”：40 年回顾与展望》，《中国教育学刊》2023 年第 9 期。

提高国家综合实力，实现国家自身的优质均衡和可持续发展；另一方面教育自身既是国家现代化的一部分，又能为国家整体的高质量发展提供有效的智力和人才支撑，实现教育红利的最大化转化，促进教育自身的可持续化发展。二者是相互促进的良性循环。教育发展的可持续性具体体现在人的全面发展水平、公平优质的教育水平以及生态协调水平。

教育可持续发展的主体是人，人既是教育可持续发展的目的，也是实现教育可持续发展的手段和途径。教育可持续发展“要求整个教育活动要以学习者的可持续发展活力为基础，以倡导人的可持续发展与自然、社会、他人整体和谐为目标，通过良好的教育方式唤醒人的可持续发展意识，开发人的可持续发展潜能”[①] 实现人的全面发展，而人的全面发展是人的本质力量的全面发展和充分发挥。人是社会实践的主体，既被现实社会所塑造，又在推动社会进步中实现自身发展。教育是从自然人走向社会人，提升全体人民的科学文化素养、提高科技与文化的创新水平和质量的主渠道，是从人口大国走向人力资源强国的基础途径。在中国特色社会主义现代化建设的实践过程中，始终以实现人的全面发展作为推进社会主义现代化的最高尺度和最终价值追求人的全面发展。

教育发展的可持续性强调发展中的公平度和质量水平，关注并致力于消除由于外在差异而带来的教育不平等现象，更显示出强有力的现代生机。教育公平是社会公平的重要基础，也是建设教育强国的内在要求。它体现在人人都有公平接受教育的机会、人人都能获得适合自身发展需要的个性化教育，能够满足群众对“上好学”的需要。从教育质量来说，是体现“创新、协调、绿色、开放、共享”的新发展理念的质量，归根结底就是关注对创新人才的培养。综观世界各国促进教育公平的政策轨迹，可以发现有两条发展脉络简明而清晰：一是拓展教育公平的广度：主要是不断扩大教育覆盖面直至实现全纳教育，强调教育要面向各种边缘群体。二是拓展教育公平的深度：由单纯的机会公平向追求有质量的教育公平转化，关注点从受教育机会转向教育的过程和结果。唯有致力于打造公平有质量的教育，才能切实获得教育的可持续发展。

---

① 张婷、王本法：《可持续发展教育与教育价值取向的转型》，《东岳论丛》2009 年第 8 期。

可持续发展重在“双赢互利”，甚至是“多赢”的和谐发展、共同发展，可持续发展教育将这种“和谐共生发展”的意识性文化渗透到了教育领域的每个环节，以适应未来生活的需要。“与自然和谐共生意味着人类不仅处理好人与自然的关系，还需要处理人与人、人与社会的关系。正如 OECD 在其报告中所说：所有可持续发展目标都是相互关联的，为了确保长期繁荣，经济框架还需考虑自然资源效率，水、能源与陆地和海洋生物多样性之间的关系。”[①] 教育对生态系统的协调水平一方面基于未来社会发展面临的困境，旨在帮助教育系统决定学生在未来茁壮成长且塑造未来的知识、技能、态度和价值，从而应对未来世界发展的不确定性，创造适合人类发展的文明和谐的生态环境。它凸显了教育在社会系统和生态系统的可为与引领性，是建设教育强国的必然要求。

第四节　发展任务

教育是国之大计、党之大计。党的二十大提出，实施科教兴国战略，强化现代化建设人才支撑，并对加快建设教育强国、科技强国、人才强国作出全面部署，为推进教育强国建设指明了前进方向[②]。教育强国是对当代我国教育事业发展所担负的国家责任和使命的高度概括和凝练表达，体现了党中央对加快推进教育现代化的高度重视，对以教育强国建设有力支撑中华民族伟大复兴的殷切期待。

首先，要坚持党对教育事业的全面领导，培养德智体美劳全面发展的社会主义建设者和接班人，就必须坚持党对教育工作的全面领导，以确保教育为人民服务、为党治国理政服务、为巩固和发展中国特色社会主义制度服务、为改革开放和社会主义现代化建设服务。

其次，要推动治理体系治理能力现代化、数字化，教育强国作为中国式教育现代化的战略先导、重要支撑、有效途径和基础工程，它不仅让“教育兴则国家兴，教育强则国家强”这一目标得到了前所未有的生

① 沈伟、陈莞月：《教育与生态文明：基于经合组织教育功能的视角变迁》，《华东师范大学学报》（教育科学版）2023 年第 12 期。

② 薛二勇：《教育强国建设的价值与任务》，《旗帜》2023 年第 4 期。

动表达，更使习近平总书记口中“怎样建设教育强国”这一重大课题突破体制机制障碍，化解矛盾和弊端，建立高效、公平、自由、有序的教育新格局。① 根据教育发展的不同阶段领域探索和提升与之相适应的良性治理模式和治理能力。密切关注国际国内经济社会发展形势，开展决策信息瞬时分析，建立信息预警机制，及时调整优化政策。根据政治、经济、社会、文化和人的发展形势，不断优化教育政策。要以教育数字化为驱动，提升教育高质量发展的品质。高效实施国家教育数字化战略行动，促进数字教育公共服务普惠化，进一步完善智慧教育平台。充分利用现代信息技术、大数据、人工智能等，构建更加宏大的人类智慧与人工智能相互融合和相互促进、教育功能更加强大的现代化教育体系和未来学习体系。利用互联网和移动终端技术，营造更加多样化、个性化和交互性的学习环境，为个性化学习提供丰富的教育资源。推动互联网、大数据、人工智能技术等与各产业深度融合，培养新型高技能人才，促进产业高端化、智能化、绿色化。

再次，要加快推进建设高质量教育体系，在全面建成小康社会之后，人民对教育的需求已经由“有学上”转化为“上好学”。满足人民“上好学”的需求，需要以更高质量应对教育发展中的不平衡不充分的问题。促进教育资源在区域之间、区域内部的配置达到精准状态；办好每一所学校、教好每一位学生，要求推动不同学校的教育理念革新和实践改进，每个学生在基本公共教育服务均等化的过程中实现全面发展，让人人都能通过教育拥有出彩的人生。

最后，要着力改革教育的关键环节和薄弱之处，教育改革发展的关键环节和薄弱之处关乎教育强国建设的速度和效益。聚焦各级各类教育发展难题和关键需求精准发力，势必达到事半功倍的效果。通过深化这些关键环节的改革，不仅能够提高教育水平，也能够推动教育事业朝着建设教育强国的目标迈进，更好地服务国家的全面发展。

教育强国在学前教育阶段、基础教育阶段和高等教育阶段有各自的发展任务，这体现了教育的层次性和阶段性特征，同时也符合个体发展

① 陶蕾、杨欣：《数字驱动的教育强国建设：机遇、挑战和进路》，《中国电化教育》2024年第3期。

和社会需求的逻辑。从个体发展特点来看，学前教育阶段，儿童处于身体和认知发展的关键时期，注重培养基本的社交、情感和认知能力；基础教育阶段侧重于学科知识的传授，强调核心素养和基本技能的培养，为学生的全面发展奠定基础；高等教育阶段注重专业知识和实践能力的培养，使学生具备深度专业素养，适应社会对高层次人才的需求。从社会需求来看，学前教育阶段，社会对基础的人际沟通、自理能力和团队协作等方面的能力需求较大；基础教育阶段，社会对于文化素养、科学素养、创新能力等方面的需求显著，强调培养学生的核心竞争力；高等教育阶段，随着社会的发展，对高层次人才的需求更加专业化和复杂，需要更深层次的知识和技能。从个性化发展来看，学前教育阶段强调个体差异，注重培养儿童的兴趣、创造力，为其个性化发展提供支持；基础教育阶段需要兼顾基础知识的普及和学生个性的培养，强调发掘学生的潜能和特长；高等教育阶段鼓励学生在个人兴趣和专业领域深度发展，提供更灵活的学科和课程选择。因此，有必要分别从学前教育阶段、基础教育阶段、高等教育阶段三个维度，剖析教育强国具体的发展任务。

一　学前教育阶段发展任务

人生百年，在于幼学。习近平总书记在中共中央政治局第五次集体学习时强调，要坚持把高质量发展作为各级各类教育的生命线，加快建设高质量教育体系。在学前教育领域，针对入公办园难、入民办园贵的问题，扩大学前教育资源是当务之急，着力建设普惠性学前教育资源体系，提供更多高品质的学前教育学位。

首先，学前教育强国建设的法治建设。要依法治教，确保学前教育合法合规运行。这包括按照法律规定进行学前教育的管理，保障办园者的权利和义务，制定详细的管理章程，以及对学前教育阶段的教学内容出台更细致的标准。在法治的基础上，推动幼儿园管理章程的修订，以促进更科学、有效的幼儿园治理。从国家层面来看，对学前教育如何教、幼儿如何学，应该要出台更加细致的标准。但考虑到幼儿认知和身心发展规律的特点，很难在全国范围内统一学前教育阶段的教学内容，这就需要不同地域、园所进行自主探索。

其次，建设高质量的学前教育教师队伍。要建设高质量的学前教育

教师队伍。这包括扩大学前教育教师的职前教育，提高学前教育教师的学历水平和数量规模。此外，职后培训也应扩大培训计划，将公办和民办的学前教育老师纳入培训范围。通过法治建设和社会宣传教育，提高学前教师的政治、社会和专业地位，逐步构建高质量的学前教育队伍。

最后，调整优化学前教育的体制机制。要保障公办和民办并举发展，需要保障公办和民办学前教育并举发展，发挥二者的优势。在政府主导的背景下，新建小区的公办幼儿园建设要得到保障，同时社会办园力量要与政府形成良性互动。促进政府和社会的合作，实现家庭和园所、教师和幼儿的协同发展，确保学前教育的可持续高质量发展。

二 基础教育阶段发展任务

在义务教育阶段，首先，重在优质的基础上推进教育均衡发展。这需要在不同地区、不同学校之间实现资源的均等分配，确保每个学生都能够享有优质的教育资源。通过深入了解各地区的教育资源分布情况，有针对性地投入更多教育资源，特别是关注农村和贫困地区的教育状况，以弥补不同地区之间的不平等。这可以包括改善基础教育学校的教学条件、提升师资力量，确保每个学生都能在良好的学习环境中接受教育。要推动优质教育资源下沉，通过政策引导和资金投入，优质的教育资源能够更多地覆盖到基层，特别是农村地区。这可以包括拓展先进的教育技术、推动高水平教育人才向基层流动，以提高基层教育水平。其次，加强对教育质量的监测，推进教育过程与教育结果的公平。这需要建立健全的教育评价制度，对学校和地区的教育质量进行全面监测和评估。这有助于及时发现问题，采取有效措施加以改进，确保教育的均衡和质量的提升。最后，在县域义务教育优质均衡发展的基础上，推进市域范围的优质均衡发展。整合市域范围内的优质教育资源，包括名师、高水平学校、先进教育技术等，以确保在整个市域范围内都能够获得高质量的教育资源。这可以通过建设共享教育平台、制定资源整合政策等方式来实现。通过引入和培养一流的教育人才，鼓励优秀教师到贫困地区或基础薄弱的学校任教，推动市域内师资力量的均衡化。同时，建立跨校、跨区的教师培训和交流机制，促进教师专业素养的提升。通过建立市域内学校的协作机制，鼓励学校间资源共享、经验交流，共同研究和解决

教育中的共性问题。这有助于提高整个市域内学校的整体水平，实现均衡发展。

在高中教育阶段，一是要优化教育衔接与融合制度建设。优化高中教育与其他教育阶段的衔接融合制度是构建教育强国的关键任务之一。这需要系统性的改革和全面的政策支持，以确保学生在不同阶段的学习经历更为有机连贯，并更好地适应社会需求。首先要加强学科知识的衔接。高中教育应该与初中阶段密切衔接，确保学科知识的渐进性和连贯性。通过建立阶段性的知识体系，逐步拓展学生的知识面，使其更好地适应高中的学科深度和广度。其次要拓宽综合素养的培养。高中教育要注重培养学生的创新能力、实践能力和综合素质，与初中教育和小学教育共同构建素质教育体系。强调跨学科的综合性课程，提供更多实践机会，使学生在思维方式和问题解决能力上得到全面提升。

二是着力建设多样化课程。通过书院体制、特色课程，以文化涵育项目助力人才培养。教育强国建设，课程育人为基。学生个性千差万别，志趣禀赋各不相同，课程实施当不求一律，学生升学也需要更多路径。当前统一的课程教学与升学路径，难以满足学生成长成才的个性化需求。只有为学生提供丰富多元的“课程超市”，让学生自主选择适合自己的课程，才能实现课程育人的优质高效。苏州中学依托苏州府学和紫阳书院文脉传承，借鉴古代书院和现代书院优点，整合“千年庭院”文化空间，探索现代新书院制育人模式，建设“以学习者为中心”的书院制课程基地，在确保国家课程开齐开足的前提下，开发“面向全体、自主选择、分级研修”的多元化课程，给学生更多可供选择的自主选修课、大学先修课、综合实践课、登峰竞赛课等，拓展学生自主发展的成长路径。

三是着力建设多样化高中。推进高中建设多样化、特色化，持续扩大优质高中教育资源布局，形成职普融通的体系，既保证公共教育服务的均等性，也保证多样化的发展路径。在现有高中学校的基础上，鼓励学校根据自身特点和优势，建设具有特色的高中。例如，艺术高中、体育高中、科技高中等，以满足不同学生的兴趣和发展需求。同时，推动学校多样化发展，鼓励学校根据自身情况和条件，探索多样化的办学模式和人才培养模式。例如，开设国际课程、实施书院制管理、开展社会

实践等，为学生提供更加丰富的教育资源和更多的选择机会。

在教育强国建设新征程上，高中教育也肩负重任。我们相信，只要以习近平新时代中国特色社会主义思想为指导，全面贯彻党的教育方针，落实立德树人根本任务，全面提升办学水平，就一定能为教育强国建设作出应有贡献。

三 高等教育阶段发展任务

高等教育系统作为高端人力资本生产者和拔尖创新人才筛选器，作为教育、科技与人才的集中联结点和交汇处，通过高等教育强国建设呈现科教兴国和教育强国、科技强国、人才强国之间的联动效应。① 高等教育现代化是一个远大目标，也是一个持续性的过程，要在教育强国建设中起到龙头作用。② 这个过程包括自我突破、追赶乃至超越世界先进水平，是一个不断变化、不断发展的进程。党的二十大揭开了全面建设现代化强国、实现中华民族伟大复兴的新征程。党从领导力量、方向道路、基本任务、依靠主体、使命担当、途径和方式等方面明确了必须始终遵循和坚持的主要原则。在推进高等教育现代化的过程中，必须与党的二十大明确的原则相符合、相对应。同时，也需要结合自身实际，明确责任与任务。这意味着高等教育机构要在整个国家发展战略的框架内紧密合作，对接党的领导原则，努力推动高等教育的现代化建设。这一过程不仅是对过去的总结与突破，更是对未来的引领，需要不断适应社会变革，发展创新的教育理念和方式，以更好地服务国家的现代化建设和中华民族伟大复兴的崇高使命。

一是培养担当民族复兴大任的时代新人。要坚持不懈地用习近平新时代中国特色社会主义思想铸魂育人，着力加强社会主义核心价值观教育，引导学生树立坚定的理想信念，永远听党话、跟党走，矢志奉献国家和人民。要加强对教育规律的认识，加强教育理论研究，牢固树立科

① 张学文、刘益东：《科教兴国视野下高等教育强国建设：内在逻辑与行动路向》，《教育研究》2023 年第 3 期。

② 武贵龙：《充分发挥高等教育在教育强国建设中的龙头作用》，《思想教育研究》2023 年第 7 期。

学的教育理念。深刻认识高等教育的本质特征，深入把握并遵循办学规律、学生成长规律、教书育人规律、科技创新规律。要加强高等教育与基础教育之间的连贯性，促进大中衔接、本研贯通，培养拔尖创新人才；建立拔尖创新人才长周期评价机制，鼓励学生长期专注某一研究领域，潜心钻研；加强政府部门拔尖人才培养政策的协同性和全面性，逐步落实和扩大办学自主权，给高校体制机制创新的探索空间，形成中国特色、世界一流的高层次人才培养新格局。

二是着力提升科研创新能力和学科建设水平。高校高端人才数量集聚愈多，创新能力愈强，科研效率则愈加完善，大学应创新体系，提升原始创新能力，瞄准世界科技前沿和国家重大战略需求推进科研创新。[①] 深度参与国家重大战略实施，以国家战略需求为导向，部署并攻克一批战略性、颠覆性技术，不断产出“与国家发展需要丝丝相扣”的高水平创新成果。强化基础研究，突出“从0到1”原创导向，加强对重大科学问题的前瞻部署。优化学科布局，大力加强基础学科、新兴学科、交叉学科建设，加快建设中国特色、世界一流的大学和优势学科。健全学科评价机制，加强学术共同体建设。

三是提升高校服务经济社会高质量发展的能力水平。发挥新型举国体制在人才培养领域的优势，支持高校依托国家实验室、重大科技基础设施、重大科研任务等平台和项目，科教融汇培养研究生，有组织地推动高校和行业企业，面向关键领域加快培养国家急需高层次人才。强化有组织科研，加强关键领域核心技术攻关，努力破解“卡脖子”问题，抢占科技创新战略制高点，加快构建中国自主的知识体系。加强高校与地方政府、行业龙头企业的全面合作，联合开展产业共性基础技术研发、关键核心技术攻关、科技成果转化及产业化，探索政产学研用深度融合的校地、校企合作新模式。加强高校面向重要领域、重要地域的人才供给，加大精准推荐毕业生力度，做好中西部、东北地区的全口径人才输送；面向加快建设世界重要人才中心和创新高地战略规划，培养输送优秀的青年科技人才。

---

① 黄小平、刘光华、刘小强：《“双一流”背景下区域高校系统科技创新能力：绩效评价与提升路径》，《江西师范大学学报》（哲学社会科学版）2018年第6期。

四是为教育对外开放创造更有利的条件。建设教育强国，要坚持教育对外开放不动摇，加强同世界各国的互容、互鉴、互通，统筹做好“引进来”和“走出去”两篇大文章，有效利用世界一流教育资源和创新要素，为建设世界重要教育中心贡献力量。建设高质量多层次全球伙伴体系，充分发挥大学的独特作用，强化与重点国家地区和共建“一带一路”国家、发展中国家的高水平交流合作。积极参与全球教育治理，服务“留学中国”品牌建设，吸引海外顶尖人才来华留学。积极广泛参与国际教育交流合作，提升全球传播能力，讲好中国故事、传播中国经验、发出中国声音。

第五节 建设举措

教育强国旨在推动中国教育体系全面提升，为国家实现现代化目标奠定基础。从缩小地区教育发展差距、培养优秀人才、提高教育质量和效率、拓展学生国际视野等方面，构建更加现代化、高效率、公平公正的教育体系，更好地适应时代发展的需求，为国家的长期繁荣和发展提供有力支撑。

一 促进教育协调均衡发展

教育协调均衡发展是通过优化教育资源配置，促进不同地区、阶层和群体之间的教育公平，实现全面、全周期的教育覆盖，推动教育质量的普遍提升，以满足社会全体成员的基本教育权益，促进社会公平以及经济可持续发展的目标。在这一发展理念下，各级政府、教育机构、社会各界共同努力，通过建设科学合理的教育制度、优化资源配置、推动区域协调发展等措施，实现教育的均衡发展。促进教育协调发展，提高中西部办学水平，是实现教育公平、办好人民满意的教育、整体提升我国教育发展水平、实施科教兴国和人才强国战略的重要举措。①

（一）强化区域教育协调机制

教育资源整合已经成为强化区域教育协调机制的核心任务。政府、

① 习近平：《扎实推动教育强国建设》，《求是》2023 年第 18 期。

教育机构和社会各方合力，实现优化配置和共享资源。政府通过财政投入、政策支持，鼓励和促进地方优质教育资源的共享，并在教育设施、师资培训、教材建设等方面提供支持，确保资源的均衡配置。此外，教育机构提高参与的主动积极性，各级学校根据实际情况，主动与其他学校开展合作，在师资、教材、实验室等方面进行教育资源的共享。同时社会力量也应当积极参与教育资源整合，企业、社会组织等社会各界可以捐赠、赞助等。

在跨区域合作方面强化区域教育协调机制，不同地区之间的合作可加速实现教育资源的跨区域流动，如跨地区高校可以共同建立联合研究机构，开展共同研究项目，建立师资互换机制等。政府对其进行政策支持、财政补贴，促进高校之间的合作、优化教育资源配置的同时，提高教育质量。信息共享是强化区域教育协调机制的重要手段。为提高整体协同效能，实现不同地区之间的教育资源、政策信息共享，可建立信息平台。目前已建设了多个教育信息平台，促进了全国各地教育信息的汇总和共享，同时数据的开放共享程度加强，并建立了数据标准和格式，便捷了信息的互通。此外建设在线培训平台，引导师资的跨区域培训，进一步提高了教育资源配置的效率，推动教育信息的流动。

（二）振兴中西部教育

振兴中西部教育是实现全面建设社会主义现代化国家中紧迫的任务，由于中西部地区特殊而重要的地理位置，在促进区域经济社会发展、实现全国教育均衡发展的目标中承担了关键性作用。推动中西部教育振兴首先要提供财政支持，加大其教育的基础设施建设投入，提升学校的整体教学条件，如学校建设、实验室设备更新、图书馆建设等硬件方面的投资，为师生创造更好的学习和工作条件。同时提高教师的薪资水平，建立激励机制，激发教师的工作热情和责任感，形成稳定的师资队伍。同时，由于农村地区往往面临更为严峻的条件，政府应重视中西部地区的农村学校，将更多的资金用于基础设施和师资建设，如设立专项资金、提供项目资助来支持农村学校的发展，缩小城乡教育差距。在财政投入后更应重视中西部地区丰富的民族文化资源，将民族文化融入教育，促进各民族的平等发展，是振兴中西部教育的重要方向。首先在教材编写和教学内容设计上注重反映各民族的历史、传统文化和特色，开设相关

课程、组织文化活动等，加深学生对自己民族文化的了解和认同感，以此加强中西部地区民族文化的教育和传承精神。

职业教育是培养中西部地区劳动力、提升人才素质的重要途径，且中西部地区有着丰富的资源和产业基础，可以通过建设职业教育培训中心、推动校企合作来拓宽中西部地区职业教育的发展渠道，提高中西部地区职业教育的培训规模和水平，但需要保证培训的实用性和就业导向，以防校企合作有名无实。深化与当地产业的深度融合，使其更好地适应中西部地区的经济发展需求，提升中西部高校毕业生的就业竞争力。

（三）城乡义务教育一体化

推动农村义务教育水平提高，是实现教育资源均衡、提高教育质量、确保教育协调发展，乃至于推动城乡义务教育一体化的至关重要举措。依托国家新型城镇化发展总体部署，强化省级政府的统筹作用，将农村义务教育融入经济社会发展规划，与乡村振兴战略相互融合。城乡义务教育学校建设标准、教师编制、生均公用经费基准定额、基本装备配置以及“两免一补”政策，通过全面覆盖城乡，解决义务教育“乡村弱、城镇挤”的问题，加强县域义务教育的均衡发展和城乡基本公共教育服务的均等化。[①] 在县域内城乡义务教育一体化目标的引导下，将城镇和农村的义务教育整体纳入综合规划，实现了全面统筹教育资源配置。各地需科学统筹城镇化规划、常住人口规模、流动人口情况等因素，制定义务教育学校布局规划，确保充足的用地。提高县镇、农村中小学教职工编制标准至城市水平，促进城乡中小学教育资源的均衡配置，并适度向两类学校倾斜。

（四）健全特殊教育体系

《“十四五”特殊教育发展提升行动计划》明确指导了如何促进特殊教育的全面提升。特殊教育不是孤立的、边缘化的，而是整个教育体系中不可或缺的一部分。推进融合教育，加强普通教育和特殊教育的沟通，打破特殊与一般教育之间的壁垒，构建统一的教育体系。加强校际资源共享与整合，发挥不同学校优势，推进残疾学生信息上报、教育评估、

① 郑磊、郑逸敏、陈荣雨：《从缩小差距到融合发展：城乡义务教育一体化的现实与思考》，《教育经济评论》2023 年第 6 期。

转衔安置和个别化支持等工作规范及时、科学专业，研究制定义务教育阶段融合教育教学指南，修订特殊教育学校义务教育课程设置实验方案和课程标准。[①] 持续推进特殊教育改革实验区综合改革，积极开展特殊教育教师教学基本功展示交流活动。完善多层次、多形式的特殊教育服务体系，更好地满足特殊学生的个性化需求，包括提供不同层次的特殊教育服务，如家庭服务、社区服务等，确保服务的全面性和针对性。鼓励社会各界的积极参与，这包括非政府组织、志愿者、企业等力量，通过各种方式参与特殊教育的服务和支持。社会参与有助于整合社会资源，拓展特殊教育服务的渠道，提升服务的广度和深度。

二　专业化创新型教师队伍建设

创建专业化创新型教师队伍建设是教育强国的当务之急。实现这一目标需要在多个方面共同努力：首先，重视师德师风建设，培养教师的职业操守和社会责任感，确保其言行得体、作风端正，为学生树立良好榜样。其次，加强教师培训的层次与质量，不断提升教师专业水平和教学技能，使其能够适应不断变化的教育需求和时代挑战。同时，建立多元化、灵活性强的教师教育协同创新平台，促进教育资源的共享与互通，激发教师的创新潜能，推动教育体制的改革与进步。通过这些举措的共同推动，才能构建专业化和具有创新能力的教师队伍，为国家的教育事业注入持久的动力与活力。

（一）加强师德师风建设

首先，政府应当明确政策导向，比如在法规和政策中对师德师风建设提出明确的要求，保证其在教育体系中的核心地位，还可以通过设立专项资金，支持教育机构举办师德师风培训和研讨活动，并制定奖励措施，建立明确的违反师德师风规范的惩戒和问责机制，形成有效的监督体系。师德师风建设的核心在于教育者的道德修养，在师德师风建设中，培养教育者的道德情操、职业操守是首要任务。通过开展道德伦理培训、专业发展课程，帮助教育者树立正确的人生观、价值观，形成积极向上

① 樊丽娜：《一个也不能少：残疾儿童义务教育公共服务均等化政策研究》，博士学位论文，东北师范大学，2021年。

的精神风貌。其次，加强师德师风建设需要建立起科学合理的教育伦理体系，在此方面，政府和学校应当共同努力，建设完善的教育伦理体系，制定相关准则和规范，不仅针对教师的行为规范，也包括保护学生的权益和发展。科学性、权威性教育伦理体系的建设需要广泛倾听各方声音，形成共识，使其成为教育体系中的约束和引导因素。

（二）提升教师培训层次

在当前全面深化教育改革、推动教育现代化的历史进程中，教师培训层次关系到我国教育体系的质量和创新发展，我们需要思考如何有效提升教师培训层次，以适应新时代的教育需求。首先，教师培训的内容应该紧跟教育发展的最新趋势，并注重培训内容的科学性和前瞻性，培养教师的前瞻性思维和创新意识。此外培训内容更应涵盖教育科学、心理学、信息技术等和教育相关的多学科领域的知识，提高教师的专业素养。其次，为了能更好地了解教师的培训需求和衡量培训效果，建立完善的培训评价体系。完整的培训评价体系应包括培训前的需求评估、培训中的反馈评价、培训后的效果评估等多个层面。通过定期的培训评价，形成闭环反馈机制。最后，培训机构应建立一支高水平、多层次的培训师资队伍，不仅具备学科素养方面，还具备培训设计、组织实施、评价反馈等方面的专业能力。同时加强校际、校内协同，形成教师培训的合力，使培训更贴近实际需求，以此推动教育水平的全面提升。

（三）建立教师教育协同创新平台

建立教师教育协同创新平台是促进教育系统整体发展的支撑点，也是培养高素质教师队伍的基础，我们需构建更为开放、协同、创新的教师教育协同创新平台，以推动我国教育体系向更高水平迈进。

教育协同创新是指在教育领域，各类机构、学科、专业以及教育从业者之间通过合作、沟通和共享资源，共同推动教育理念、方法、技术和管理模式等方面的创新。这一协同创新模式有助于突破各个教育单元的独立发展，形成资源的整合和互补，提高整个教育系统的运行效能。建设教育协同创新平台首先要明确其定位和功能，平台可以线上线下相结合，并具备资源整合、信息共享、创新研究和实践交流的功能，以此期待构建一个全方位、多层次的协同创新生态圈。平台最终目的是服务

于教育实践，因此注重促进师范院校之间的沟通协作，会对培养更优秀的教师具有积极推动作用。在平台建设中，可设立专门的协同研究团队，由不同师范院校的专家学者组成，共同研究当前教育领域的热点问题、难点问题，推动教育理论和实践的创新。除了师范院校之间的合作外，也应促进不同学科之间的交叉合作，如设立跨学科的研究项目，集中不同学科的专业人才深度合作，推动教育理论和实践的交叉融合，培养更具创新力的教育人才。

三　高素质拔尖人才培养

当今时代，人才是第一资源，科技是第一生产力，创新是第一动力，全面提升教育服务高质量发展的能力，构建教育强国、科技强国、人才强国的目标具有内在的协同性和相互支持性，需要将这三者巧妙结合、一体化协同推进，以形成推动高质量发展的协同效应。[①] 必须进一步强化科学教育，培养卓越创新人才，提高教育在实现高质量发展方面的支持和贡献水平。

（一）基础教育优质发展

基础教育是构建教育强国过程中的基石，实现基础教育的优质发展就要不断推动学前教育的普及、普惠，义务教育实现高质量和均衡发展，城乡教育一体化。首先在知识基础方面，需要加强课程建设、更新和优化，在培养学生的创新思维和实际应用能力同时贴合学生的实际需求和社会发展的要求。除了注重学科知识的传授外，还需关注学生的全面发展，包括思维能力、实践能力、团队协作能力等。在基础教育中引进智能技术，推动信息技术在教育中的广泛应用来提高教学效果，如建设数字化教育平台、引入在线学习资源，拓展学生的学习渠道并提供个性化的学习体验，促进学生的差异化和个性化发展。

（二）深化产教融合、职普融通

培养高质量人才需要深化职普融通、产教融合，在过程中充分发挥政府主导作用和企业、学校双主体作用。宏观上构建全行业、跨区域的

---

① 李森、刘振天、陈时见等：《高等教育强国建设的中国道路》，《高校教育管理》2024 年第 1 期。

产教融合共同体，使教育供给与行业需求相匹配。各学段普通教育中应渗透职业教育理念和措施，如建设“职教高考”制度，优化多样考试招生政策，推动职业学校与普通高中的课程互选、资源互通、学籍互转等。强化校企合作是产教融合最重要的手段，建立健全评价激励机制，使参与产教融合的学校和企业能够享受到实际的合作成果，形成双赢的局面。此外还需拓展职业教育的适用范围，加强继续教育和职业培训，为已经进入社会工作的人员争取机会。与此同时，市场需求和职业发展趋势是产教融合的重点合作方向，并以此为依据调整专业设置，确保教育与职业的衔接更为顺畅。

（三）全力推进“双一流”高质量建设

建设教育强国，龙头是高等教育。构建教育强国，高等教育是关键。放眼世界，任何一个教育强国都以高等教育实力为支撑。将加速建设中国特色、世界一流的大学和重点学科作为首要任务，大力加强基础学科、新兴学科和交叉学科的建设，聚焦世界科技前沿和国家重大战略需求推动科研创新，不断提升原始创新能力和人才培养质量。构建全民终身学习的学习型社会、学习型大国，持续提升国民受教育水平，促进个体全面发展。首先，强化高水平学科建设，优化学科专业布局，鼓励高校专注发展国家急需学科，以及与国计民生紧密相关、对长远发展具有战略意义的学科。[①] 对现有学科体系进行升级调整，突破学科专业壁垒，推进新工科、新医科、新农科、新文科建设，持续支持一批在前沿领域自由探索的基础学科，特别是布局一批基础学科研究中心。根据基础学科的特色和创新发展规律，实施学科长周期评价，为基础性、前瞻性研究提供宽松包容的发展环境。推进学科交叉融合，以问题为核心，建立交叉学科发展引导机制，构建国家级交叉学科平台。创新学科交叉融合机制，打破学科专业壁垒，促进自然科学与人文社会科学之间的融合，重点培育人工智能等领域的新兴交叉学科。[②] 其次，我们要创新人才培养新形式和新机制。以构建国家战略科技力量、助力国家创新体系建设为核心，

---

① 朱永新：《教育强国建设：内涵、挑战与实践路径》，《中国远程教育》2023 年第 10 期。

② 黄谦、吕和武、崔书琴等：《中国式现代化进程中体育学科交叉融合：演化历程、守正创新与实践展望》，《武汉体育学院学报》2023 年第 12 期。

进一步完善大学的创新模式。推进高水平科研设备建设，推动实体化建设重大创新基地，推进高校内部科研组织模式和结构的优化，汇聚高水平人才团队，强调有组织的创新，争取在科技创新的战略制高点占据先机。增强与国家实验室、国家发展改革委、科技部、工业和信息化部等负责大型科研平台的机构的协同对接，整合资源形成合力。围绕战略性新兴产业、传承弘扬中华优秀传统文化以及治国理政的新领域和新方向，优化适应需求的培养机制。

（四）提升人才社会服务能力

人才的社会服务能力既是人才培养的目标之一，也是建设教育强国的必然要求。人才的社会服务能力培养需贯穿于整个学科专业教育过程。高素质拔尖人才的社会服务能力不仅是一种附加能力，更是与其学科专业紧密结合的能力。在专业课程设置中，应当融入实际问题解决、社会服务案例分析等元素，引导学生将专业知识与社会实践相结合。通过实际项目的设计与实施，培养学生运用专业知识为社会提供服务的能力。高素质拔尖人才在社会服务中应具备跨领域的能力，能够在不同领域、不同行业中提供有价值的服务。因此，教育体系需要鼓励和支持学生参与跨学科的项目、社会服务活动，促使其在多元化的环境中锻炼与发展。同时加强与社会的互动与合作。高校应当积极主动地与社会各界建立合作关系，为学生提供更多的社会服务机会。通过与企业、社会组织、政府等机构的深度合作，学生可以更好地融入社会实践，了解社会需求，培养服务意识。

四　教育信息化建设

推动建设教育强国，促进新时代教育信息化高质量发展，需要协同多方力量高效实施教育信息化2.0行动，在这一过程中，要深入探索“互联网+”教育的新发展模式，大力推进智慧教育，全面提升师生的信息素养，以信息化为支点引领教育现代化，加速适应信息化时代的教育变革。[①]

① 陈丽、张文梅、郑勤华：《教育数字化转型的历史方位与推进策略》，《中国电化教育》2023年第9期。

（一）个性化学习支持

个性化学习支持旨在通过科技手段满足学生多样化的学习需求，促使不同特质的学生实现更全面、更差异化的发展。学校可以通过建立完善的教育信息平台，整合学生学习数据、教材资源、教学工具等多维信息，全面记录分析学生学习情况，并引入人工智能技术实时监测学生的学习过程，为个性化学习提供技术支持。个性化学习支持最为特别的是，可以通过综合分析学生的学科水平、学习兴趣、学科偏好等多方面信息制定合理的学习路径，比如设置合适难度的学习任务、提供多样化的学科资源、引导学生选择适合自己的学科方向等。这一过程中系统对学生信息的精准分析和对学科知识体系的深刻理解，确保了学生既能够充分发挥自身优势，又能够克服个体差异带来的学习困难。个性化学习支持体系也可以跨校合作，从而形成更为开放、共享的学习环境。

（二）智能数据驱动决策

智能数据驱动决策的实现需要充分发挥人工智能技术的优势，对学生学习行为数据进行智能分析，充分利用学生在学习过程中产生的大量数据，如学科成绩、学习行为轨迹、在线学习情况等。借助人工智能技术，利用机器学习算法对学生学习行为数据进行深度挖掘和分析，自动提取和识别学生学科学习特征，学习历史学习数据，算法可以逐渐优化模型，提高对未知数据的预测准确性，从而为个性化教育、教学质量提升以及学科发展提供决策支持。利用人工智能技术能够挖掘学生学习行为数据中的潜在规律和关联，发现学科学习中的隐含问题和优势，帮助教师更好地辅助学生。最后基于学生学习行为数据的智能分析，建立智能推荐系统，为学生提供个性化的学科学习路径、学科资源推荐等。

五 提高教育国际化水平

近年来，按照中央关于对外开放的总体部署，积极落实《关于做好新时期教育对外开放工作的若干意见》《推进共建“一带一路”教育行动》等精神，在坚持“请进来”的基础上，积极“走出去”，教育国际

化取得了显著进展。①

（一）优化教育对外开放格局

拓展教育对外开放，需要积极吸纳借鉴国际先进的教育理念和经验，因此，要从国际、国内两个维度完善教育对外开放格局：国际方面，总体战略是“差异化实施”，注重“引进来”和“走出去”协同推动，对发达国家以优质资源“引进来”为重点，对发展中国家以中国教育“走出去”为重点；国内方面，教育对外开放工作要考虑不同地区教育水平和区域发展需要，有所侧重，因地制宜。目前，我国教育对外开放工作的开展尚不均衡，区域间差异巨大，东部地区发展较快，西部地区相对落后。因此东部主要着眼于整体带动，中西部则注重面上突破，沿边地区则以特色为先导。国家相关机构可加速与共建“一带一路”国家的教育交流合作，发掘出国留学的优质目的地、地区和学府；与共建“一带一路”国家建立更为系统完善的留学安全及服务机制，为我国留学生提供更广泛的留学机遇，缓解因部分西方国家留学政策的不稳定性对我国留学事业的不利影响，也有助于增进我国与共建“一带一路”国家的教育交流，人心相通，为共建人类命运共同体奠定基础。②

（二）支持高校国际化办学

高校应制定明确的国际化战略规划，明确目标和发展方向，确定与国际接轨的发展路径，包括提升教育质量、促进国际合作、吸引国际师资。高校利用已有合作渠道作用，组建“一带一路”大学联盟，不断创设新的多元合作平台，夯实沿线各国高等教育之间的共同合作基础。对此，高校可设立专门机构或国际事务部门，负责国际事务的协调与管理。国内大学开展多样化的国际合作项目，如联合培养项目、学生交流项目、双学位项目等，积极招收国际学生，提供多样化的招生服务来提升学校的国际影响力和吸引力。在课程开发设计方面，通过引进国际先进的教学理念和方法来优化课程设置，教师积极参与国际学术合作、交流访问，

---

① 涂端午、董倩：《共建“一带一路”教育行动高质量发展的路径与策略》，《现代远程教育研究》2023 年第 3 期。

② 贺腾飞：《“一带一路”与我国教育对外开放》，《上海交通大学学报》（哲学社会科学版）2023 年第 12 期。

提高教学水平和国际学术声誉。搭建国际化交流平台，举办国际学术会议、论坛等，并提供专业的中文教学、跨文化交流培训，增强其学习体验。设立科学的评估体系，对国际化办学的各项工作进行评估，引进国际多样化的评估标准，确保取得实质性的成效。与国际企业建立紧密联系，开展产学研合作项目，提升学校科研水平，为学生提供更广泛的实习和就业机会。

六 构建现代教育治理体系

在习近平新时代中国特色社会主义思想的指导下，深入贯彻党的十九大和十九届二中、三中、四中、五中全会的精神，全面贯彻执行全国教育大会的精神，深入推进教育领域的“放管服”改革。以数据为主导力，运用新一代信息技术提升教育管理的数字化、网络化、智能化水平，推动教育决策从经验主导向数据主导的转变，将教育管理由单向管理转向协同治理，教育服务由被动响应变为主动服务，以信息化支持教育治理体系和治理能力的现代化。[①]

（一）优化教育评估体系

传统的教育评估体系往往过于依赖单一的标准和指标，容易导致评价结果片面和不全面。因此在优化教育评估体系时，应引入多元化的评价方法，包括定性评价、定量评价、案例分析、学生作品展示等多种手段。同时注重对教育过程的监测和评估，包括教学设计、课堂教学、教材使用、教学方法等方面的评价。通过深入研究教育过程，可以更好地发现问题、优化教学策略，提高教学效果。此外，建立学生综合素质评价体系，逐步降低考试量化分数在评价中的比重，更加关注学生在全学习过程中的综合表现，同时加强对学生情感、态度、价值观方面的质量评价。通过对学生综合素质的评估，可以更好地引导学校和教师开展全面素质教育。《关于深化新时代教育督导体制机制改革的意见》提出了“大力强化信息技术手段应用，充分利用互联网、大数据、云计算等进行督导评估监测工作”的要求。教育部应积极推动评估方式和方法的

---

① 《推动高等教育数字化 塑造教育发展新优势——〈无限的可能：世界高等教育数字化发展报告（2023）〉导读》，《中国教育信息化》2024 年第 1 期。

创新，提高评估工作的实效。建立教育质量监测国家数据平台，全面采集所有学校的教学基本状态数据，采取线上和线下评估相结合的方式，实现对教育评估数据的及时收集、分析和反馈，提高评估的效率和精准度。

（二）加强教育行政执法

为加速构建中国特色社会主义现代化教育法规体系，尤其是在“十四五”时期，建议全国人大及其常委会对《义务教育法》《民办教育促进法》进行修改完善，推动教育法规与其他法规有机衔接，促进其他领域和地方性法规与教育法规相互融合。在全力推进执法治教的过程中，需完善行政执法的体制机制，推动教育管理机构迅速建立教育综合执法机制。鼓励有条件的地方教育行政部门大力调整内部机构和人员编制，全面整合执法力量，设立专门的执法机构，并大幅强化执法人员队伍，以实现更加集中和有效的执法权力。这涵盖了对学校违规办学、不当招生、违背国家课程标准、侵害学生权益，以及教师违反师德规范、违规有偿补课等行为的全面综合执法。此外，教育执法手段也需要不断创新，充分利用大数据技术，进行违法行为的分析和研判，为执法决策提供科学依据。在法治框架下，保障学校的自主办学权，确保学校法人地位的执行，制定并实施学校章程和相关管理制度。

第六节　保障机制

教育强国的建设路径是一个复杂而全面的任务，其中保障机制是确保教育体系健康运行和可持续发展的关键因素。本节将深入研究教育强国建设中的保障机制，主要包括教育资源的保障、教育质量的保障、教育公平的保障、教育管理的保障以及教育创新的保障五个方面，为构建更为健康、公正和创新的教育体系提供思路和建议。

一　教育资源的保障机制

首先，财政支持是首要的基础。政府应当采取更加积极的措施，加大对教育的财政投入，以确保各级学校都能够获得充足的资金用于各项关键领域，如教育设施改善、师资培训、教学资源更新等。这不仅需要

政府的长期承诺，也需要建立健全的财政分配机制，确保资源能够合理而有效地分配到各个学校。

与此同时，教育人才的培养与引进也是教育资源保障的重中之重。建设优质的教育体系需要高素质的教育从业者，而政府在此方面的投入至关重要。政府可以通过提高教师待遇、改善招聘机制、加强培训机制等手段，吸引更多有热情和专业素养的教育人才投身到教育事业中。这不仅有助于提高教学水平，也为学生提供更为优质的教育资源。

投资先进的教育设施和技术是推动教育质量提升的重要途径。政府可以在技术创新方面发挥引导作用，推动学校引入先进的教学技术，确保学生在学习过程中能够接触到最新、最先进的教育资源。这可能包括数字化教育资源、实验室设备的更新、网络基础设施的完善等。这些举措将有效提升学校的教学水平，使学生能够更好地适应未来社会的发展需要。

此外，政府还可以通过激励学校与企业、社会组织等建立合作关系，促进资源共享，推动教育创新。企业和社会组织可以为学校提供实际应用场景、实践机会，为学生提供更为丰富的教育资源，促使学校更好地贴近社会需求，培养更具实践能力的人才。

在教育资源的保障机制中，政府不仅需要在财政支持、人才引进、设施技术投资等方面加大力度，还需要建立科学的监管体系，确保这些资源的使用合理、高效。同时，要注重建立长效机制，使得教育资源的保障不仅是短期的政策行为，更要融入长期的国家发展战略，以确保教育体系的稳健运行和不断提升。通过这些综合的保障机制，教育资源将更好地为培养更多具有创新能力、实践能力和竞争力的人才提供有力支持，进而推动教育强国的建设取得更为显著的成果。

二　教育质量的保障机制

教育质量的保障机制是确保学生获得高质量教育的基础，涉及课程标准与评估、师资培训与评价等方面。在这些方面的有序规划和执行对于建设教育强国至关重要。

首先，课程标准与评估是保障教育质量的关键。科学制定和不断更新课程标准，是适应社会发展和培养学生综合素质的基础。课程标准应

当贴近实际、注重实用性，使学生能够在学业过程中培养出实际应用能力。同时，建立全面、多层次的评估体系，包括课程评估、学业评估、能力评估等，以多元的方式全面了解学生的学习情况。这有助于避免单一的考试评价体系，更全面、客观地评估学生的学业水平和发展潜力。

其次，师资培训与评价是提高教育质量的保障机制之一。建立健全的师资培训机制，包括定期培训和评价机制，是确保教师能够不断提高教学水平、适应不断变化的教育需求的重要手段。定期的培训可以使教师了解最新的教育理念、教学方法和科研成果，使其保持专业素养。同时，建立科学的评价机制，通过学科成果、教学评价等多方面来全面评估教师的表现，激励教师提高个人素质和教育水平。

最后，为了提高教育质量，还需要加强教育管理和监督机制。建立健全的教育管理制度，包括学校管理、教育行政管理等，提高教育资源的配置效率。同时，建立教育评估与监测机制，定期对学校和教育机构进行评估，发现问题及时进行纠正和改进。

在实践中，政府、学校和教育从业者应共同努力，形成多方合作的良好局面。政府可以提供更多的财政支持，加强对教育质量的监督和评估；学校要注重培养优秀的教育人才，提高教育质量；教育从业者要不断提高自身素质，积极参与培训和评价。

只有以上措施有机结合，才能够构建一个全面健康的教育质量保障机制，为培养更多具有创新能力、实践能力和竞争力的人才提供有力支持，推动教育强国建设不断取得新的成就。

三　教育公平的保障机制

教育公平是一个关乎社会公正和可持续发展的重要议题。为了确保每个人都有平等的受教育机会、平等的受教育过程和平等的受教育结果，各国都需要建立全面的保障机制。我们可以从教育机会平等、教育过程平等和教育结果平等三个方面进行深入分析，以了解这些机制是如何实现的。

首先，教育机会平等是教育公平的基础。一个国家要确保每个人都有平等的受教育机会，首先需要普及教育。这包括建设足够数量和质量的学校，确保每个孩子都能够接受基本的教育。此外，针对经济困难家

庭的学生，国家需要提供经济援助、奖学金和补助，以确保他们能够负担得起高质量的教育。消除入学壁垒也是重要的一环，确保各种群体都能够平等地进入学校，消除因性别、种族、残疾等原因产生的歧视。

其次，教育过程平等关注的是在学校内部的公平。为了实现这一目标，需要确保师资的均衡分配。这意味着在不同地区和学校都应该有足够数量和质量的教育资源和教师。多元文化教育也是重要的一环，学校应该提倡多元文化的教育内容，以反映社会的多样性，并避免对特定群体的歧视。此外，个性化教育是教育过程中的一项关键措施，通过因材施教，满足不同学生的学习需求，确保每个学生都有发展的机会。

最后，教育结果平等关注的是学生在教育结束后的结果。这需要确保考试评价的公正性，避免对不同群体造成不利影响。同时，也需要确保教育资源的分配和投入在不同学校和地区间是公平的，避免资源的不平衡。职业机会平等也是教育结果平等的一部分，国家需要在教育结束后确保每个人都有平等的机会进入职业领域，消除性别、种族等方面的职业歧视。

在实现这些保障机制的过程中，政府、学校、家庭和社会各方都需要共同努力。政府应该制定相关政策和法规，确保教育资源的合理分配，提供经济援助，促进教育公平。学校需要采取措施确保师资均衡，推行多元文化教育，实施个性化教育。家庭和社会也需要共同参与，支持学生的学习，促进教育公平的实现。

四　教育管理的保障机制

教育管理的保障机制是构建强大而高效的教育体系的重要组成部分，其涉及制度建设和数据监测与评估两个方面。通过建立科学的管理制度和全面的数据监测系统，可以更好地保障教育体系的有序运行、及时调整和不断提升。

首先，制度建设是教育管理的基础。建立健全的教育管理制度，旨在规范教育体系的各个环节，确保其有序运行。在招生方面，应建立公平、透明的招生制度，杜绝一切形式的舞弊和不公。考试制度也需要更加科学和灵活，注重考核学生的实际能力和创新能力，而非仅仅依赖于传统的记忆和应试能力。此外，教师管理方面也需要制定合理的政策，

激励优秀教师，提高教学水平，同时进行规范管理，确保教育资源的合理配置和充分利用。

其次，数据监测与评估是教育管理不可或缺的一环。建立全面的教育数据监测系统，有助于全方位地了解学校和教育机构的运行状况。这包括学生的学业成绩、教师的教学水平、学校的管理效能等多个方面的数据收集和评估。通过数据监测，可以及时发现问题，对于教育体系中存在的短板和弊端进行精准的诊断。这不仅有助于政府及时调整政策，也提供了学校和教育机构内部进行自我优化和改进的依据。

最后，建设教育管理队伍也是非常重要的一环。通过培养专业的教育管理人才，提高他们的管理水平和应变能力，可以更好地适应日益复杂多变的教育环境。建设更为灵活、高效的管理队伍，是构建教育体系保障机制的必要步骤。

在实践中，制度建设和数据监测与评估相互交织，相互促进。建立健全的制度需要依托于数据的支持，而数据的监测与评估也需要在良好的制度体系下进行，以确保数据的准确性和可靠性。通过制度建设和数据监测与评估的双管齐下，教育管理的保障机制将更为有力地推动教育强国建设。这将有助于实现教育资源的合理配置、师资的优化利用，提高教育质量和效益。只有通过这样的有机整合，才能够更好地应对未来教育发展的挑战，为培养更多具有创新能力和国际竞争力的人才创造更为有利的环境。

五　教育创新的保障机制

教育创新的保障机制是教育强国建设的关键之一，涉及对教育科研的资金支持和推动教育技术与信息化的应用两个主要方面。通过这两个方面的有机结合，可以有效推动教育体系更为创新、高效地发展，为培养具有创新能力的人才提供更为良好的条件。

首先，增加对教育科研的资金支持是教育创新的基石。科研是推动教育不断进步的重要手段，而科研活动需要充足的资金支持。政府可以通过增加对教育科研项目的拨款，激励学校和教育机构积极开展前沿教育研究。设立专门的科研资金项目，针对教育领域的前沿问题和热点进行资助，鼓励教育机构和学者进行深入研究。提供资金支持，鼓励科研

成果的产业化和实际应用，使科研不仅停留在理论层面，更能够为教育实践和改革提供有力支持。加强国际科研合作，借鉴和吸收国际先进的研究成果，推动我国教育的国际化和创新。

其次，推动教育技术与信息化的应用是教育创新不可或缺的一环。随着科技的发展，教育技术和信息化已经成为提升教学效果和学生学习体验的有力工具。在这方面，可以采取以下措施：加大对学校教育技术设施的投入，提升硬件设施水平，确保教室、实验室等场所配备先进的硬件设备，包括计算机、互联网、多媒体设备等。鼓励学校和教育机构开展在线教育，建设数字化教学平台，为学生提供更为灵活和多样化的学习途径。加强教师和教育从业者的信息化培训，提高他们运用教育技术的能力，以更好地融入教学。推动教育大数据的收集和分析，通过对学生学习情况、教学效果等数据的深入研究，为制定更科学的教学方案提供支持。鼓励学校和企业合作，推动教育技术的创新应用，包括虚拟现实、人工智能等前沿技术在教学中的运用。

通过以上保障机制的综合作用，可以全面提升教育体系的质量和效益，推动教育强国建设取得更为显著的成果。这需要政府、学校、家庭、社会各方的共同努力，形成合力，为培养更多具有创新能力、实践能力和国际竞争力的人才奠定坚实基础。

参考文献

一　经典文献

（春秋）孔子：《四书五经》，中华书局 2017 年版。

（汉）戴圣：《礼记》，中华书局 2022 年版。

（战国）荀子：《荀子》，中华书局 2011 年版。

《黄帝四经·十二经》，商务印书馆 2016 年版。

马克思、恩格斯：《马克思恩格斯全集》，人民出版社 1972 年版。

马克思、恩格斯：《马克思恩格斯选集》，人民出版社 1995 年版。

毛泽东：《毛泽东著作选读》，人民出版社 1986 年版。

习近平：《习近平谈治国理政》第 1 卷，外文出版社 2018 年版。

习近平：《习近平谈治国理政》第 2 卷，外文出版社 2017 年版。

习近平：《习近平谈治国理政》第 3 卷，外文出版社 2020 年版。

习近平：《习近平谈治国理政》第 4 卷，外文出版社 2022 年版。

习近平：《决胜全面建成小康社会　夺取新时代中国特色社会主义伟大胜利——在中国共产党第十九次全国代表大会上的报告（2017 年 10 月 18 日）》，人民出版社 2017 年版。

习近平：《高举中国特色社会主义伟大旗帜 为全面建设社会主义现代化国家而团结奋斗——在中国共产党第二十次全国代表大会上的报告（2022 年 10 月 16 日）》，人民出版社 2022 年版。

二　中文专著

本书编写组：《习近平总书记教育重要论述讲义》，高等教育出版社 2020 年版。

蔡中宏：《教育与社会发展研究：基于文化和人的视角》，中国社会科学出版社 2013 年版。

陈理宣：《基于马克思主义实践哲学的教育问题研究》，人民出版社 2020 年版。

陈青之：《中国教育史》，中国社会科学出版社 2009 年版。

陈子季：《坚定不移实施好教育强国战略》，华东师范大学出版社 2021 年版。

樊伟：《坚持深化教育改革创新》，中国人民大学出版社 2021 年版。

费孝通：《乡土中国》，生活·读书·新知三联书店 2021 年版。

冯友兰：《中国哲学史》，中华书局 2014 年版。

高书国：《教育强国：中国教育发展战略选择》，广东高等教育出版社 2018 年版。

顾明远：《教育大辞典》，上海教育出版社 1991 年版。

郭法奇：《文化视野中的学校教育：历史与比较》，中国社会科学出版社 2016 年版。

国家教育委员会政策法规司：《十一届三中全会以来重要教育文献选编》，教育科学出版社 1992 年版。

郝立新：《中国传统文化》，清华大学出版社 2016 年版。

何东昌：《中华人民共和国重要教育文献（1949—1997）》，海南出版社 1998 年版。

黄国泰：《教育公平与教育改革创新研究》，中国社会科学出版社 2010 年版。

教育部课题组：《深入学习习近平关于教育的重要论述》，人民出版社 2019 年版。

靳诺等：《新时代马克思主义教育理论创新与发展研究丛书》，中国人民大学出版社 2022 年版。

康有为：《康有为政论集》，中华书局 1998 年版。

李素敏：《义务教育均衡发展的理论与实践研究》，中国社会科学出版社 2017 年版。

梁启超：《饮冰室合集》，中华书局 1989 年版。

刘华荣：《儒家教化思想研究》，中国社会科学出版社 2018 年版。

刘世清、袁振国：《教育强国之路》，上海人民出版社 2021 年版。
刘世清等：《教育强国之路》，上海人民出版社 2021 年版。
柳海民：《教育理论的诠释与建构》，安徽教育出版社 2009 年版。
马可等：《中国传统文化精神导论》，清华大学出版社 2015 年版。
马陆亭等：《新时代中国教育结构体系研究》，教育科学出版社 2022 年版。
孙中山：《孙中山全集》，人民出版社 1981 年版。
唐良炎：《中国近代教育史资料汇编》，上海教育出版社 1991 年版。
唐晓玲：《高等教育竞争力提升的政策与实践　基于金砖四国的比较研究》，重庆大学出版社 2021 年版。
童世骏：《建设社会主义教育强国研究》，人民出版社 2019 年版。
王伯鲁：《建设世界科技教育强国》，中国人民大学出版社 2017 年版。
王大超等：《新技术革命与中国未来教育发展》，中国社会科学出版社 2017 年版。
王宏波、陈建兵：《马克思主义理论及其教育新探》，中国社会科学出版社 2015 年版。
王辉耀等：《全球化向何处去：大变局与中国策》，中国社会科学出版社 2019 年版。
王蓉、魏建国：《中国教育财政政策咨询报告（2015—2019）》，社会科学文献出版社 2019 年版。
王庭大、唐景莉：《坚持党对教育事业的全面领导》，中国人民大学出版社 2021 年版。
王湛：《从教育大国迈向教育强国》，人民教育出版社 2008 年版。
王振存：《城乡教育公平论——基于文化视阈的研究》，人民教育出版社 2016 年版。
王振存等：《基于农村学生发展的教育推进策略》，科学出版社 2023 年版。
王振存等：《未来教育变革实践探索》，开明出版社 2021 年版。
文学国等：《马克思恩格斯列宁斯大林论教育》，中国社会科学出版社 2016 年版。
熊建辉：《开放教育强国的战略支撑》，浙江大学出版社 2021 年版。

杨伯峻:《春秋左传注》第3卷，中华书局2009年版。
杨进:《马克龙时代的法国教育观察（2018辑）》，高等教育出版社2019年版。
袁自煌:《坚持优先发展教育事业》，中国人民大学出版社2021年版。
张力:《教育强国战略》，学习出版社2012年版。
张志勇等:《面向2035的教育强国建设》，外语教学与研究出版社2023年版。
郅庭瑾:《中国教育体制机制改革研究》，华东师范大学出版社2021年版。
中共中央宣传部编:《习近平新时代中国特色社会主义思想学习纲要》，人民出版社2023年版。
中国教育科学研究院编:《教育强国之道——改革开放以来重大教育决策研究》，教育科学出版社2018年版。
中央教育科学研究所编:《中华人民共和国教育大事记（1949—1982）》，教育科学出版社1984年版。
周洪宇、李宇阳:《建设教育强国》，中国青年出版社2022年版。
朱庆葆:《坚持社会主义办学方向》，中国人民大学出版社2021年版。
朱益明、王瑞德:《中国教育现代化2035：从规划到实践》，上海教育出版社2020年版。
朱永新:《当代中国教育：走在教育强国的路上》，中国人民大学出版社2021年版。
朱勇:《中国法律史》，中国政法大学出版社2021年版。

三　中文译著

[英] 安格斯·麦迪森:《世界经济千年史》，伍晓鹰等译，北京大学出版社2022年版。
[古希腊] 柏拉图:《理想国》，郭斌和译，商务印书馆2018年版。
[美] 杜威:《民主主义与教育》，王承绪译，人民教育出版社2001年版。
[德] 赫尔巴特:《普通教育学》，李其龙译，人民教育出版社1989年版。
[美] 亨利·基辛格:《论中国》，胡丽平等译，中信出版社2023年版。
[英] 怀特海:《教育的目的》，许汝舟译，生活·读书·新知三联书店

2002 年版。
[捷] 夸美纽斯:《大教学论》,傅任敢译,人民教育出版社 1984 年版。
[法] 卢梭:《爱弥儿》,李平沤译,商务印书馆 2016 年版。
[法] 卢梭:《社会契约论》,何兆武译,商务印书馆 2003 年版。
[英] 洛克:《教育漫话》,徐大建译,商务印书馆 2018 年版。
[英] 斯宾塞:《教育论》,王占魁译,中国轻工业出版社 2016 年版。
[美] 约翰·托夫勒:《第四次浪潮》,洪威译,华龄出版社 1996 年版。

四 中文期刊

陈燕、宋乃庆:《美国中小学共同核心标准的建立及探析》,《比较教育研究》2012 年第 3 期。
褚宏启:《教育强国建设的底层逻辑与顶层设计——教育如何推动中国成为世界强国》,《教育研究》2024 年第 1 期。
褚宏启:《追求卓越:教育强国建设的内容框架与国际比较》,《教育发展研究》2023 年第 23 期。
杜明峰:《教育治理现代化的逻辑转换》,《华东师范大学学报》(教育科学版)2024 年第 3 期。
范国睿:《教育强国的战略地位:基于战略需求的分析》,《中国高等教育》2023 年第 19 期。
冯建军、王素云:《“适合的教育”:新时代公平而有质量的教育》,《南京社会科学》2024 年第 2 期。
高益民、张馨尹:《英国基础 STEM 教育的现状与启示——以苏格兰地区为例》,《东北师大学报》(哲学社会科学版)2023 年第 1 期。
贺腾飞:《“一带一路”与我国教育对外开放》,《上海交通大学学报》(哲学社会科学版)2023 年第 12 期。
胡耀宗、蒋帆:《以教育财政体制机制改革保障教育强国建设》,《教育学术月刊》2023 年第 12 期。
靳澜涛:《从“技术治理”到“治理技术”:教育治理现代化的重点突破》,《现代教育管理》2021 年第 12 期。
靳晓莹、王坤、张兵:《职业教育赋能教育强国的逻辑考量、道路羁绊与实践突破》,《教育与职业》2023 年第 21 期。

靳玉乐、王潇晨、和学新：《基础教育强国建设的多维思考（笔谈）》，《现代教育管理》2024 年第 1 期。

康秀云、梁志勇：《建设教育强国：历史面相、显著价值与时代径向》，《学术探索》2023 年第 11 期。

李潮海、李卓、褚辉：《教育强国背景下县域义务教育优质均衡发展的政策演进与实践突破》，《现代教育管理》2023 年第 9 期。

李娟：《美国弱势群体补偿教育立法的历史研究——基于教育公平的视角》，《外国教育研究》2016 年第 1 期。

李森、刘振天、陈时见等：《高等教育强国建设的中国道路》，《高校教育管理》2024 年第 1 期。

李天鹰、杨锐：《美国普通高中多样化发展的经验与启示》，《东北师大学报》（哲学社会科学版）2019 年第 3 期。

李翔宇：《教育数字治理能力提升的多重逻辑与行动策略》，《现代教育管理》2024 年第 2 期。

林杰、王儒雪、陈妍君：《高等教育国际话语权的世界格局与中国行动方略》，《大学教育科学》2024 年第 1 期。

刘向兵：《教育强国的核心要义思考》，《中国人民大学教育学刊》2023 年第 6 期。

刘志军：《持续深化教育评价改革，奋力推进教育强国建设》，《湖南师范大学教育科学学报》2023 年第 6 期。

柳海民、满莹：《教育强国建设的实践路径》，《中国教育学刊》2024 年第 1 期。

马晓强、崔吉芳、万歆等：《建设教育强国：世界中的中国》，《教育研究》2023 年第 2 期。

彭婵娟：《全球留学生教育现实图景与发展趋势研究》，《比较教育研究》2021 年第 10 期。

彭泽平：《加快建设教育强国的实践要点》，《人民论坛》2023 年第 22 期。

任平、文雯、贺阳：《德国近二十年高校国际学生教育：发展现状、动因及启示》，《高教探索》2019 年第 10 期。

阮成武、郑梦娜：《高质量教育体系建设的宏观政策联动及其进路》，《江

淮论坛》2023 年第 5 期。
沈伟、李倩儒:《教师地位及其支持制度的国别比较:基于中国、日本、韩国、芬兰、以色列的考察》,《外国教育研究》2020 年第 10 期。
眭依凡、张川霞、何志伟:《高等教育强国建设:高等教育理论研究的使命与责任》,《重庆高教研究》2024 年第 2 期。
孙健、薛晨:《坚持以人民为中心建设教育强国:出场语境、核心内涵、实践路》,《新疆师范大学学报》(哲学社会科学版)2024 年第 4 期。
孙杰远:《教育强国背景下的基础教育变革:可为、应为与何为》,《学前教育研究》2024 年第 1 期。
陶蕾、杨欣:《数字驱动的教育强国建设:机遇、挑战和进路》,《中国电化教育》2024 年第 3 期。
涂端午、焦艺鸿:《2030 可持续发展议程中的教育目标:全球进展与中国面临的挑战和对策》,《清华大学教育研究》2024 年第 1 期。
汪卫平、郝天聪:《非政府组织参与的教育治理创新:内容、主题、特点——基于 WISE 教育项目奖的文本分析(2009—2016)》,《教育学术月刊》2017 年第 9 期。
王翠英、吴海江、楼世洲:《德国以数字技术推动教育国际化发展战略分析》,《教育科学》2021 年第 6 期。
王曼柳:《芬兰劳动教育的体系化开展与特点》,《基础教育参考》2023 年第 3 期。
王涛、李福林:《教育强国:从概念模型到精准定义》,《当代教育论坛》2023 年第 2 期。
王星:《从技能经济学到技能社会学:技能形成研究的多元面向》,《社会学评论》2022 年第 4 期。
王振存、张清宇:《教育与未来:未来教育学建构的可能与选择》,《教育研究》2023 年第 44 期。
王中奎、陈越洋:《中国式教育现代化的国际方位:优势、短板与未来路向》,《教育发展研究》2023 年第 21 期。
邬大光:《教育强国视域下的大学治理能力与高质量发展》,《职业技术教育》2023 年第 27 期。

吴雪萍、裴文洁：《聚焦质量：英国职业教育督导的演变、特点与价值取向》，《比较教育研究》2023 年第 1 期。

吴雪萍、袁李兰：《澳大利亚高校提升境外办学质量的背景、策略与启示》，《高等教育研究》2020 年第 10 期。

习近平：《深入实施新时代人才强国战略　加快建设世界重要人才中心和创新高地（2021 年 9 月 27 日）》，《求是》2021 年第 24 期。

习近平：《扎实推动教育强国建设——在二十届中央政治局第五次集体学习时的讲话（2023 年 5 月 29 日）》，《求是》2023 年第 18 期。

辛涛、孙睿、曹榕：《教育数字化战略背景下教育督导模式变革与创新——基于国家智慧教育督导平台的建设实践》，《中国远程教育》2023 年第 9 期。

许玉新、苏旭东：《教育强国建设中的重要问题和着力方向——访我国著名教育学家顾明远先生》，《中国电化教育》2024 年第 3 期。

薛二勇：《以数字化赋能基础教育强国建设》，《教育科学研究》2024 年第 2 期。

杨蕾、谭进欧：《丹麦职业教育吸引力提升政策的动因、举措与策略》，《比较教育研究》2023 年第 7 期。

张铭凯、靳玉乐：《教育强国建设的价值遵循、基本路径与动力机制》，《西北师大学报》（社会科学版）2024 年第 2 期。

张炜、周洪宇：《教育强国建设：指数与指向》，《教育研究》2022 年第 1 期。

张志勇、赵新亮：《面向教育强国建设的教育治理现代化变革》，《教育研究》2024 年第 1 期。

周洪宇、余江涛：《2023 中国教育治理研究热点与未来前瞻》，《现代教育技术》2024 年第 3 期。

朱德全：《新时代教育评价改革的强国逻辑》，《湖南师范大学教育科学学报》2023 年第 6 期。

朱永新：《教育强国建设：内涵、挑战与实践路径》，《中国远程教育》2023 年第 10 期。

五 中文报纸

陈殿兵:《联合国教科文组织发布2023年全球教育监测报告——反思技术在教育中的作用》,《中国教育报》2023年8月17日第4版。

程建平:《夯实教育强国建设根基(新语)》,《人民日报》2023年9月27日第15版。

怀进鹏:《以教育之强夯实国家富强之基》,《人民日报》2023年8月31日第9版。

解伟等:《奥地利实施促进高等教育国际化新战略》,《中国社会科学报》2021年8月19日第9版。

李建民:《破除功利化 让教育回归育人本位》,《光明日报》2019年12月10日第13版。

沈钦韩:《韩国实行高考改革试图化解"内卷"》,《文汇报》2024年1月9日第4版。

盛玉雷:《在全社会树立科学的人才观》,《人民日报》2023年8月31日第4版。

习近平:《人民对美好生活的向往就是我们的奋斗目标——在十八届中共中央政治局常委同中外记者见面时的讲话(2012年11月15日)》,《人民日报》2012年11月16日第4版。

习近平:《同舟共济创造美好未来——在亚太经合组织工商领导人峰会上的主旨演讲》,《人民日报》2018年11月18日第2版。

习近平:《在纪念孔子诞辰2565周年国际学术研讨会暨国际儒学联合会第五届会员大会开幕式上的讲话》,《人民日报》2014年9月25日第2版。

习近平:《在教育文化卫生体育领域专家代表座谈会上的讲话(2020年9月22日)》,《人民日报》2020年9月23日第2版。

薛二勇:《教育,从大国到强国的历史逻辑、理论逻辑与实践逻辑》,《人民政协报》2022年11月2日第9版。

赵星妮、林婉婷:《法国提出四大愿景推动教育数字化转型》,《中国教育报》2023年11月30日第9版。

六　外文期刊

U. S. Department of Education, Advancing Digital Equity for All: Community-based Recommendations for Developing Effective Digital Equity Plans to Close the Digital Divide and Enable Technology-empowered Learning, Washington, D. C.: Office of Educational Technology, 2022.

后　记

在波澜壮阔的中国式现代化征程中，教育始终被置于优先发展的战略地位。可以说，教育是国家发展的基石，是民族振兴的关键。建设教育强国是中国式现代化的重要目标和战略选择。教育在现代化进程中发挥着不可替代的独特作用，既是国家发展的基石，也是实现社会公平和文化传承创新的重要途径。因此，作为教育工作者，必须高度重视教育的发展，加快推进教育现代化，建设高质量教育体系，不断提高教育的质量和水平，为实现中国式现代化提供强有力的支撑和保障。

本书是为适应教育强国建设、构建中国教育学和探索构建中国教育学自主知识体系需要，组织一批有志于研究教育强国的教育学学科的教师和研究生编著而成的学术著作。本书由本人统筹协调、校对完善，承担各章执笔任务的是（以章节先后顺序）：王振存（前言），张清宇、李丹阳、史康莉（第一章），安传迎、田小霞、杜睿、苗玉珍、吴英洁（第二章），杨杨、杨柳青、崔静钰（第三章），翟利霞、成朝霞、王莉（第四章），常海洋、张莹、郭淼熠（第五章），张婉艺、李丹阳（第六章），张清宇、安传迎、李丽、翟利霞、常海洋、刘子瑞、李佳琪（第七章）。在分工编写的基础上，由主编进行统稿，使本书各章的内容呈现、逻辑论证与叙述方式趋于一致。

本书的出版得到了中央教育工作领导小组秘书组秘书局、中国社会科学出版社的大力支持，在此一并表示衷心的感谢！感谢张清宇博士为本书出版做出的大量细致的工作。

非常感谢全国教育科学规划办和各位专家同仁的大力支持，该书是本人主持的2024年国家社科基金教育学重点项目“中国教育公平实践的理论建构研究”的阶段性成果。非常感谢团队成员和我的学生付出的努力和心血。撰写《教育强国论》实非易事，尽管我们始终注重借鉴以往学术研究的积极成果，在此基础上力图作出独特的理论创新，但因为能力所限，本书肯定也存在一些不足之处，敬请方家批评指正！

河南大学　王振存

2024年11月

目 录

实践逻辑方面，分析了教育自身强的实践逻辑、教育使国家强的实践逻辑和站在未来对现实需要的逻辑。

第五章是关于教育强国的建设基础、瓶颈问题及归因研究，厘清了教育强国建设的现实基础，包含党的十八大以来教育改革发展成就的推动、经济社会发展对教育提出的新要求、人民群众对教育强国的需求和人工智能时代对教育发展提出的挑战等。随后，围绕教育强国的问题和原因进行了深入分析。

第六章是国际比较下的教育强国研究，重点从全过程的教育公平、高质量的教育水平、高效能的服务能力、高水平的教育国际化、文化和价值观的传承等五个方面，对美国、英国、德国、澳大利亚、荷兰、瑞典、新加坡、芬兰、俄罗斯、法国、加拿大、韩国、丹麦、瑞士和奥地利等 15 个教育强国进行经验总结，以期为我国教育强国的建成提供一定参考。

第七章是关于教育强国的建设路径研究，主要从指导思想、基本原则、目标指标、发展任务、建设举措和保障机制六个方面进行论述，为教育强国建设规划的落地实施出谋划策，给予建议参考。

目前关于中国特色社会主义教育强国建设的学术专著还比较少，本书的研究是对我国教育强国建设的初步探索，具有较高创新价值和应用价值，对教育强国的实施建设和未来发展具有理论借鉴与参考价值。本书期望能够为加快构建高质量教育体系，推动实现中国式教育现代化，全力建设中国特色社会主义教育强国、科技强国、人才强国，服务中华民族伟大复兴做出应有的贡献！

国何以可为，有必要围绕“教育强国”这一关键国策展开深入讨论。本书以中国式现代化与教育现代化的关系为背景，采用理论探究与路径分析结合的方式，构建建设教育强国的基本框架，并对教育强国建设过程中所面临的目标、指标、路径等理论与实践问题进行了专题研究与分析。

本书主要分为七章。

第一章是关于教育强国建设的背景意义研究，主要从教育强国建设的时代背景入手，分析世界百年未有之大变局中的教育和中华民族伟大复兴战略全局中的教育。同时，针对教育强国的建设意义进行分析，提出建设教育强国能够助力人类命运共同体的构建、有助于全面建设社会主义现代化国家、有助于推动地方区域高质量发展、对教育自身发展具有重要意义，并且建设教育强国对个体发展具有深远影响。

第二章是关于教育强国的内涵研究，通过分析历史演进中的教育强国来剖析教育强国理念的萌芽、教育强国理念的发展、教育强国理念的成形和教育强国的新时代新发展。从“高质量的教育体系”“教育助力社会主义现代化强国建设”和“具有国际影响与获得世界认可的教育强国”等角度来辨析“教育强国”这一基本概念。

第三章是关于教育强国的特征研究，首先，研讨了普遍意义上的教育强国特征，包括：强大的教育综合实力、强大的教育创新能力、完善的教育治理体系及强大的教育治理能力、适切性强的教育服务引领能力、高水平的教育国际化程度和可持续的教育发展潜力等。其次，厘定了中国特色社会主义教育强国的特征，包含：坚持党对教育事业的全面领导，以立德树人为根本任务，以为党育人、为国育才为根本目标，以服务中华民族伟大复兴为重要使命，以教育理念、体系、制度、内容、方法、治理现代化为基本路径和以支撑引领中国式现代化为核心功能等。

第四章是关于教育强国的历史、理论、政策与实践逻辑研究。历史逻辑方面，从中国和世界两个维度进行探讨。理论逻辑方面，探讨了以坚持党对教育事业的全面领导为根本保证，以办好人民满意的教育为终极目标，以习近平新时代中国特色社会主义思想为行动指南，以高素质人才队伍为核心支撑，以创造性文化为关键动力，以教育内容、方法为基本路径，以广泛深入的国际交流与合作为重要推力等内容。政策逻辑方面，包括教育强国政策的领导体制、战略地位、根本任务和主要内容。

前　言

教育事关民族复兴与国家前途，教育发展水平是综合国力竞争的重要考量和依据。16 世纪以来，世界科学中心经历了五次转移，相继形成了五大世界教育中心，分别为意大利、英国、法国、德国、美国。世界教育中心的转移，极大地提升了对应国家的综合实力、科技实力、教育实力，加快了创新人才的培养，提升了国际地位与影响力。人类发展史向我们证明，世界科学中心的转移与教育中心的转移高度相关，教育、科技和人才在推动人类发展方面同频共振，凸显出一定时期内一个国家或地区的发展能力和全球影响力。一个国家的强大离不开其先进的科学技术水平，离不开卓越的创新人才队伍，更离不开强盛的教育事业。

党的十九大报告指出，建设教育强国是中华民族伟大复兴的基础工程，必须把教育事业放在优先位置，深化教育改革，加快教育现代化，办好人民满意的教育。党的二十大报告更是着重强调，要坚持教育优先发展、科技自立自强、人才引领驱动，加快建设教育强国、科技强国、人才强国。习近平总书记在二十届中央政治局第五次集体学习时强调，教育兴则国家兴，教育强则国家强。建设教育强国，是全面建成社会主义现代化强国的战略先导，是实现高水平科技自立自强的重要支撑，是促进全体人民共同富裕的有效途径，是以中国式现代化全面推进中华民族伟大复兴的基础工程。以习近平同志为核心的党中央所提出的关于建设教育强国的重要论述，提纲挈领地总结了中国建设教育强国的历史价值与现实意义，明确了建设教育强国的重大使命与时代要求，是建设中国特色社会主义教育强国的理论指南和根本遵循。

当前，建设教育强国本质上是建设中国特色社会主义教育强国，为进一步明确何以谓之教育强国、建设教育强国的何以重要、建设教育强

图书在版编目（CIP）数据

教育强国论 / 王振存等著. -- 北京：中国社会科学出版社，2024. 12. -- ISBN 978-7-5227-4690-6

Ⅰ. G52

中国国家版本馆 CIP 数据核字第 2025GF6757 号

出 版 人　赵剑英
责任编辑　程春雨
责任校对　周　昊
责任印制　张雪娇

出　　版　中国社会科学出版社
社　　址　北京鼓楼西大街甲 158 号
邮　　编　100720
网　　址　http://www.csspw.cn
发 行 部　010-84083685
门 市 部　010-84029450
经　　销　新华书店及其他书店

印　　刷　北京君升印刷有限公司
装　　订　廊坊市广阳区广增装订厂
版　　次　2024 年 12 月第 1 版
印　　次　2024 年 12 月第 1 次印刷

开　　本　710×1000　1/16
印　　张　17.5
插　　页　2
字　　数　274 千字
定　　价　98.00 元

凡购买中国社会科学出版社图书，如有质量问题请与本社营销中心联系调换
电话：010-84083683

教育强国论

王振存 等著

中国社会科学出版社